Zahlenmagie

Handbuch der Numerologie

Johannes Bülau

Zahlenmagie
Handbuch der Numerologie

Der Text dieses Buches entspricht den Regeln
der neuen deutschen Rechtschreibung.

1 2 3 4 5 6 7 88 99 56

Redaktion und technische Realisierung: FROMM MediaDesign GmbH, Selters/Ts.

109290100X4453 6271
03 02 01 00

Inhalt

Inhalt

Inhalt

Vorwort

„Ober! Zahlen!"

„Was hatten wir denn bei Ihnen? – Vier Pils, zwei Kurze und eine Schüssel Wasser für den Hund – macht vierundzwanzig zwanzig."

„Was sagen denn die Zahlen?", fragte der Chef den Buchhalter.
„Wir können das Angebot annehmen", erwiderte der Buchhalter.

„Mit der 17 habe ich's", meinte die Bekannte des Chefs später. „Wo ich gehe und stehe, läuft mir die 17 über den Weg. Ich selbst bin am 17. Januar geboren, meine Tochter am 17. Februar, meine Mutter am 17. März. Meine Mutter wohnt in Berlin und hat die Hausnummer 17, ich selbst bin, als ich hierher kam, in ein Haus mit der Nummer 17a gezogen und mein Hausanschluss in der Firma ist 117. Und gestern bekomme ich meine Anschlusskennung für den Online-Zugang, und was soll ich Ihnen sagen? Mitten in der langen Zahlenreihe – die 17. Bestimmt hat 17 für mich eine besondere Bedeutung."

„Bestimmt", meinte der Chef. „Wissen Sie auch schon welche?

„Nöö."

Drei gänzlich verschiedene Arten, in denen Zahlen mit uns sprechen, gewiss. Für den Gast in der Wirtschaft steht der Zahl des Geldes die Zahl der genossenen Biere und diverser Spirituosen leibhaftig, nämlich in seinem Leibe, gegenüber. Dem Betriebswirtschaftler oder dem Buchhalter sagen sie etwas über die Effektivität ihres Unternehmens und über den finanziellen Spielraum. Der Bekannten des Chefs sagen sie etwas Geheimnisvolles, so geheimnisvoll, dass sie nicht genau weiß, was es ist, vielleicht nur eine Art Murmeln.

Den unterschiedlichen Arten, ein Verhältnis zu Zahlen zu gewinnen, ist eins gemeinsam: die Tatsache, dass Zahlen uns überhaupt etwas sagen. Denn schließlich sagen sie nicht „Guten Tag" und „Guten Weg", sondern sprechen zu uns, indem sie einfach nur da sind: in ganz bestimmten kulturellen Zusammenhängen und an ganz bestimmten markanten Positionen.

Und wenn wir uns erst einmal bewusst machen, wie dumm wir plötzlich dastünden ohne Zahlen, ohne zählen und rechnen zu können, ja ohne einen Zahlbegriff zu haben – von den Segnungen der höheren Mathematik für den Menschheitsfortschritt und den Errungenschaften des elektronischen Rechnens unserer Computer einmal ganz abgesehen –, werden wir vielleicht auch bemerken, was für ein Sprachengewirr, welche Sprachenvielfalt im Zahlenreich herrschen und wie viele interessante Ausdrucksmöglichkeiten gepflegt werden, um uns genau im richtigen Moment das Richtige zu sagen.

Trotzdem bleibt immer ein magisches Geheimnis um die Zahl, so nüchtern unser Verhältnis zu ihr auch sein mag. Dem Buchhalter zum Beispiel ist schleierhaft, wie er das Abendessen des Chefs mit seiner Bekannten unter den Betriebsausgaben verbuchen soll. Der Bekannten des Chefs bleibt rätselhaft, warum ausgerechnet ihre Kontogeheimnummer keine 17 enthält, weshalb sie sie auch regelmäßig vergisst. Und dem Gast in der Wirtschaft ist es ein dunkles Geheimnis, warum das Bier Jahr für Jahr teurer wird.

Kapitel 1

Von der Zahl und vom Zählen

Am Anfang war die Zahl

Dieser Satz steht zwar so nicht ausdrücklich in der Bibel und auch nicht in Goethes *Faust*, aber er hätte sehr gut darin stehen können und wir haben durchaus Veranlassung, dem Wahrheitsgehalt dieses Satzes zu trauen. Denn überall begegnen uns Zahlen und Zählweisen in ihrer elementaren Gestalt. Wir empfinden uns als *einzig*artig, aber wir lieben die *Zwei*samkeit. Damit sind wir immer noch nicht zufrieden, denn aller guten Dinge, wie man weiß, sind *drei*.

Vielleicht sollte man aber auch besser sagen: Am Anfang war das Zählen. Denn die Fähigkeit zu zählen, Mengen zu differenzieren, ist die Voraussetzung für die Bildung von Begriffen, die dieser Differenzierung Ausdruck geben – Voraussetzung für die Bildung bestimmter Zählwörter und Zahlen.

Die Fähigkeit zu zählen hat sich in der Frühgeschichte der Menschheit herausgebildet. Wir können nicht genau sagen, wann das war und wo das war. Denn archäologische Zeugnisse der Zählfertigkeit künden naturgemäß bereits von einem Entwicklungsstadium, das wohl noch in den Kinderschuhen steckt, aber den Babysöckchen bereits entwachsen ist. 1937 fanden Archäologen bei Vestonice in der ehemaligen Tschechoslowakei einen Wolfsknochen, der mit 55 Kerben – in zwei Reihen Fünfergruppen – versehen war. Er ist circa 20 000 Jahre alt und gilt als das erste Rechenbrett der Geschichte. Das Kerben von Knochen und Holzscheiten ist die älteste Zahlschrift, die wir kennen. Sie ist aus den Erfordernissen einer ordentlichen Buchführung hervorgegangen, vielleicht auch nur aus dem Geltungsbedürfnis unserer Vorfahren. Vielleicht war der Jäger, der die 55 Kerben – jede für ein getötetes Tier – auf dem Wolfsknochen hinterließ, ein großer Jäger und ein angesehener Mann gewesen, angesehener jedenfalls als jemand, der es nur auf 20 oder 30 Kerben brachte. Gab es auch andere Zeichen, die durch ihre Vielzahl zu beeindrucken vermochten? Bärenkrallen, Tigerzähne? Vielleicht gab es Anlässe, bei denen die Ruhmeszeichen jagdlichen Erfolgs präsentiert wurden, bei denen die Männer am Feuer saßen und von ihren großen Taten *erzählten*.

Vielleicht diente das Kerben der Knochen aber auch einem ganz anderen Zählzweck, nicht dem Führen einer

Chronik von Ereignissen, die sich über einen längeren Zeitrum erstreckten und deshalb „authentisch" bewahrt werden mussten, sondern im Gegenteil einer laufenden Buchführung, die der regelmäßigen Prüfung bedurfte. Stellen Sie sich einen Hirten vor, der buchstäblich nicht bis drei zählen konnte. Dieser Hirte, setzen wir voraus, hatte eine Menge von Tieren zu hüten, die sich nicht mehr einfach mit einem Blick überschauen ließ. Dennoch kann es auch damals ein berechtigtes Interesse daran gegeben haben, am Abend genau zu wissen, ob die Herde noch vollständig ist. Gab es für unseren urzeitlichen Hirten eine Möglichkeit, sich davon zu überzeugen, wenn er das Durchzählen bis in die höheren Zahlenbereiche nicht beherrschte? Es gab eine Methode; Mathematiker nennen sie *Bijektion*, die Methode der paarweisen Zuordnung. Unser Hirte hätte zum Beispiel folgendermaßen vorgehen können: Am Abend, vor dem Zusammentreiben der Herde, hätte er eine unbestimmte Menge Kieselsteine sammeln und beiseite legen können. Für jedes Tier, das sich im Gatter einfand, hätte er dann einfach nur einen Kiesel in einen Beutel tun müssen; am Ende hätte er so viele Kiesel im Beutel wie Tiere im Gatter. Damit hätte er zwar immer noch kein

Bewusstsein von der wirklichen Zahl der Tiere gehabt, aber das hätte ihn auch nicht weiter behindert, denn er hatte jetzt mittels der paarweisen Zuordnung ein Äquivalent für die Schafherde entwickelt, das sich wiederholt nutzen ließ. Am nächsten Abend brauchte er nur das Beutelchen auszuschütten und für jedes heimkehrende Tier wieder einen Kiesel in den Beutel zurückzutun. Verschwanden alle Kiesel im Beutel, war die Herde vollständig. Blieben Steine übrig, war das Zählergebnis für den Hirten negativ und ihm fehlten Tiere.

Es kann sein, dass unserem Hirten mit der Zeit das Gefummel mit den Kieselsteinen zu umständlich wurde oder dass er sich darüber ärgerte, dass er die Steine immer wieder verlor und das Verfahren der paarweisen Zuordnung dann jedes Mal erneut durchführen musste. Deshalb könnte er sich entschlossen haben, während die Herde friedlich graste, für jeden Stein im Beutel eine Kerbe in einen Wolfsknochen zu ritzen. Damit hätte er durch die paarweise Zuordnung die Anzahl seiner Tiere auf eine stabile Matrix übertragen.

Nun brauchte er abends nur noch den Knochen in die Hand zu nehmen und mit dem Finger bei jedem heimkehrenden Schaf eine Kerbe weiterzutasten. Dieses Zählwerkzeug ließ sich über lange Zeit immer wieder benutzen.

Das Kerben von Knochen und Hölzern als Zählhilfe und Zahlschrift ebenso wie das Zählen und Rechnen mittels Aufhäufeln von Gleichartigem, seien es Muscheln, Kieselsteine (Kalkulation und kalkulieren kommt vom lateinischen *calculus*, das „kleiner Kieselstein" bedeutet) oder Holzperlen, die an kleinen Metallstangen hin und her geschubst werden, ist, so primitiv es anmuten mag, ein elementares und wirkungsvolles Verfahren. Bis ins 19. Jahrhundert (und teilweise darüber hinaus) diente das Kerbholz der zuverlässigen Buchführung. Schuldner und Gläubiger legten zwei Holzscheite parallel nebeneinander, die Zahl der geschuldeten Sachen oder der Geldmenge wurde gleichzeitig auf beiden Scheiten so eingekerbt, dass die Passform beider Scheite die Authentizität des Schuldvertrags sicherte. Diese Art der doppelten Buchführung verhinderte, dass der Schuldner das Kerbholz einfach verschwinden ließ und auch dass der Gläubiger seinen Kontostand „verbesserte".

Unser deutsches Wort „Zahl" leitet sich vom althochdeutschen *zala* ab, und das bedeutet – wen wundert es noch? – „Kerbe, Einkerbung auf einem Holzstab".

Die Griechen und Römer, deren Verdienste um die geistige und materielle Kultur unbestritten sind, *zählt*en und rechneten mit Kieselsteinen und Rechengeld und benutzten Rechentafeln, auf denen jede Reihe eine Dezimaleinheit darstellte. Zum vollständigen Dezimalsystem fehlte nur noch das System der Dezimalstellen, das schriftliches Addieren und Subtrahieren großer Zahlen leicht machte. Das gelang aber erst, als italienische Kaufleute die praktischen arabischen Ziffern und mit ihnen das Dezimalstellensystem und die Null übernommen hatten.

Aber bis heute werden, besonders in China und in Russland, Rechenbretter benutzt, die von den Verkäuferinnen mit erstaunlicher Virtuosität und Geschwindigkeit bedient werden. So werde ich nie das kuriose Bild einer russischen Kassiererin vergessen, die vor einer modernen elektronischen Registrierkasse mit ihrem alten Rechenbrett saß, die Einzelposten durch flinkes Verschieben von Holzkügelchen auf verschiedenen Ebenen aufaddierte und schließlich in die Registrierkasse (die letztendlich eine automatische Addiermaschine ist) lediglich die Summe eintippte, worüber der Automat, sichtlich unterfordert, einen mickrigen Kassenbon ausdruckte.

Im Grunde macht kein Kellner, der heute auf dem Bierdeckel mit Strichen die Zahl der Gläser markiert, die er vor dem Gast abgesetzt hat, etwas anderes als unsere Vorfahren mit dem Gebrauch des Kerbholzes. Die sprichwörtliche Redewendung, nach dem jemand an Vertrauen verliert, wenn er schon einiges auf dem Kerbholz hat, steht mit dem herkömmlichen Brauch des Kerbholzkredits in ursächlichem Zusammenhang.

Was aber ist eine Zahl? Euklid definierte sie so: „Zahl ist die aus Einheiten zusammengesetzte Menge." Nach dieser Definition ist 0 keine Zahl, denn sie besitzt keine Menge. Auch die 1 ist dann keine Zahl, denn sie ist nicht zusammengesetzt. Die 2 ist zwar zusammengesetzt, aber ob die Zweiheit schon als zusammengesetzte Menge gelten könne, daran hatten die alten Griechen ihre Zweifel. So war also nach ihrer Vorstellung die 3 die erste wirkliche, voll akzeptierte Zahl. Der Gedanke ist nicht ohne Reiz: Für die alten Griechen begannen die Zahlen dort, wo sie für viele Naturvölker bereits wieder aufhörten: „Eins, zwei, viele ..."

Was aber ist die Zahl wirklich?

„Die Zahl ist das Wesen aller Dinge", lehrte der viel gerühmte Pythagoras von Samos. Was aber ist das eigentliche Wesen der Zahl?

In diesem Buch soll nicht versucht werden, den mathematischen Geheimnissen der Zahlen auf den Grund zu kommen; irrationale und transzendente Zahlen interessieren hier nicht. Algebraisches wird nicht ganz zu umgehen sein; es wird immer dann bemüht, wenn den Zahlen geheimnisvolle Eigenschaften entlockt werden sollen, die sie für die magische Ausdeutung interessant machen.

Warum faszinieren uns Zahlen und Zahlenbeziehungen so außerordentlich? Vielleicht vor allem deshalb, weil sie uns der Wirklichkeit scheinbar entrücken, indem sie die Wirklichkeit auf ihre ganz bestimmte Weise abbilden. Arthur Schopenhauer schrieb 1813: „Sogar kann man sagen: *wo das Rechnen anfängt, hört das Verstehen auf*; denn der mit Zahlen beschäftigte Kopf ist, während er rechnet, dem kausalen Zusammenhang und der geometrischen Konstruktion des physischen Hergangs gänzlich entfremdet: er steckt in lauter abstrakten Zahlenbegriffen."[1]

---

1 Arthur Schopenhauer, Über die vierfache Wurzel des Satzes vom Grunde. Sämtliche Werke, Band III, Leipzig 1979, S. 99.

Mit diesen abstrakten Zahlenbegriffen sind wir nicht zufrieden. Musiker – und alle, die sich etwas intensiver mit Musik beschäftigt haben – wissen, wie direkt ein anscheinend abstraktes Zahlenverhältnis in sinnliches Klangerleben umschlägt.

Man weiß, wenn man eine schwingende Saite mathematisch genau in der Mitte im Verhältnis 2 : 1 teilt, das heißt halbiert, verdoppelt sich die Frequenz der Schwingungen: Man hört das reinste Intervall des Tonraums, die Oktave.

Teilt man die Saite genau bei einem Drittel, im Verhältnis 3 : 2, erhält man ein anderes reines Intervall, die Quinte, usw.

Wir wollen, wenn wir die Zahlen schon benutzen, um die uns umgebende Welt zu ordnen, zu messen und zu berechnen, dass die Zahl wieder einen Teil von der Sinnlichkeit zurückgewinnt, die sie in grauer Vorzeit einmal gehabt hat, als die Zahl von dem Gegenstand, den es zu zählen galt, noch nicht losgelöst war.

Zählen will gelernt sein

Es war – in der Morgenröte der Menschheitsgeschichte – gar nicht unbedingt erforderlich, dass man zählen konnte. Solange hinreichende Verständigung darüber möglich war, wer mehr Wölfe erlegt hatte und wer weniger, wem der größere Anteil an gesammelten Beeren und wem der geringere zustand, indem man sich mit konkreten Zuschreibungen behalf – „Ich habe den dunkelgrauen, den mit dem buschigen Schwanz, den spitzohrigen und den gescheckten Wolf erlegt, du nur den kleinen und den räudigen" –, konnte man davon absehen, den Begriff einer abstrakten Zahl zu entwickeln. Zwar ist uns heute das Zählen ohne Zahlen weitgehend fremd geworden, dennoch tun wir es immer noch oft, allerdings meistens ohne es uns bewusst zu machen. Die Bäuerin merkt es, wenn eins ihrer Hühner nicht zum Füttern kommt, ohne die ganze Hühnerschar abzählen zu müssen. Und der Lehrer bekommt einen Schreck, weil er am Ende des Schulausflugs ohne weiteres feststellt, dass Lea fehlt, ohne dass er die Klasse antreten und abzählen lassen muss.

Möglicherweise gab es lange Zeit gar keinen Grund, die Differenzierung über „eins, zwei, viele" hinaus zu betreiben. Die heute scherzhaft (oder boshaft) gemeinte Frage: „Du kannst wohl nicht bis drei zählen?" hätte früher ihre Berechtigung gehabt. Man konnte es nicht, denn man brauchte es nicht, wenn es ausreichte, das eine vom anderen zu unterscheiden, eins und eins (also zwei) zusammenzuzählen, um sich zu bekriegen oder zu begatten. Einige Forscher haben sogar behauptet, das französische Wort *très*, was „sehr" oder „viel" oder „sehr viel" heißen kann, sei vom lateinischen Zahlwort *tres*, „drei", abgeleitet; da den gallischen Altvorderen aber über zwei hinaus alles eins, nämlich „viel", gewesen sei, hätten sie das lateinische Wort eben in diesem Sinne übernommen. Es versteht sich, dass nicht alle Sprachwissenschaftler der Grande Nation dieser Ansicht beistimmen wollen. Immerhin gibt es auch in anderen Zeiten und Gegenden noch Belege für die Verwandtschaft von „drei" und „viel": Das aussterbende englische *thrice* zum Beispiel konnte zugleich auch „viel" bedeuten.

Im chinesischen Weisheitsbuch, dem *Daodejing* des Laotse, heißt es im 44. Stück: „Das Dao gebar das eine/das eine gebar die zweizahl/die zweizahl gebar die dreizahl/aus der dreizahl wurde die vielzahl ..."

Die alten Ägypter malten ebenso wie die Chinesen ein Schriftzeichen dreimal hintereinander, wenn sie die Vielheit andeuten wollten. Und wir setzen regelgetreu drei (nicht zwei und nicht vier) Auslassungspunkte, wenn wir einen Satz in vielsagendem Schweigen verebben lassen oder im Schriftbild andeuten wollen, dass hinter den Pünktchen eigentlich noch sehr viel mehr Text zu erwarten gewesen wäre.

Die Natur lieferte im Übrigen genügend Vorbilder für „natürliche Zahlen" zur Unterscheidung der Mengen, ohne dass mit besonderer philosophischer Anstrengung ein Zahlenbegriff gebildet werden musste. Und der Mensch fand sie auch an sich selbst vor. Zweifach waren Arme, Beine, Augen und Ohren vertreten; die sichtbaren beweglichen Fingergelenke waren drei an der Zahl, dreiteilig war das gewöhnliche Kleeblatt. Der vierblättrige Klee war schon immer so außergewöhnlich, dass er bis heute als Glückssymbol gilt. Vierbeinig aber waren die Landtiere, fünf Finger waren an jeder Hand und fünf Zehen an jedem Fuß.

Wie lange kommt man ohne zu zählen aus? Ab wann muss man zählen können, um sich in der Welt orientieren zu können und sich nicht darin zu verirren?

Psychologische Untersuchungen haben ergeben, dass wir normalerweise ohne große Schwierigkeiten zwei, drei oder vier zusammengehörige Objekte als gegliederte Menge zu erkennen vermögen. Ob drei oder vier Pralinen in der Dose liegen, erfassen wir mit einem Blick – von fünfen an wird es schwierig. Ab sechs geht es kaum noch ohne Hilfsmittel: Habe ich alle acht Bauern des Schachspiels oder fehlt mir einer? Halte ich neun oder zehn Spielkarten in der Hand? Hat die Leiter zwölf oder dreizehn Sprossen? Entweder müssen wir zählen – beim Spielkartenfächer in unserer Hand bleibt uns meist nichts anderes übrig – oder wir nutzen die Lage der Objekte im Raum – drei und vier ergibt sieben, das heißt, ein Bauer fehlt noch – zum Untergliedern der Menge in überschaubare Teilmengen.

Es gibt Hinweise, dass dieses psychologische Phänomen gewissermaßen eine Humankonstante unserer Zahlbegriffe darstellt. Anthropologen fanden isoliert lebende Naturvölker, deren Zahlbegriffe aus zwei Zahlwörtern zusammengesetzt sind. Es gibt ein Wort für 1 und ein weiteres für die 2. Die Zahl 3 wird aus 2 und 1 zusammengesetzt, die 4 aus 2 und 2. Und dann hört der Bedarf an konkreter Zahlenmaterie auch schon auf; hinter der oben beschriebenen psychologischen Barriere gibt es nur noch die Vielheit. Doch nicht nur bei den Naturvölkern, auch bei den alten Römern, denen wir viele unserer zivilisatorischen Errungenschaften verdanken, finden sich Grenzsteine, die diese psychologische Barriere einst markierten. So bildeten die Römer die ersten vier Grundziffern durch senkrechte, nebeneinander angeordnete Striche: I, II, III, IIII. Weil man fünf, sechs oder mehr Striche nicht mehr lesen, das heißt, beim Lesen nicht mehr als differenzierte Zahlzeichen wahrnehmen konnte, wurde dann als 5 das V eingeschoben und nun ging es weiter mit VI, VII, VIII, IX bis zum X, das als 10 den nächsten Einschnitt markierte.

Aber nicht nur bei den Zahlenbuchstaben tritt die Vierergrenze auf. In den römischen Familien erhielten nur die ersten vier Kinder „eigentliche" Namen; die weiteren hießen Quintus, Sixtus, Septimus, Octavius usw. Einen Quartus hingegen wird man unter den römischen Namen vergeblich suchen. Nach dem vierten Kind ging die Kinderschar in einer Volksmenge auf. Und die Römer, als tüchtige Verwaltungsleute bekannt, entschlossen sich zur Durchnummerierung, was sicher sehr praktisch war.

Von den römischen Monaten trugen die ersten vier – Martius, Aprilius, Maius, Iunius – richtige Namen, danach zählt man nach Ordnungszahlen weiter: Quintilis, Sextilis, September, October, November, December. Das Jahr begann – vor Einführung des julianischen Kalenders – mit dem März und endete mit dem Janus gewidmeten Monat Ianuarius und dem nach dem Reinigungsfest *februa* benannten Monat Februarius. Zu Ehren Gajus Julius Cäsars wurde der Quintilis ins Iulius umbenannt und der Sextilis nach dem ersten römischen Kaiser, Augustus.

So kamen wir zu Juli und August und behielten vier Monate mit Ordnungszahlen im Kalender: September, Oktober, November, Dezember, deren Ordnungszahlen aber nicht mehr stimmen, weil sie nach der julianischen Kalenderreform von der siebten bis zehnten an die neunte bis zwölfte Position gerückt sind.

Übrigens sind die ersten vier lateinischen Zahlwörter die einzigen, die regulär dekliniert werden; ab der fünf kennen die lateinischen Zahlwörter weder ein grammatikalisches Geschlecht noch werden sie dekliniert. Das Problem der Deklination kennen wir auch im Deutschen. Bei verantwortlicher Ausübung unserer Grammatik kriegen wir den Genitiv von „zwei" und „drei" gerade noch hin: „Das ist ein Foto zweier Freundinnen. Das ist eine Erfindung dreier Wissenschaftler." Von vier an wird es schwer. „Das Bridge-Spiel bedarf großer Konzentration", ist okay (groß – groß*er*). „Das Bridge-Spiel bedarf vierer Mitspieler", sagt niemand. Moderne Textverarbeitungsprogramme machen sogar mittels einer roten Wellenlinie auf einen orthographischen Fehler aufmerksam. Instinktiv wenden wir bei Zahlwörtern eine grammatikalische Konstruktion an, die das Deklinationsproblem umgeht: „Zum Bridgen braucht man vier Mitspieler." Das Problem selbst bleibt bestehen. „Eins, zwei, drei, viele ..."

Und wie zählen wir?

Wenn wir uns im Zahlenraum orientieren, verwenden wir – in der Regel unbewusst – zwei Sorten von Zahlen: Kardinalzahlen und Ordinalzahlen. Diese beiden Zahlenarten konstituieren eine Art grundlegende Grammatik unseres Zahlenverständnisses.

Die *Kardinalzahl* benennt die Zahl der gezählten Gegenstände. Sie wird nach der Methode der paarweisen Zuordnung ermittelt. Der vorzeitliche Hirte oder Jäger, der 55 Kerben auf einem Wolfsknochen hinterließ, wusste, die Menge der Kerben entsprach der Menge der gehüteten Schafe (oder der getöteten Wölfe: je nachdem, wie man den Knochen interpretiert). Die Art des Zählens, die unser Hirte anwandte, hätte so ausgesehen: „ein Schaf – eine Kerbe, ein Schaf – noch eine Kerbe, ein Schaf – noch eine Kerbe, ein Schaf – noch eine Kerbe" usw. Anstelle von „noch eine Kerbe" könnten wir auch schreiben 1, 1 + 1, 1 + 1 + 1, 1 + 1 + 1 + 1 usw. Erst wenn sich das Bewusstsein hinreichend weit von Kerben und Kieselsteinen, Schafen und Wölfen entfernt hat, das heißt, wenn die Kerbe und der Kieselstein abstrakt als Zähleinheit, losgelöst von dem zu zählenden Gegenstand, aufgefasst werden kann, kommt in die Zahlenvielheit auch eine Reihenfolge. Die Entdeckung, die das abstrakte Rechnen überhaupt erst ermöglichte, bestand darin, dass man herausfand: Jede Zahl der Reihe ganzer Zahlen, mit Ausnahme der (Zähl-)Einheit selbst, entsteht dadurch, dass man der jeweils vorhergehenden ganzen Zahl eine weitere (Zähl-)Einheit hinzufügt. So führte Arthur Schopenhauer in seiner Schrift über den *Satz vom Grunde* aus: „Jede Zahl setzt die vorhergehenden als Gründe ihres Seins voraus: zur Zehn kann ich nur gelangen durch alle vorhergehenden, und bloß vermöge dieser Einsicht in den Seinsgrund weiß ich, dass, wo zehn sind, auch acht, sechs, vier sind."[2]

Mit anderen Worten: Unser Verstand kann eine bestimmte Zahl nur dann begreifen, wenn er deren Vorgängerin begriffen hat. In dieser Weise erfasst unser Verstand eine höhere Zahl stets als

---

2 Arthur Schopenhauer, Über die vierfache Wurzel des Satzes vom Grunde, § 38. Sämtliche Werke, Band III, Leipzig 1979, S. 160.

die Hinzufügung einer Einheit (1) zur Gesamtheit aller ihrer Vorgängerinnen (n) – also in der Formel n + 1. Indem sich jede neue Zahl auf eine bereits bekannte Zahl zurückbezieht, nennt man dieses Verfahren der Zahlenordnung das Prinzip der Rekursion. Wenn wir sagen, dass drei Leute schon gekommen sind und wir noch vier weitere erwarten, gehen wir ganz selbstverständlich davon aus, dass der Erste, der Zweite und der Dritte aus einer Reihe gekommen sind, die durch den Vierten, Fünften, Sechsten und Siebenten noch fortgesetzt werden wird. Die Tatsache, dass wir die Zahl der erwarteten Personen in eine gereihte Ordnung setzen, entspricht dem Wesen der Ordinalzahl.

Streng mathematisch ausgedrückt: Ist die Menge *M* linear geordnet und ist *a* ein Element aus *M (a ∈ M)*, dann heißt diejenige natürliche Zahl *n*, die angibt, an welcher Stelle das Element *a* innerhalb der (linearen) Ordnung steht, *Ordinalzahl*.

Zusammengefasst: Die ganzen, natürlichen Zahlen, mit denen wir umgehen, betrachten wir unter zwei komplementären Aspekten. Der eine Aspekt ist die Betrachtungsweise als *Kardinalzahl*, der auf dem Prinzip der paarweisen Zuordnung beruht. Der andere Aspekt ist die Betrachtungsweise als *Or-*

dinalzahl, die zusätzlich zur paarweisen Zuordnung die Erkenntnis voraussetzt, dass jede natürliche Zahl auf einer Folge von natürlichen Zahlen beruht. Beide Aspekte bedingen einander. Um die bestimmte Anzahl einer Menge präzise festzustellen, muss ihre Zählbarkeit vorausgesetzt werden. Ob die 55 Schafe durch ein Gatter getrieben oder mit Punkten, Strichen oder Zahlen markiert werden, ist dabei gleichgültig. Entscheidend ist allein, dass sie – wenigstens potenziell – einer Ordnung unterliegen, dass also das Erste, das Zweite, das Dritte vorangehen, denen das Vierte, Fünfte, Sechste usw. folgt, bis nach 55 Ordinalzahlen die Kardinalzahl 55 feststeht. Dabei ist, für die Ermittlung der Kardinalzahl, die Rangfolge völlig unerheblich, ebenso, mit welchem Element man zu zählen beginnt. Das Resultat – die Kardinalzahl – ist immer das gleiche, es steht fest, sobald das letzte Element gezählt ist.

In unserem Alltag gehen wir so selbstverständlich mit diesen beiden Aspekten der ganzen, natürlichen Zahlen um, dass wir sie oftmals nicht mehr auseinander halten und uns die zugrunde liegenden Prinzipien nicht jedes Mal ins Bewusstsein rufen müssen. Wenn wir die Zahl der Elemente einer Menge bestimmen wollen, suchen wir uns weder eine Hilfsmenge für das Prinzip der paarweisen Zuordnung, noch machen wir uns die mathematische Definition der Ordinalzahl bewusst – wir zählen einfach. Die Eigenschaft einer Zahl als Kardinalzahl interessiert uns für jedes praktisch nutzbare Resultat.

Um auf rechnerischen Wegen zu solchen Resultaten zu kommen, müssen die Zahlen selbst in einem bestimmten Ordnungsverhältnis zueinander stehen. Also beruht unser gesamtes Zahlensystem auf der Verknüpfung der beiden Prinzipien: das Prinzip der Zuordnung und das Prinzip der Rangfolge, ohne die keine Mathematik und keine der darauf fußenden exakten Wissenschaften denkbar wäre.

Doppelnatur der Zahlen

Zahlen besitzen also eine Doppelnatur. Einerseits finden sich Anzahlen von Dingen und in Zahlen ausdrückbare Verhältnisse, die der Mensch in der Natur vorfindet. Andererseits sind der Zahlenbegriff und das Zahlensystem ein Produkt des menschlichen Bewusstseins – und zwar eines relativ hoch entwickelten Bewusstseins.

Wilhelm Busch, Humorist und von Zahlen begeistert wie kaum einer seiner Zeitgenossen, fasste die Doppelnatur der Zahl in die Worte: „Zahlen sind Naturkräfte, belauscht in ihren Gewohnheiten."

Als Bewusstseinsprodukt, als geistige Leistung und Resultat des Lauschangriffs auf die Naturkräfte können sich die Zahlen und das Zahlensystem sehr weitgehend aus den unmittelbaren Bezügen zur Realität lösen. Für die Rechenaufgabe 2 + 2 = 4 ist es vollkommen gleichgültig, ob Äpfel oder Birnen addiert werden, ja sogar, ob zwei Äpfel und zwei Birnen, miteinander addiert, vier Stück Obst ergeben.

Mit den Zahlen ist es ganz ähnlich wie mit dem Geld. Wie das Geld ursprünglich als eine Ware auftrat – beispielsweise in Form von Fellen, kostbaren Muscheln, Barren von Edelmetall oder Ähnlichem –, deren Herstellung sich nicht grundsätzlich von der Herstellung anderer Waren unterschied, so standen auch die Zahlen anfangs in engem Zusammenhang mit dem zu Zählenden, seien es die Finger der Hand, seien es Kleeblätter oder Spinnenbeine. Und so wie die Ware „Geld" sich erst als besondere, herausgehobene von der übrigen Warenwelt scheiden musste und erst dadurch zum allgemeinen Äquivalent werden konnte, mittels dessen der Austausch aller verschiedenen Waren problemlos möglich war, so musste sich die Zahl erst vom zu Zählenden emanzipieren, ein Abstraktum werden, um als allgemeines mathematisches Äquivalent wirklich alle Verschiedenheiten der Welt zählbar, vergleichbar und berechenbar zu machen. Fast sollte man bei der Parallelität dieser Vorgänge annehmen, die Entwicklung von Geld und Zahl aus der Gegenständlichkeit zur Äquivalenzfunktion stünde miteinander im Zusammenhang und die Entwicklung des Geldes habe die Herausbildung des abstrakten Zahlbegriffs zumindest nicht behindert.

Immerhin: Selbst für Pythagoras waren Zahlen noch immer Anzahlen konkreter Dinge. Die drei Seiten, die ein Dreieck bildeten, die vier Punkte, die einem Viereck Namen und Figur gaben, waren konkret genug. 25 Kugeln so anzuordnen, dass daraus eine quadratische Figur entstand, war für die Pythagoreer bereits abstrakte Mathematik. Aber es gab etwas, womit diese brillan-

ten und geistvollen Mathematiker nichts anzufangen wussten, und das waren die negativen Zahlen. Die alten Griechen kannten keine Null, daher kam es ihnen ganz sinnlos vor, rückwärts hinter die 1 zurück zu zählen. Sie kannten keine „Null-Linie" und folglich auch jenseits dieser Null-Linie keinen (negativen) Zahlenraum. Von der Geometrie geprägt, konnten sie sich unter drei negativen Seiten eines Dreiecks oder vier negativen Eckpunkten eines Quadrats nichts vorstellen. Stießen sie bei einer ihrer Rechnungen einmal „aus Versehen" in den negativen Zahlenraum vor, verwarfen sie die Lösung als sinnlos.

Vom Standpunkt der Geometer ist diese Auffassung verständlich. Aber hätten sie sich in anderen Berufsständen umgehört, wäre ihnen die Lösung vielleicht aufgegangen. Kaufleute dürften mit den negativen Zahlen überhaupt keine Probleme gehabt haben. Denn sie gingen täglich damit um, zum Beispiel mit den Schulden, die ein anderer Kaufmann bei ihnen hatte. Oder mit den Schulden, die sie selbst bei einem anderen Kaufmann hatten. Ob Null oder nicht Null, war hier keine Frage. Die Kaufleute fanden die negativen Zahlen in der Realität, sie mussten lernen, Guthaben mit Verbindlichkeiten aufzurechnen. Als man zur ordentlichen

Buchführung überging, schrieb man die negativen Zahlen rot, um sie mit den natürlichen Zahlen nicht zu verwechseln. Der Brauch der roten Zahlen hat sich sogar in der Tabellenkalkulation auf dem Computer bis heute gehalten.

Freilich haben es diese ehrenwerten Kaufleute wahrscheinlich nie bis zu wissenschaftlichen Überlegungen zur Zahlentheorie gebracht. Und so ist ihnen vermutlich die bis heute umstrittene Frage, ob die Null nun eine natürliche Zahl ist oder nicht, vollständig schnuppe gewesen. Sie konnten mit Krediten und Schulden umgehen, sie wussten, wo die Trennlinie von Soll und Haben verläuft, ohne einen theoretischen Begriff von der Subtraktion negativer Zahlen zu haben. Sie verwendeten – vor den Mathematikern – das Plus- und das Minuszeichen, um die Abweichung von einer vorgegebenen Norm nach oben und nach unten zu markieren. Ja sie schufen, Jahrhunderte vor dem ersten Computer, die virtuelle Realität, indem sie mit dem Wechselgeschäft das Giralgeld erfanden, was im streng materiellen Sinne eigentlich ein nur gedachtes und gemeintes – mithin virtuelles – Geld ist. Es lässt sich nicht leugnen, dass diese Leute von so pragmatischer Denkungsart den damaligen Theoretikern, die noch nicht

einmal die Null als Zahl anerkennen wollten, weil sie der euklidschen Definition der Zahl als einer „aus Einheiten zusammengesetzten Menge" nicht entsprach, weit voraus waren. Bei aller Hochachtung vor den Mathematikern, aber man kann es nicht anders sagen: Die Kaufleute konnten einfach besser mit Zahlen umgehen.

In Indien war die Null seit dem 2. Jahrhundert in Gebrauch (in Europa wurde sie systematisch erst 1100 Jahre später verwendet). Aber schon die Babylonier kannten in ihrem Sexagesimalsystem ein Zeichen – zwei kleine Häkchen –, das eine Leerstelle markieren sollte. Der griechische Mathematiker Ptolemäus führte zu diesem Zweck das „o" ein. In Indien benutzte man zunächst ein eigenes Zahlwort für die Null, nahm dann aber auch einen Punkt beziehungsweise einen leeren Kreis als Zeichen. Ende des 8. Jahrhunderts las ein arabischer Mathematiker in Bagdad die Schriften seines indischen Kollegen Brahmagupta und schrieb daraufhin selbst ein arithmetisches Lehrbuch, in dem er das indische System erläuterte. Dieses Werk wanderte durch die damalige arabische Welt westwärts und wurde im 12. Jahrhundert in Spanien ins gelehrte Latein übersetzt. Am folgenreichsten war die Begegnung des Leonardo von Pisa, genannt Fibonacci, der Sohn eines Kaufmanns, der das indisch-arabische System – wo sonst – in den Kontoren des väterlichen Handelshauses kennen gelernt hatte, in einer pisanischen Handelskolonie in Algerien. Fibonacci verglich das europäische System mit dem indischen und stellte fest, dass das indische besser ist. Nicht nur wegen der praktischen Null, sondern auch wegen der vereinfachten Schreibweise der indisch-arabischen Ziffern. Die Araber übrigens hatten das Sanskrit-Wort für Null in ihre Sprache als *as-sifr*, – das bedeutet „Leere" – übersetzt. Dieses Wort kam in der lateinischen Übersetzung als *Zephirum* an, und daraus wiederum entstanden die Begriffe *Ziffer*, *Chiffre* und *Zero*.

Im Deutschen ist Ziffer auf die gesamten Zahlzeichen übergegangen. Das englische *cipher* bedeutet außer „Ziffer" und „Code" nach wie vor auch noch „Null".

Der Historiker Georges Ifrah schrieb im Vorwort seiner *Universalgeschichte der Zahlen*: „Die größte Entdeckung, an der ich meine Leser teilhaben lassen will, war für mich, dass die Ziffern – ich wiederhole: die Ziffern – keineswegs dürre und trockene Symbole sind, Waffen und Werkzeuge unserer technisierten Gesellschaft. Vielmehr waren sie zu allen Zeiten *auch* Grundlage von Träumen, fantastischen Vorstellungen und metaphysischen Spekulationen, dienten sie dazu, eine ungewisse Zukunft auszuloten oder sie zumindest vorherzusagen. Ziffern sind Stoff der Poesie ... Die Ziffern beweisen aufgrund ihrer Allgemeingültigkeit, die gerade durch die Vielzahl möglicher Ziffernsysteme zum Ausdruck kommt, und ihrer Geschichte, die im heute weltweit verbreiteten Dezimalsystem gipfelt, besser als die babylonische Sprachverwirrung die grundsätzliche Einheit der menschlichen Kultur."[3]

---

3 Georges Ifrah, Universalgeschichte der Zahlen, Frankfurt am Main/New York 1991, S. 17 f.

Das Mittelalter und die Zahlen

Im europäischen Mittelalter war die Zahlensymbolik allgegenwärtig. Die berühmte Kathedrale von Chartres, die für die Entwicklung der gotischen Baukunst als richtungweisend angesehen wird, zeigt in ihrem Baukörper Proportionen, die auf feststehenden Maßzahlen beruhen. „Die Höhe des Mauerdurchbruchs durch die Wand zwischen den Räumen oberhalb des Seitenschiffes ... erweist sich als die dem Gesamtbau zugrunde liegende Maßeinheit. Die Horizontalen und Vertikalen des Gebäudes und seiner Teile Breite und Höhe sind offensichtlich mit Hilfe dieses Grundmaßes fixiert worden. Die vollkommenen Zahlen 1, 2, 3 und deren Doppeltes oder Vielfaches bestimmen die Ausmaße des Bauwerks, als sei ihre Vollkommenheit diesem Gebäude einzig angemessen. Die mit ihrer Hilfe herstellbaren Proportionen ergeben die einzig anerkannten musikalischen Harmonien Einklang 1 : 1, Oktave 2 : 1, Quinte 3 : 2, Oktave der Quinte 1 : 3, zum Beispiel Breite des Innenraumes (von Fensterbahn zu Fensterbahn gemessen) im Verhältnis zur Höhe gleich 15 : 15 (1 : 1), Breite des Seitenschiffes im Verhältnis zu dessen Höhe 3 : 6 (1 : 2), Wandhöhe des Hauptschiffes im Verhältnis zur Gesamthöhe 10 : 15, beziehungsweise des Seitenschiffes 4 : 6 (2 : 3)."[4] Mehr zu den Zahlenverhältnissen der musikalischen Intervalle lesen Sie im Kapitel „Zahlen und Musik".

Dennoch blieb das Verhältnis zu den Geheimnissen der Zahlen zwiespältig. Auf der einen Seite wurde die Zahlensymbolik als Hilfswissenschaft für die Exegese biblischer Texte angesehen und eifrig genutzt. Beispiele dafür finden Sie unter anderem in den Abschnitten über die Zahlen 6 und 17 und die Ausführungen über die Zahl 666 im Abschnitt „Griechen und Römer". Auf der anderen Seite haben bereits in der Spätantike die frühchristlichen Kirchenlehrer und Schriftsteller wie Irenäus von Lyon und Hippolyt von Rom das Misstrauen gegen die Zahlensymbolik gesät. Die Abwehrhaltung des christlichen Altertums war wohl unter anderem deshalb so stark ausgeprägt,

---

4 Harald Kümmerling, *Mensura hominis quae est angeli*. Die Maßeinheit im Hause Gottes; in: Mensura. Maß, Zahl, Zahlensymbolik im Mittelalter, 2. Halbband, Berlin, New York 1984, S. 456 f.

weil die frühe Kirche im theologischen Handgemenge mit den Gnostikern stand. Die Gnosis war eine bei den Christen als häretisch angesehene Erlösungsbewegung der Spätantike. Der Kern ihrer Lehre bestand darin, als Mittel der Erlösung die Erkenntnis des eigenen Lichts (daher der Name Gnosis, griechisch *Erkenntnis*) anzusehen. Nicht aufgrund seiner Werke werde der Mensch errettet, wie es die frühe christliche Dogmatik lehrte, sondern allein durch das Wissen um seine grundsätzliche Weltüberlegenheit, meinten die Gnostiker. Zahlenmystik und Zahlenspekulationen gehörten zu den bevorzugten Denk- und Ausdrucksformen der Gnosis. Es ist daher kein Zufall, dass ausgerechnet eine Mathematikerin, die griechische Wissenschaftlerin Hypatia, die den Lehren der Pythagoreer verpflichtet war, im Jahr 415 von einem aufgeputschten christlichen Pöbel grausam umgebracht wurde, weil man sie bezichtigte, eine Gnostikerin zu sein.

Davon unbeeindruckt schrieb der italienische Franziskanerpater und Theologe Bonaventura im 13. Jahrhundert seine Werke. Für ihn war die Zah-

lensymbolik nicht lediglich Hilfswissenschaft und auch nicht der Häresie verdächtig, „sondern sie ist in allen, auch den dogmatischen und mystischen Werken, das tragende Element der systematischen Konstruktion"[5].

Am Anfang der Zahlenreihe steht natürlich die 1. Für Bonaventura deutet sie auf die Einheit und Einzigartigkeit Gottes; so wie der Kreis nur einen Mittelpunkt habe, könne das Universum auch nur einen Gott haben. Die Zahl 2 weist nicht nur auf das paarweise Zusammengehörige hin, wie es das Alltagsbewusstsein erlebt, sondern auch und vor allem auf den Urgegensatz, der sich mystischer Erfahrung erschließt. Die Zahl 3, die sich in der göttlichen Trinität manifestiert, prägt Bonaventuras Schriften so stark, dass er meist dreigliedrige Aussagen trifft.

Übereinstimmend mit der frühen Überlieferung des Altertums und des frühen Mittelalters sah Bonaventura die Zahl 4 als die Zahl der Erde und des Materiellen schlechthin. Der Franziskanerpater führt ganze Reihen kosmologischer Entsprechungen an, die den Charakter der 4 der Überlieferung getreu belegen sollen.

---

5   Klaus Bernath, Mensura Fidei. Zahlen und Zahlenverhältnisse bei Bonaventura. In: Mensura. Maß, Zahl, Zahlensymbolik im Mittelalter, 1. Halbband, Berlin, New York 1984, S. 65.

Kapitel 2

Ein Universum von Zahlen

Zahlen und Planeten

Als Astronomie und Astrologie noch eins waren, war auch ihr Weltbild noch eins und die Zahl der Planeten war – wie schön passte es zu der magischen Zahl – sieben. Merkur und Venus, Mars, Jupiter und Saturn waren die damals bekannten Planeten, Sonne und Mond kamen noch dazu – die Erde natürlich nicht, denn die stand ja im Mittelpunkt der Welt. Uranus (entdeckt 1781), Neptun (entdeckt 1846) und Pluto (entdeckt 1930) waren noch unbekannt.

Kleine Zyklen

Dass die Menschen relativ früh darauf gekommen sind, das Geschehen am Himmel unter dem Gesichtspunkt von Zahlenverhältnissen zu ordnen und zu erklären, hängt mit den Objekten der Beobachtung zusammen. Denn das Himmelsgeschehen enthüllt der forschenden Beobachtung eine Periodizität, die sich hervorragend in Zahlen darstellen lässt. Einen grundlegenden Eindruck von der Periodizität der Himmelsmechanik vermittelte der stete Wechsel von Tag und Nacht. Sodann bot sich als Objekt der Beobachtung der Mond an, dessen Periodizität bei Erscheinen und Verschwinden in einem relativ überschaubaren Zeitraum wahrgenommen werden kann. Dass sich die vier Phasen – zunehmender Mond, Vollmond, abnehmender Mond, Schwarzmond – regelmäßig in einem bestimmten Zyklus wiederholen, muss unseren frühen Vorfahren als eine Art Naturkonstante erschienen sein, sodass sie ihre ersten Kalender darauf gründeten. Die Beobachtung ergab, dass sich 29 Nächte nach dem letzten Vollmond, nach dem Sonnenuntergang am westlichen Horizont wieder ein Vollmond am östlichen Himmel zeigte, ebenso, wie die Beobachtung erwies, das 29 Nächte nach dem Verschwinden der letzten Lichtspur der Mondsichel der Mond wiederum unsichtbar wurde. Genauere Beobachtungen der Himmelsmechanik haben dazu geführt, dass man unterschiedlich lange Mondperioden feststellen konnte, je nachdem, welchen Bezugspunkt man wählte. Die mittlere Zeit zwischen zwei Schwarzmonden – heute sagen wir Neumond dazu – beträgt 29 Tage, 12 Stunden und 44 Minuten: Die Bemessung auf dieser Grundlage heißt „synodischer Monat". Die Zeit zwischen zwei Durchgängen des Mondes durch den Frühlingspunkt beträgt 27 Tage, 7 Stunden und 43 Minuten: Diese Distanz wird „tropischer Monat" genannt. Die Zeit zwischen zwei Durchgängen des Mondes durch seinen erdnächsten Punkt beträgt 27 Tage, 13 Stunden und 18 Minuten und wird „anomalistischer Monat" genannt. Die Unterschiede ergeben sich daraus, dass die Bezugspunkte selbst nicht statisch sind, sondern sich bewegen; die Erde zum Beispiel durchmisst während eines Mondumlaufs rund ein Zwölftel ihrer Bahn um die Sonne.

Man kannte also den Wechsel von Tag und Nacht. Man kannte vier Mondphasen und wusste, dass ein Mondzyklus rund 28 oder 29 Tage betrug. Sodann begann man, die Tage in kleinere zyklische Einheiten zu gliedern. Während die Griechen mit einer zehntägigen Woche rechneten, bevorzugten die Römer in der Zeit vor Kaiser Konstantin eine achttägige Woche – daher rührt übrigens unserer Brauch, oft „acht Tage" zu sagen, wenn wir eine Woche meinen. Die Babylonier im zweiten Jahrtausend vor der Zeitenwende und die Juden kannten hingegen schon lange die siebentägige Woche. Die Siebentägigkeit stand möglicherweise bei den Babyloniern mit dem Mondkultus und dem Bedürfnis, den

vier Mondphasen vier gleich große Zeitabschnitte zuzuordnen, in Zusammenhang. Bei den Juden stand eher die Heiligkeit der Zahl Sieben für die Anzahl der Wochentage Pate. Unter Kaiser Konstantin wurde im Römischen Reich die Siebentagewoche eingeführt. Wie schon die Ägypter und Babylonier benannten auch die Römer die einzelnen Wochentage nach den sieben damals bekannten beziehungsweise dafür gehaltenen Planeten: Sonne, Mond, Mars, Merkur, Jupiter, Venus und Saturn. Außer bei Sonntag und Montag sind im Deutschen die Planeten verballhornten germanischen Göttern zum Opfer gefallen. Im Englischen erinnert der *Saturday* an den Saturn, während im Französischen der Dienstag nach dem Mars (*mardi*), der Mittwoch nach dem Merkur (*mercredi*), der Donnerstag nach dem Jupiter (*jeudi*) und der Freitag nach der Venus (*vendredi*) benannt sind. Unser Wort „Woche" übrigens kommt vom althochdeutschen *wohha* und bedeutet „Wechsel". Obwohl sich der Wochenzyklus mit dem Monatszyklus nicht ideal synchronisieren lässt – und umso weniger, seit der Monat nur noch reine Zähleinheit von 30 beziehungsweise 31 Tagen (mit Ausnahme des Februar mit seinen 28 beziehungsweise 29 Tagen) ist, halten wir an der

Siebentagewoche fest. Vier Wochen sind eben – ungefähr – ein Monat.

Was sich vermutlich als Nächstes der menschlichen Erfahrung erschloss, war die Periodizität des Sonnenjahres. Sie war für unsere Vorfahren schon allein deshalb besonders eindrucksvoll, weil sie Veränderungen in der Natur mit sich brachte, die für das Überleben der Menschen existenziell wichtig waren. So setzten in manchen Regionen zu bestimmten Zeiten die großen Regenfälle ein, denen eine Trockenzeit folgte. In den großen Flusstälern rechnete man zu bestimmter Zeit mit der fruchtbringenden Überflutung. In den gemäßigten Regionen stellte sich das Jahr als Abfolge von vier Jahreszeiten dar. Kurz: Die Natur gab den Menschen auf, ihre Angebote entsprechend dieser Periodizität zu nutzen; das setzte voraus, dass man diese Periodizität erst einmal verstand. Es kann also nicht Wunder nehmen, dass die Anfänge der „exakten Wissenschaften", die vor Jahrtausenden im Zweistromland und in Ägypten gemacht wurden, sich mit der Himmelsbeobachtung und der Kalendergestaltung beschäftigten.

Zuerst musste man die alten Mondkalender mit dem Sonnenjahr in Übereinstimmung bringen. Nach 12 Schwarzmond-(Neumond-)Phasen sind 354 Tage vergangen; das Sonnenjahr dauert aber 365 Tage. Zur Komplettierung brauchte man elf Tage oder – nach alter Zählung, die die dem ersten Tag vorausgehende Nacht mit einbezog – zwölf Nächte. So stellten die alten Astronomen fest, dass sich das (heute so genannte) „tropische Jahr", das heißt die Zeit, die die Sonne braucht, um jeweils von einen zum nächsten Punkt der Frühjahrs-Tagundnachtgleiche zu gelangen, und das „siderische Jahr" (die Zeit, die die Sonne benötigt, um zum gleichen Fixsternpunkt zu kommen wie im vergangenen Jahr) unterscheiden. Den Umstand, dass die Sonne auf ihrer scheinbaren Bahn das tropische Jahr 20 Minuten eher beendet als das siderische, verdanken wir der Präzession der Äquinoktien, eine Art Taumelbewegung der Erdachse.

Große Zyklen

Die lange Dauer und die mit dieser Dauer zunehmende Genauigkeit der astronomischen Beobachtungen führten zu der Erkenntnis, dass die Erde nicht ganz rund läuft. Das klingt zwar etwas burschikos, trifft aber recht gut den Kern der Sache. Die Erdachse ist bekanntlich nicht nur gegenüber der Ekliptik geneigt. Sie führt auch eine langsame

Taumelbewegung aus, ähnlich wie die Achse eines Kinderkreisels allmählich zu taumeln beginnt, wenn sich die Kreiselbewegung verlangsamt. Das Taumeln der Erdachse nennt man Präzession[6]. Schon sehr früh haben die Astronomen relativ genau errechnet, dass der Frühlingspunkt innerhalb von etwa 72 Jahren um ein Grad auf dem Tierkreis entlang wandert, genauer gesagt entgegen dem scheinbaren Lauf der Sonne zurückwandert. Das heißt, eine vollständige Präzessionsperiode dauert 25 776 Jahre. Man nennt diesen „großen Sonnenumlauf", der alle zwölf Tierkreiszeichen durchläuft, das „platonische Jahr". Nach offizieller Übereinkunft soll der griechische Astronom Hipparchos die Präzession entdeckt haben. Aber es gibt Indizien, die zu der

Annahme berechtigen, dass man schon in sehr alter Zeit besser über die Himmelsmechanik Bescheid wusste, als es die Wissenschaftsgeschichte wahrnehmen kann.

Man kann aber annehmen, dass den Alten mit hinreichender Genauigkeit bekannt war: 12 ist die Zahl der Sternbilder des Tierkreises. 30 ist die Zahl von Graden, die auf der Ekliptik jedem Tierkreiszeichen zugeordnet sind. 72 ist die Zahl von Jahren, die der Äquinoktialpunkt für die Vollendung einer präzessionalen Verschiebung um ein Grad benötigt; so lange dauert ein „Präzessionstag". 2 160 ist die Zahl der Jahre, die ein „Präzessionsmonat" dauert – also die Zeit, die vergeht, bis der Äquinoktialpunkt das Bogensegment eines Tierkreiszeichens durchmessen hat.

---

6   In Wirklichkeit überlagern sich verschiedene Arten der Präzession zu einer „allgemeinen Präzession".

Zahlen und Musik

Die vollkommene Ordnung

Von Pythagoras von Samos geht die Legende, dass der berühmte Mathematiker die musikalischen Grundintervalle, die er in einer Schmiede hörte, allein durch das Gewicht der Hämmer bestimmt habe, und zwar die Oktave (2:1), die Quinte (3:2), die Quarte (4:3) und den Ganzton, die große Sekunde (9:8) in den Proportionen 6:8:9:12. Diese Geschichte klingt märchenhaft und sie ist es auch. Allerdings hat erst 1636 ein Naturwissenschaftler die physikalische Unmöglichkeit dieses Märchens beweisen können.

Die Legende behauptet weiter, Pythagoras habe die Proportionen auf die Längenabmessungen der Saiten- und Blasinstrumente übertragen. Dieser Teil der Legende ist zumindest physikalisch nicht anfechtbar, wenn auch nicht gewiss ist, ob Pythagoras selbst all diese Wunder vollbracht hat, die seine Schule und der nach strengen Regeln lebende innere Kreis der Pythagoreer dem Meister zuschrieben.

Pythagoras galt von der Antike bis zum Mittelalter als der Begründer der Musik als Wissenschaft. Nach der Überzeugung und Lehrmeinung der Pythagoreer wird die Musik als exakte Wissenschaft aufgefasst, weil ihr Gegenstand nicht eigentlich die Töne, sondern die Zahlenrelationen seien, die den Tönen zugrunde liegen.

Seltsamerweise hatten die Pythagoreer mit den Terzen ihre Probleme. Die Terz, die wir als dritte Stufe der diatonischen Leiter schätzen, weil sie die Quinte zum Dreiklang „füllt" und uns damit den vertrauten Eindruck von Dur (große Terz) und Moll (kleine Terz) vermittelt, galt seit den Pythagoreern bis ins 16. Jahrhundert hinein als nur unvollkommene Konsonanz. Deshalb wird man an sehr alten Kirchengesängen bemerken, dass sie häufig mit einer „leeren" Quinte schließen, das heißt mit einem nach der Auffassung der damaligen Musiktheorie wirklich reinen Intervall, einer vollkommenen Konsonanz. Der Grund für das Misstrauen gegen die Terz lag darin, dass die Pythagoreer streng auf Quinten fixiert waren und dadurch auf sehr komplizierte Zahlenverhältnisse für die Terzen stoßen mussten: auf 81:64 für die große Terz und auf 32:27 für die kleine Terz. Das lag daran, dass die Pythagoreer ihre In-

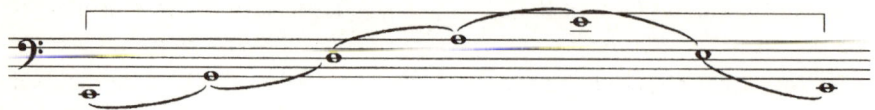

Abb. 1: Vier Quinten aufwärts, zwei Oktaven abwärts – auf diese Weise errechneten die Pythagoreer die große Terz

tervalle durch Quintierung (das heißt Übereinanderschichten von Quinten) bestimmten. Die große Terz wurde also – vom großen *C* als gedachtem Grundton aus betrachtet – auf folgende Weise erreicht; die Oktave hat bekanntlich das Verhältnis 2 : 1 und die Quinte 3 : 2.

$$\left(\tfrac{3}{2}\right)^4 : \left(\tfrac{2}{1}\right)^2 = \tfrac{81}{64}$$

Im Notenbild kann man das folgendermaßen ausdrücken, dass vier Quinten übereinander geschichtet werden, worauf man zwei Oktaven zurückspringt (siehe Abbildung 1).

Nach pythagoreischer Auffassung mussten Konsonanzen aber auf einfachen Zahlenverhältnissen beruhen. Erst seit dem 16. Jahrhundert wurde die Terz als gewissermaßen naturgegeben erkannt, nämlich als Teilungsverhältnis 5 : 4 (große Terz) beziehungsweise 6 : 5 (kleine Terz). Tatsächlich findet sich der Dur-Dreiklang als 4., 5. und 6. Teilton in der Obertonskala jedes Grundtons wieder (siehe die Notendarstellung in Abbildung 2).

So genannte Obertöne entstehen praktisch bei jedem natürlich (das heißt nicht durch einen Sinuston-Generator) erzeugten Ton.

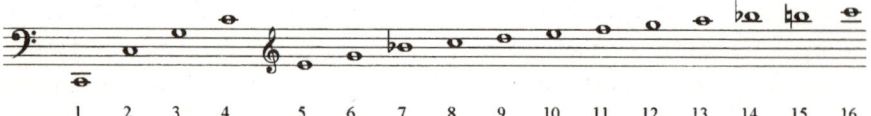

Abb. 2: Obertonreihe des Tons C. Die Teiltöne 7, 11 und 14 liegen etwas tiefer als der notierte Ton, der 13. Teilton etwas höher als sein notiertes Pendant

Der von einem Musikinstrument oder von der menschlichen Stimme erzeugte Ton, der streng physikalisch betrachtet eigentlich ein „Klang" ist, besteht also aus einem Grundton und den zugehörigen Obertönen. Das kann man sich so vorstellen: Eine schwingende Saite schwingt nicht nur in ihrer Ganzheit, sondern auch in ihren beiden Hälften, ihren Drittel, Vierteln, Fünfteln usw.

Wird in die Obertonreihe der Grundton selbst mit einbezogen, spricht man von einer Reihe von Teiltönen (oder Partialtönen). Die Teiltonreihe (siehe Abbildung 2) bringt die Zahlenverhältnisse, wie sie zuerst von den Pythagoreern ausgearbeitet worden sind, am besten zum Ausdruck.

Das Mitklingen der Obertöne macht es überhaupt erst möglich, dass wir verschiedene Klangfarben unterscheiden können. Mit anderen Worten: Dank der Obertöne können wir unterscheiden, ob eine Flöte oder eine Klarinette geblasen wird. Dass der Klang der Klarinette im Vergleich zum Klang der Flöte hohler und – Klarinettisten mögen es mir verzeihen – „tutiger" wirkt, liegt zum Beispiel daran, dass im Klarinettenton

die geradzahligen Teiltöne schwächer mitklingen. Klarinettisten wissen um diese Eigenart des Instruments und nennen es ironisch-liebevoll „Kanne".

Hören, was nicht zu hören ist

Ein weiteres akustisches Phänomen, das mit den Zahlen- und Intervallverhältnissen in Zusammenhang steht, ist die Bildung von so genannten Kombinationstönen oder Differenztönen. Sie entstehen immer dann, wenn mindestens zwei Töne gleichzeitig erklingen, also zwei Instrumente gespielt werden oder wenigstens zwei Sänger singen. Ein Akkord, wie zum Beispiel die den Teiltönen 4 und 5 entsprechende große Terz, erzeugt den Differenzton, der dem Unterschied zwischen den Frequenzen beider Töne entspricht. Nehmen wir als Beispiel den Terzklang c (256 Hz) und e (320 Hz), so beträgt die Differenz der Frequenzen 64 Hz.[7]

Tatsächlich kann man als Kombinationston des Akkords c–e den Differenzton C (64 Hz) hören. 64 ist zugleich der Divisor, mit dem das Frequenzverhältnis 320 : 256 auf das Intervall-Tei-

---

7 Die Frequenzen sind rechnerische Werte. In der Musikpraxis schwanken die Stimmungen sehr stark. Der „Kammerton" a, der 1885 auf 435 Hz und 1939 auf 440 Hz festgelegt wurde, betrug auf der Stimmgabel Händels 422,5 Hz. Die Stimmung der Steinway-Flügel basierte um 1880 auf einem a mit 457 Hz.

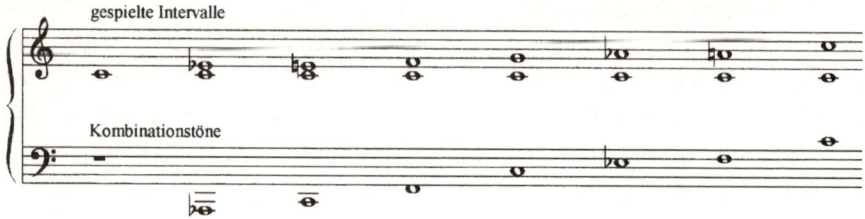

Abb. 3: Kombinationstöne erster Ordnung

lungsverhältnis 5 : 4 zurückgeführt wird (siehe Abbildung 3).

Das Hören solcher Kombinationstöne ist keine Einbildung überdrehter Musiker. Tatsächlich kann man mithilfe der Differenztöne sogar Töne hören, die für uns gar nicht mehr hörbar sind. Stellen Sie sich einfach vor, die Terz $c–e$ durch wiederholtes Verdoppeln der Frequenzen 256 beziehungsweise 320 Hz in die jeweils nächste Oktave versetzt zu sehen. Sie kommen damit schließlich in Höhen, für die es in der Notation keinen adäquaten Ausdruck mehr gibt, denn in der musikalischen Praxis sind solche Extremtöne quasi nicht nutzbar.

Nach der sechsten Verdoppelung erreichen Sie ein Verhältnis der Frequenzen von 20 480 : 16 384 Hz. Normaler-

weise hört das erwachsene menschliche Ohr jenseits der 15 000 Hz nicht mehr viel – jüngere Menschen mehr, ältere weniger – meistens also nichts. Unsere Terz ist dem hörbaren Bereich entrückt. Aber der Differenzton, der sich als Kombinationston bildet ist das so genannte fünfgestrichene c mit der Frequenz von 4 096 Hz. Das ist der höchste Ton, den man normalerweise auf einer Klaviertastatur anschlagen kann, das heißt, er ist deutlich hörbar. Man kann also den Indizienbeweis führen: Wenn der Kombinationston c^5 hörbar ist, muss es jenseits der Hörschwelle das Intervall $c^7–e^7$ geben. Übrigens ist 4 096 der Divisor, mit der unsere hohen Hertzzahlen wieder auf das Grundverhältnis für die große Terz, 5 : 4, zurückgeführt werden.

Ist die Welt vollkommen?

Die faszinierenden Zahlenverhältnisse in der Welt der Töne und Klänge lassen an eine Harmonie der Welt glauben. Ist die Welt vollkommen? Beinahe, wäre da nicht das Komma. Es geht um das pythagoreische Komma: Womit gesagt ist, dass sich schon die Pythagoreer über den kleinen Kratzer in der Weltharmonie im Klaren waren. Mit der Zeit hat die Harmonie der Welt noch ein paar weitere Kratzer bekommen, aber das pythagoreische Komma ist der praktisch folgenreichste.

Das pythagoreische Komma bezeichnet den kleinen Unterschied, der entsteht, wenn man den Tonraum einmal mit zwölf Quinten und ein andermal mit sieben Oktaven durchmisst. Eigentlich müsste man an der gleichen Stelle herauskommen und bei den modern gestimmten Klavieren heutzutage ist das auch so.

Legt man aber die reinen Zahlenverhältnisse der Teilung schwingender Saiten zugrunde, dann passiert etwas Erstaunliches:

Die Frequenz des Ziels der Quintschritte (f_1) verhält sich zur Frequenz des Ziels der Oktavschritte (f_2) wie 1,0136 : 1. In der Formel ausgedrückt, sieht das wie folgt aus:

$$f_1 : f_2 = \left(\tfrac{3}{2}\right)^{12} : \left(\tfrac{2}{1}\right)^{7} = 1,0136 : 1$$

Diese kleine Abweichung, die nicht größer als ein knappes Viertel eines Halbtons ist, stört eben die Harmonie der Welt. Das pythagoreische Komma ist so etwas wie der 29. Februar unter den Intervallen.

Seit Jahrhunderten versuchen Musiktheoretiker und ausübende Musiker, einen Ausweg aus der Kommakrise zu finden, die die Harmonie der Welt stört. In der so genannten temperierten (gleichschwebenden) Stimmung, der Johann Sebastian Bach sein Werk *Das wohltemperierte Klavier* widmete, wird jede der zwölf Quinten um je ein Zwölftel des Kommas verkleinert. Das am perfektesten gestimmte Klavier ist also eigentlich gleichzeitig auch das am meisten verstimmte.

Welchen Ton hat die Erde?

In der Physik bezeichnet man einen Vorgang, bei dem sich eine physikalische Größe dergestalt ändert, dass sie nach Ablauf bestimmter Zeitintervalle stets wieder den gleichen Wert annimmt, als eine *Schwingung*. Verläuft dabei die Größenänderung innerhalb einzelner definierter Zeitintervalle in der gleichen Art und Weise, liegt eine *periodische Schwingung* vor. Um einen Ton zu hören, das heißt eine Schallempfindung wahrnehmen zu können, muss eine mechanische Schwingung vorliegen. Ein einfaches Beispiel für eine mechanische Schwingung ist das Schwingen eines Pendels an einem Faden. Natürlich hört man dabei noch nichts, aber die Pendelbewegung kann ebenso auf eine frei schwingende Zunge, wie sie uns in Mundharmonika und Akkordeon begegnet, oder auf eine schwingende Saite, wie wir sie bei allen Saiteninstrumenten finden, übertragen werden.

Wenn jeder Ton das Resultat einer Schwingung ist, erzeugt auch jede Schwingung einen Ton. Auch die gleichförmige Kreisbewegung entspricht der Definition einer Schwingung. Sie ist sogar, da die in den einzelnen Zeit-intervallen ablaufenden Bewegungen untereinander identisch sind, eine rein periodische Schwingung.

Stellen wir uns das Fadenpendel noch einmal vor. Nehmen wir an, wir würden, anstatt es sanft schwingen zu lassen, etwas mutwilliger agieren und das Pendel in einer kreisförmigen Bewegung durch die Luft wirbeln lassen. Wenn wir jetzt das umlaufende Pendel seitlich beleuchten und an einer Wand ein Schattenbild erzeugen, würde der Schatten des schwingenden Pendels auf einer Linie hin und her schwingen. Der Faden und die Hand, die ihn hält, müssen natürlich vernachlässigt werden. Was darüber hinaus auf der Wand zu sehen ist, nennt man „Projektion einer gleichförmigen Kreisbewegung auf eine senkrecht zur Kreisbahn stehende Ebene". Die Bewegung, die das Schattenbild vollführt, wird *harmonische Schwingung* genannt (siehe Abbildung auf der folgenden Seite).

Die harmonische Schwingung stellt zwar in der Praxis einen Spezialfall dar, physikalisch aber ist sie ein so wichtiger Spezialfall, dass sich alle komplizierten, überlagerten, gedämpften und sonstwie verwickelten und unregel-

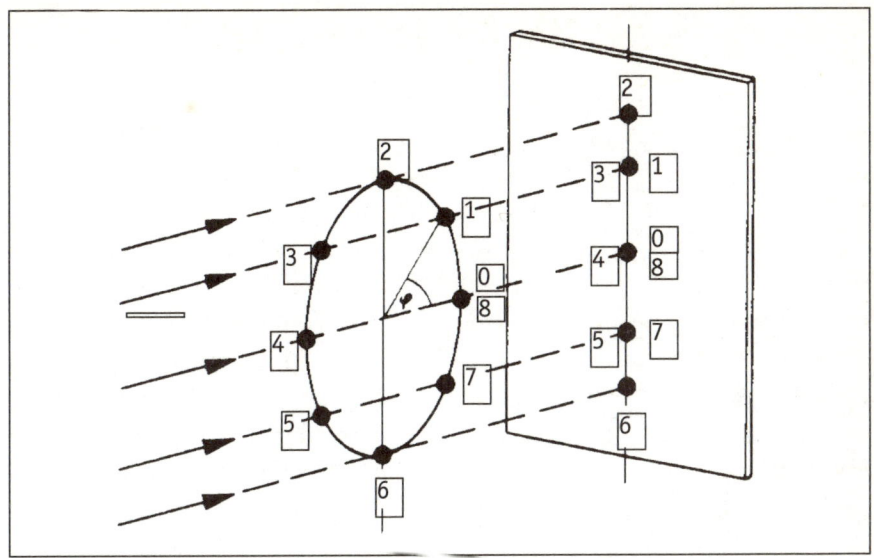

Abb. 4: Darstellung einer harmonischen Schwingung

mäßigen Schwingungen darauf zurückführen lassen.

Will man die harmonische Schwingung des eine Kreisbahn beschreiben-
den Pendels grafisch darstellen, zerlegt
man am besten den Kreis in gleich lange Zeitintervalle (siehe Abbildung 5).

Neben den in gleich lange Abschnitte zerlegten Kreis setzen wir ein Achsenkreuz, dessen waagerechte (Zeit-)
Achse auf gleicher Höhe mit dem waagerechten Durchmesser der Kreisbahn
liegt. Diese Achse erhält ebenfalls eine
regelmäßige Unterteilung in Zeitein-
heiten. Die senkrechte Achse gibt die

Elongation (die Entfernung aus der stabilen Lage) an. Auf diese Weise kann
man den Kreis mit seinen regelmäßigen
Unterteilungen auf das Achsenkreuz regelrecht „abrollen"; man erhält dabei
den Schwingungsverlauf in Form einer
Sinuskurve.

Nun kann man sich natürlich vorstellen, der Kreis auf unseren Abbil-
dungen wäre der Äquator und der Äquator würde in 24 Abschnitte geteilt, die
den 24 Stunden der Erdrotation entsprechen.

Rechnen wir 24 (Stunden) x 60 (Minuten) x 60 (Sekunden) = 86 400.

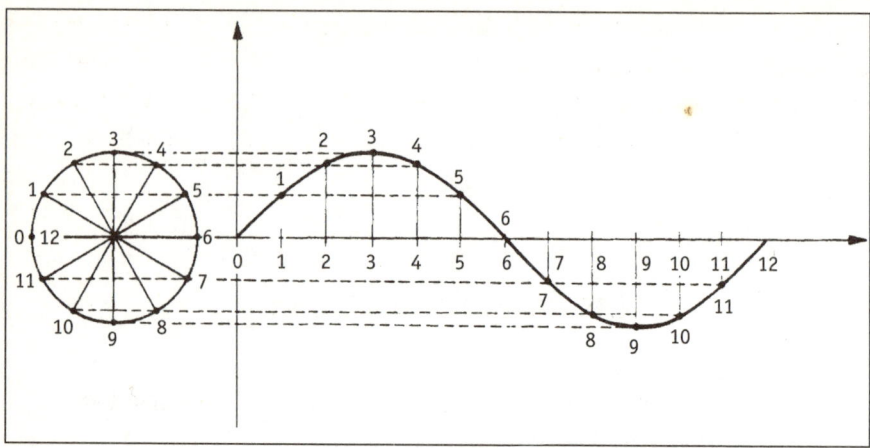

Abb. 5: Abrollen eines segmentierten Kreises zur Sinuskurve

Dann beträgt die Frequenz der Erdrotation eine harmonische Schwingung auf 86 400 Sekunden oder $1/86\,400$.

Das entspricht einem „Ton" von 0,00001157407407407 Hz. Natürlich liegt das weit außerhalb des hörbaren Bereichs, unhörbar ist er aber trotzdem vorhanden. Die 24. Oktave – das heißt die 24. Verdoppelung – der irdischen Grundfrequenz erreicht einen Wert von 194,1807407407... Hz. Das ist der Ton g (das so genannte kleine g, der Ton der tiefsten Violinsaite) in einer Stimmung zwischen der Kammertonbasis 440 Hz für den Stimmton a (das kleine g ist hier mit 195 Hz angegeben) und der bis 1939 geltenden Basis von 435 Hz (das kleine g hat in dieser Stimmung 193,77 Hz). Die Periode 407, die sich in der Grundfrequenz findet, taucht übrigens bei jeder sechsten Verdoppelung wieder auf, in der 6. Oktave (0,0007407407... Hz), in der 12. (0,047407407... Hz), der weiter in der 18. (3,03407407... Hz) und in der 30. Oktave, dem ‚g″″″′ (12 427,567407407...). Jenseits der 30. Oktave verlässt der „Ton" den hörbaren Bereich und erreicht in der 65. Oktave den Wert von $4,270 \times 10^{14}$ und damit die Farbe Orangerot mit einer Wellenlänge von 702 Nanometern.

Die Umlaufzeit der Erde um die Sonne mit einem mittleren Wert von 365,25 Tagen gerechnet, ergibt 31 557 000 Sekunden. Eine harmonische Schwingung der Erde um die Sonne ergibt in der 32. Oktave einen Wert von 136,1 Hz. Das ist das so genannte große *Cis*, etwa 2 Hz tiefer, als es heute üblicherweise gespielt wird, aber etwa so, wie es bis 1939 geklungen hat. Dieses *Cis* könnte man als den Grundton der Erde im All bezeichnen.

Die Töne der Planeten

Entsprechend dem Ton der Erde kann man auch die Töne aller übrigen Planeten bestimmen und dabei auf zweierlei Weise vorgehen. Zum einen kann man, wie die klassische Astrologie, die Erde in den Mittelpunkt der Betrachtung stellen und, statt die tatsächlichen Umlaufzeiten der Planeten um die Sonne zugrunde zu legen, die Bahnen betrachten, die von den Planeten am irdischen Sternhimmel zurückgelegt werden. In diesem Falle spricht man von *synodischen Umläufen*.

Legt man indessen die tatsächlichen Umlaufbahnen zugrunde, auf denen die Planeten die Sonne umrunden, spricht man von *siderischen Umläufen*. Beide Betrachtungsweisen der Planetenbahnen ergeben Schwingungen, die sich mittels ganz elementarer Zahlenverhältnisse, dem Intervallverhältnis der Oktave von 2 : 1, letztlich in hörbare Töne transformieren lassen.

Synodische Umlaufzeiten

Der Rhythmus, der einen Planeten an unserem Himmelsgewölbe antreibt und umtreibt, wird vom so genannten synodischen Umlauf dieses Planeten vorgegeben. Als synodischen Umlauf bezeichnet man die Zeitspanne, die von einer Konjunktion des Planeten mit der Sonne bis zur nächsten vergeht. Befindet sich ein Planet in Konjunktion zur Sonne, so ist er nicht sichtbar, weil die Sonne ihn überstrahlt. Das folgende Beispiel des synodischen Umlaufs der Venus in Bezug auf die Erde soll das illustrieren (siehe Abbildung 6).

Die inneren Planeten, Merkur und Venus, umkreisen die Sonne auf Bahnen, die enger sind als die Umlaufbahn der Erde. Das hat zur Folge, dass sie die Erde beständig „überholen". Die inneren Planeten haben darum im Laufe einer synodischen Periode auch zwei

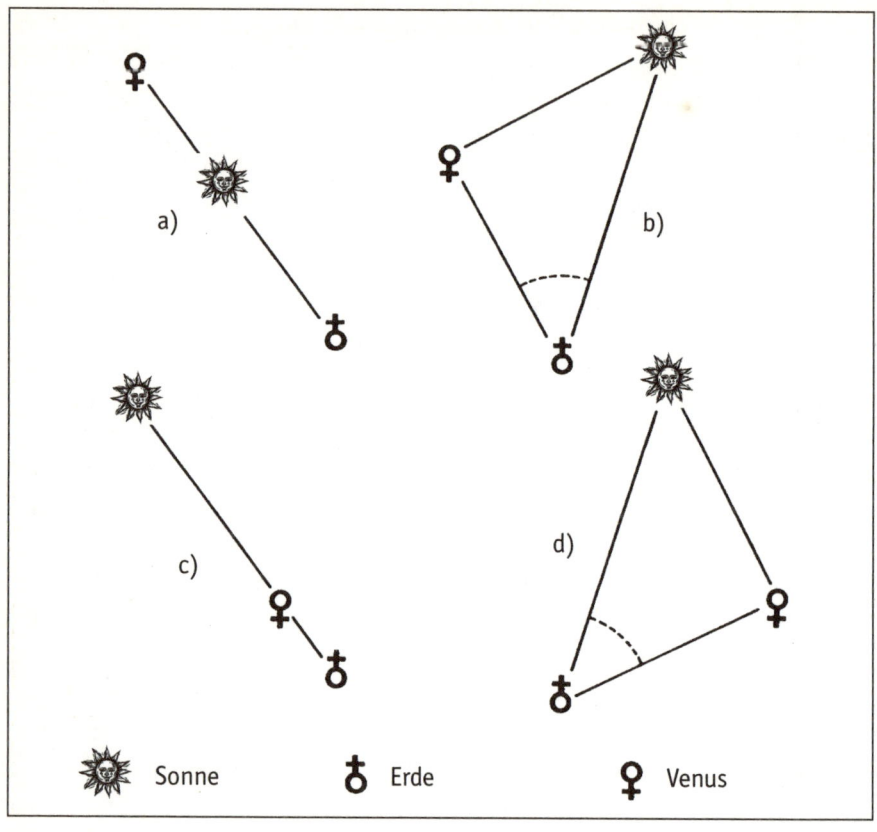

Abb. 6: Die Phasen des synodischen Umlaufs der Venus

  *a) Obere Konjunktion von Sonne und Venus; die Venus ist für uns
      unsichtbar, weil sie sich hinter der Sonne befindet.*

  b) Östliche Elongation; die Venus ist für uns als „Abendstern" sichtbar.

  *c) Untere Konjunktion von Sonne und Venus; die Venus ist für uns
      unsichtbar, da sie sich zwischen Sonne und Erde befindet und vom
      Sonnenlicht überstrahlt wird.*

  d) Westliche Elongation; die Venus ist für uns als Morgenstern sichtbar.

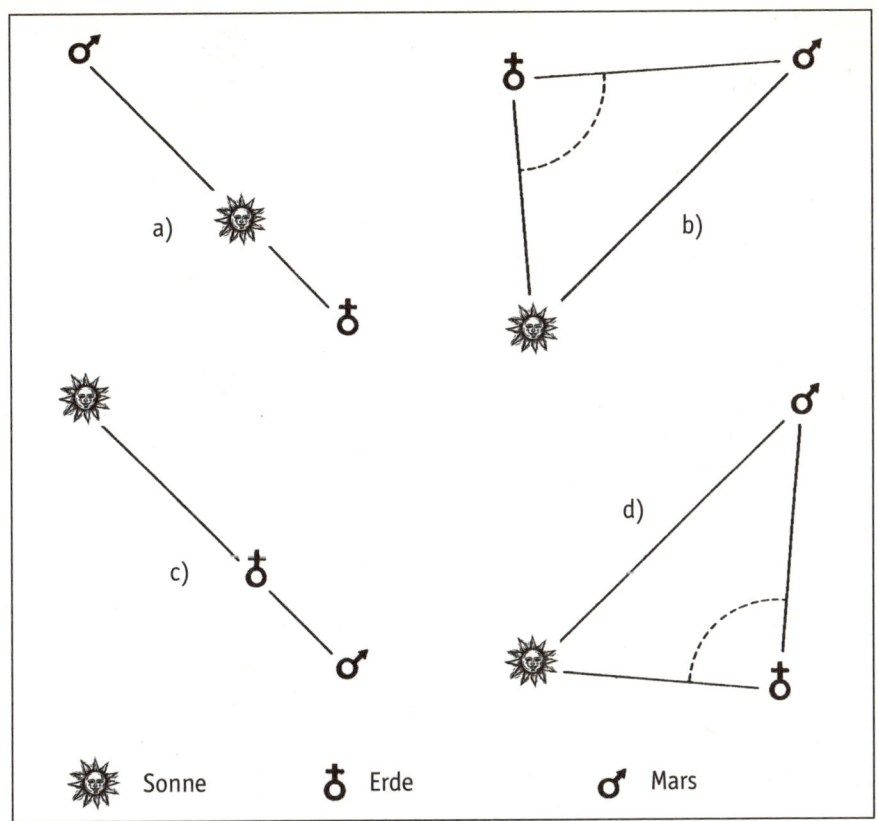

Abb. 7: *Die Phasen des synodischen Umlaufs des Mars*
   a) Konjunktion von Sonne und Mars; der Mars ist hinter der Sonne für uns
      unsichtbar.
   b) Sonne-Mars-Quadrat; der Mars wird nach Sonnenuntergang im Süden
      sichtbar und geht gegen Mitternacht unter.
   c) Opposition von Sonne und Mars; der Mars steht gegen Mitternacht im
      Süden, wegen seiner größten Erdnähe ist er jetzt am hellsten.
   d) Sonne-Mars-Quadrat; der Mars geht gegen Mitternacht auf und steht
      bei Sonnenaufgang im Süden.

Konjunktionen mit der Sonne, eine untere, wenn sie sich zwischen Erde und Sonne befinden, und eine obere, wenn sie, vor der Erde aus gesehen, hinter der Sonne verschwinden. Den größten Bahnausschlag, das heißt den von der Erde aus gesehen größten Abstand von der Sonne, nennt man *Elongation*.

Die äußeren Planeten hingegen umrunden die Sonne auf Bahnen, die weiter von der Sonne entfernt sind als die Erdbahn. Das hat zur Folge, dass die Erde diese Planeten – Mars, Jupiter, Saturn, Uranus, Neptun und Pluto – auf ihrem Weg um die Sonne immer wieder überholt.

Die synodischen Bahnverhältnisse der äußeren Planeten können am Beispiel der synodischen Umlaufphasen unseres Nachbarplaneten Mars illustriert werden (siehe Abbildung 7).

Die mittleren synodischen Umlaufzeiten und die entsprechenden Töne, auf die sich diese Umlaufzeiten zurückführen lassen, werden in der nachfolgenden Tabelle dargestellt.

In dieser Tabelle gibt die Spalte „Oktavzahl" an, wie oft die Grundfrequenz verdoppelt – der Ton oktaviert – werden muss, um einen Vergleichston innerhalb des Bereichs unseres menschlichen Stimmumfangs zu erreichen.

Synodische Bahnverhältnisse				
Planet	**Mittlere Umlaufzeit (in Tagen)**	**Oktavzahl**	**Tonfrequenz (in Hertz)**	**Ton**
Merkur	115,8774	31	214,5	a (as)
Venus	583,9205	33	170,3	f
Mars	779,9382	33	127,5	c
Jupiter	398,8864	32	124,6	h
Saturn	378,0928	32	131,5	c
Uranus	369,66	32	134,5	cis
Neptun	367,49	32	135,5	cis
Pluto	366,74	32	135,6	cis

Siderische Bahnverhältnisse				
Planet	Mittlere Umlaufzeit (in Tagen)	Oktavzahl	Tonfrequenz (in Hertz)	Ton
Merkur	87,9690	30	141,27	d
Venus	224,7008	32	221,23	a
Mars	686,9804	33	144,72	d
Jupiter	4 332,558	36	183,58	fis
Saturn	10 759,21	37	147,85	d
Uranus	30 685,93	39	207,36	gis
Neptun	60 187,64	40	211,44	a
Pluto	90 737,2	40	140,25	d (cis)

Siderische Umlaufzeiten

Nimmt man nicht die Erde, sondern die Sonne zum Ausgangspunkt der Betrachtung und misst die Umläufe der Planeten um die Sonne am Fixsternhimmel, spricht man von siderischen Planetenumläufen. Wie wir spätestens seit Johannes Kepler wissen, bewegen sich alle Planeten auf mehr oder weniger regelmäßigen, elliptischen Bahnen um die Sonne. Die inneren, relativ kleinen Planeten auf mehr, die äußeren, zum Teil sehr großen und massereichen Planeten auf weniger regelmäßigen. Das heißt, die großen Brocken wie Jupiter, Saturn und Uranus beeinflussen sich gegenseitig und sorgen für bestimmte Unregelmäßigkeiten; Neptun wurde sogar aufgrund des Torts, den er der Neptunbahn antat, regelrecht errechnet, bevor Galle ihn 1846 mit dem Fernrohr entdeckte. Doch auch für die schweren Jungs jenseits der Marsbahn lassen sich langjährige Mittelwerte errechnen, die eine Angabe der durchschnittlichen siderischen Umlaufzeiten ermöglichen.

Ebenso wie die synodischen kann man auch die siderischen Umlaufzeiten als Schwingungen auffassen, die sich mittels einer bestimmten Oktavzahl in Töne „übersetzen" lassen, wie die Tabelle (siehe oben) illustriert.

Genau wie bei der Tabelle der synodischen Umlaufzeiten und Tonfrequenzen gibt die Spalte „Oktavzahl" an, wie oft die Grundfrequenz verdoppelt (oktaviert) werden muss, um einen Vergleichston im Frequenzbereich des menschlichen Stimmumfangs zu erreichen.

Der Ton der Sonne

Wie aber verhält es sich mit dem Ton der Sonne? Gibt es überhaupt eine natürliche Schwingung, die sich als Grundton der Sonne identifizieren ließe?

Stellen wir uns vor, die gesamte Masse der Sonne wäre in einem Punkt zusammengeballt. Nicht wirklich, denn dann wäre dieser Punkt ein „schwarzes Loch" und brächte unsere Himmelsmechanik durcheinander; schwarze Löcher sind Massekonzentrationen, deren Gravitation an der Oberfläche so groß ist, dass ihnen kein Teilchen, nicht einmal die Photonen, die Teilchen der Lichtstrahlung, entkommen kann. Wir brauchen die in einem Punkt zusammengezogene Sonnenmasse nur theoretisch, um uns Platz für ein Gedankenexperiment zu machen.

Stellen wir uns vor, dass alle Planeten, so wie bisher, die Sonnenmasse umrunden, denn ihre Bahneigenschaf-ten, Umlaufgeschwindigkeiten usw. sind ja nicht von der Ausdehnung der Sonne abhängig, sondern von ihrer Masse. Wie bisher würde also der äußerste der äußeren Planeten, der Pluto, die Sonne einmal in 248 Jahren umrunden und auf seiner Runde eine Bahngeschwindigkeit von gemächlichen 4,7 km/s an den Tag legen. Merkur, als sonnennächster Planet, durcheilt den Rundkurs um die Sonne in knapp 88 Tagen und hetzt mit der mehr als zehnfachen Geschwindigkeit des Pluto, mit 48 km/s, durch das All. Die Umlaufgeschwindigkeit eines Planeten wird also umso größer, je näher seine Bahn um den Masseschwerpunkt der Sonne verläuft. Theoretisch ließen sich also innerhalb der Merkurbahn weitere Planeten denken, die die Sonne umso schneller umkreisen, je näher ihre Bahnen dem Sonnenmittelpunkt liegen. Da uns aber keine wirkliche Sonne stört – wir haben ihre Masse zu diesem Zweck „theoretisch" auf einen Punkt zusammengezogen –, erreichen wir mit einem „allerinnersten" Planeten an irgendeiner Stelle einen Grenzwert. Die Masse dieses Planeten müsste Null sein, um den Grenzwert zu erreichen. Das geht natürlich in der Wirklichkeit nicht, aber darum sind Grenzwerte ja auch Grenzwerte, weil sie zwar theoretisch existieren, praktisch aber nie erreicht werden können.

Was geschieht mit unserem „allerinnersten" Planeten? Wenn er die (auf den Punkt gebrachte) Sonne in einer Entfernung von 1476 Metern und 60 Zentimetern umkreist, muss sein Umlauftempo die Lichtgeschwindigkeit erreichen, um die Anziehungskraft der Sonnenmasse zu kompensieren. Auf seiner 1476,6-Meter-Bahn würde er die Sonne pro Sekunde 32 312,54 Mal umrunden. Der Abstand von 1476,6 Metern und die Frequenz von 32 312,54 Hertz sind die physikalischen Grenzwerte unserer Sonne; sie basieren auf der Naturkonstante der Lichtgeschwindigkeit und sind praktisch unerreichbar. Aber sie definieren die Sonne auf unverwechselbare Weise.

32 312,54 Hertz kann man als den originalen Sonnenton bestimmen. Die erste Unteroktave dieser solaren Grenzfrequenz erreicht mit 16 156,26 Hertz bereits den (für Menschen mit ungeschädigtem Gehör) hörbaren Bereich. Der Ton ist ein *c*, ein so genanntes siebengestrichenes *c* (siehe Tabelle).

Mit 63,11 Hertz ist der heruntoktavierte Sonnenton weniger als eine Schwingung tiefer als unser „rechnerisches" großes C. Ein für unsere Weltharmonie solides Fundament.

Ton der Sonne	
32 312,54 Hz	Sonnenton
16 156,26 Hz	c'''''''
8 078,13 Hz	c''''''
4 039,06 Hz	c'''''
2 019,53 Hz	c''''
1 009,77 Hz	c'''
504,88 Hz	c''
252,44 Hz	c'
126,22 Hz	c
63,11 Hz	C

Der Mondton

Nun fehlt uns also nur noch der Mond, von dem wir zwar wissen, dass er kein Planet, sondern ein Trabant der Erde ist, der nach altem astrologischen Verständnis aber als Planet gilt.

Die mittlere siderische Umlaufzeit des Mondes um die Erde beträgt 27 Tage, 7 Stunden, 43 Minuten und 11 Sekunden. In Sekunden ausgedrückt: 2 360 591 Sekunden. Der Mond absolviert also eine harmonische Schwingung in dieser Zeit, das heißt, seine Frequenz beträgt 0,000000423622 Hertz.

Auch diese Schwingung ist weit davon entfernt, ein Ton zu sein. Aber wenn er 28-mal oktaviert (das heißt seine Frequenz nacheinander 28-mal verdoppelt) wird, erreicht man die Frequenz von 113,7 Hertz. Gemessen an dem (rechnerischen) großen C als Ausgangsbasis ist das ziemlich exakt das große B.

Dass es genau 28 Oktaven sind – 28 Tage dauert, rund gerechnet, der siderische Monat – ist zwar Zufall, aber dieser Zufall passt gut in das Bild von der kosmologischen Zahlenharmonie. In der nachfolgenden Tabelle sind alle Frequenzen und Töne der Planeten im astrologischen Sinne übersichtlich zusammengefasst.

Die astrologisch-numerologische Konsequenz aus dieser Tabelle ist, dass jeder Zahl ein Planetenton zugeordnet werden kann. So können Zahlenverhältnisse, die sich aus verschiedenen numerologischen Berechnungsverfahren ergeben, als Ton- und Intervallverhältnisse dargestellt, das heißt regelrecht hörbar gemacht, werden.

Frequenzen und Töne der Planeten				
Planet	Mittlere Umlaufzeit (in Tagen)	Oktavzahl	Tonfrequenz (in Hertz)	Ton
Sonne	–	–8	126,22	c
Mond	27,3216	28	113,72	b
Merkur	87,9690	30	141,27	d
Venus	224,7008	32	221,23	a
Mars	686,9804	33	144,72	d
Jupiter	4 332,558	36	183,58	fis
Saturn	10 759,21	37	147,85	d
Uranus	30 685,93	39	207,36	gis
Neptun	60 187,64	40	211,44	a
Pluto	90 737,2	40	140,25	d (cis)

Zahlen in der Natur

Seit ältester Zeit konnten die Menschen bestimmte elementare Zahlen und Zahlenverhältnisse in der Natur finden.

Auffallend ist, dass bestimmte Zahlenverhältnisse in der Natur vorkommen, andere nicht. Unterschiede gibt es in der organischen und in der anorganischen Natur.

Die *Zwei* begegnete den Menschen am häufigsten und war ihrer sinnlichen Erfahrung am nächsten. Der eigene Körper wies mit der paarweisen Anordnung der Arme und Beine, der Augen, Ohren und Nasenlöcher auf die Zwei. Die Zwei trat ihm aber vor allem als Nicht-Eins (also Zwei), als Nicht-Ich (also das Andere) entgegen; anders hätte er sich auch nicht vermehren können. Aber nicht nur im anderen Geschlecht, personifiziert durch den Partner oder die Partnerin, auch in der anderen sozialen Gruppe.

Die *Drei* wurde schon früh als geometrische Zahl verstanden. Mit drei Linien ließ sich eine Fläche umgrenzen. Drei Dimensionen der Ausdehnung beansprucht jeder Körper: Länge, Breite und Höhe. Aber neben diesen bereits abstrahierten Vorstellungen der Dreizahl begegneten den Menschen auch ganz elementare Erscheinungen der Dreizahl: im dreiblättrigen Kleeblatt zum Beispiel. Oder in der Entwicklung der Pflanze, wie Goethe sie in der *Metamorphose der Pflanzen* als „dreifachen Doppelschritt" beschreibt: der erste Doppelschritt wird im Durchlaufen des Samen- und des Blattstadiums gesehen, der zweite Doppelschritt im Durchlaufen des Knospen- und des Blütenstadiums, der dritte Doppelschritt umfasst die Ausbildung von Staubgefäßen und Stempel sowie das Fruchtstadium. Die Triaden der hegelschen Philosophie waren vielleicht in Wirklichkeit eine elementare Erfahrung der frühen Ackerbauern: Man konnte Korn essen, dann war es weg (Negation). Man konnte Korn auch aussäen, dann war es auch weg, denn es wurde Halm (Negation) und wenn der Halm eine reife Pflanze war, konnte man ihn schneiden und er war weg (Negation der Negation); was man übrig behielt, war wieder Korn. Der Dreischritt Korn – Halm – Korn war also eine in bäuerlichen Kulturen sinnlich erfahrbare Naturtatsache.

Die *Vier* wird nicht umsonst als Ordnungszahl angesehen. Vier Himmels-

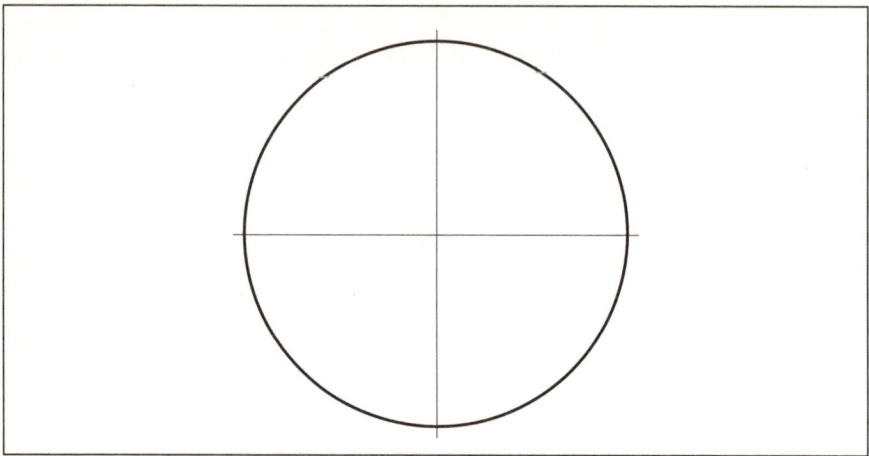

Abb. 8: Segmentierter Kreis und Achsenkreuz

richtungen und vier Jahreszeiten scheinen eine elementare räumliche und zeitliche Ordnung vorzugeben. Aus anderen Kulturen wissen wir aber, dass auch drei Jahreszeiten das Jahr hinreichend gliedern können oder dass man in der Raumordnung auf fünf Richtungen Wert legt. Dennoch suchten nicht nur in unserem Kulturkreis die Alten immer wieder, das Weltbild aus der Vierzahl der Bausteine zu errichten. So kannte Aristoteles die vier Elemente und Hesiod sprach von den vier Weltaltern. Es muss aber doch wohl mit der elementaren Ordnung zu tun haben, dass sich die Menschen, wo sie sich nicht zu kreisrunden Bauten entschlossen, Gebäude mit vier Wänden bauten – nicht mit drei und auch nicht mit fünf Wänden. Dass der rechte Winkel etwas mit dem Kreis zu tun hat (siehe Abbildung 8) und dass ein Dreieck im Halbkreis immer rechtwinklig sein muss, wie Thales bewies (siehe Abbildung 9), dürfte zu den frühesten geometrischen Erfahrungen der Menschheit gehören.

Auf vier verschiedenen Bausteine, die so genannten Basen – Cytosin, Guanin, Adenin und Thymin –, basiert die Verschlüsselung unserer sämtlichen Erbinformationen in der Ribonukleinsäure (RNS) beziehungsweise Desoxyribonukleinsäure (DNS). Je nachdem, wie diese vier Basen aufeinander folgen, ergeben sich unterschiedliche „genetische Wörter". Das „genetische Wort"

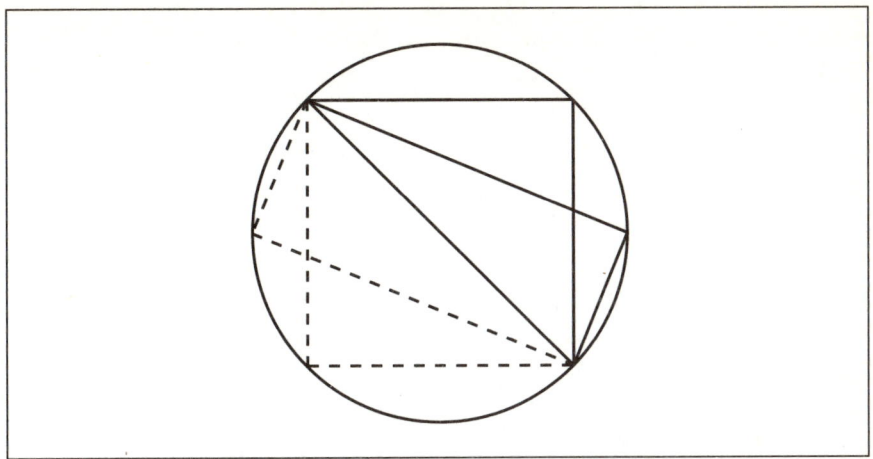

Abb. 9: Rechtwinklige Dreiecke im Halbkreis

besteht aus drei miteinander zu einem Triplett verknüpften Mononukleotiden. Jedes einzelne Nukleotid trägt eine Base. Bei vier verschiedenen Basen gibt es also 4 x 4 x 4 = 64 verschiedene Kombinationsmöglichkeiten für jedes einzelne „genetische Wort".

Die *Fünf* ist eine Zahl, die in der anorganischen Natur, zum Beispiel als Ordnungszahl von Kristallen, nicht vorkommt. Dort findet man die Zahlen 2, 3, 4 und 6 – aber keine 5. Dafür ist die Fünf als Ordnungszahl in der belebten Natur sehr häufig: Nicht nur in der Fünfzahl der Finger und Zehen an jeder Hand beziehungsweise an jedem Fuß ist sie nachvollziehbar, sondern auch in der Zahl der Blütenblätter oder als Stängelquerschnitt in der Pflanzenwelt ist sie anzutreffen.

Die *Sechs* begegnet uns in der Natur als die Schlüsselzahl der Insektenwelt. Die Sechsbeinigkeit ist geradezu das Gattungsmerkmal dieser ausgesprochen vielgestaltigen Tiere. Das russische Wort für Käfer – жук (gesprochen: „shuk" mit einem weichen Anlaut wie das „G" in „Genie") – beginnt mit dem Buchstaben ж, dessen grafische Form an einen sechsbeinigen Käfer erinnert.

Unter den Insekten sind die Bienen die Meister der Sechs. Ihr kunstvoller Wabenbau verwendet ein Baumuster, das die raumsparendste und zugleich die stabilste Form gewährleistet: den sechseckigen Grundriss.

Sechseckig und für eine chemische Strukturformel ungewöhnlich elegant ist auch der Benzolring, der dem Chemiker Friedrich Kekulé von Stradonitz angeblich im Traum erschienen sein soll. Vielleicht war er ja im Nebenerwerb Imker?

Die *Sieben* kommt in der Natur kaum augenscheinlich vor. Vielleicht ist sie gerade deshalb eine heilige und geheimnisvoll magische Zahl von so hohem Ansehen geworden. In nahezu allen Religionen und Kulturen spielt die Sieben eine wichtige Rolle.

Die *Acht* begegnet dem Menschen in der Natur vor allem bei den Spinnentieren und bei den Krebsen – nämlich in der Zahl der Beine.

Die *Neun* ist wiederum eine Zahl, deren magische Bedeutung augenscheinlich mit nichts korrespondiert, was dem Menschen in der umgebenden Natur begegnet. Vielleicht gerade darum kann sie, ähnlich wie die Sieben, „Übernatürliches" symbolisieren, denn sie spielt quasi in allen Kulturen, Religionen und Mythologien – von Alt-Mexiko bis China – eine bedeutende Rolle.

Magische Figuren

Magische Figuren – man denkt dabei zuerst an die magischen Quadrate – werden heute in erste Linie als nette logische Spielereien wahrgenommen, die in eine Rätselzeitung gehören. Das war früher ganz anders.

Mit den magischen Quadraten wurde bereits in frühen Zeiten eine besondere Zahlenbeziehung dargestellt, die wiederum der Ausdruck einer ganz bestimmten Sinnbeziehung war.

Ein magisches Quadrat, das bereits im alten China bekannt und beliebt gewesen ist, zeigt uns die nachstehende Abbildung:

4	9	2
3	5	7
8	1	6

Abb. 10: Kleinstes magisches Quadrat – „Feuerquadrat"

Charakteristisch für die ersten neun Zahlen ist es nämlich, dass man sie so im Quadrat anordnen kann, dass die Summe aller Zeilen, Spalten und Diagonalen immer 15 beträgt. Das chinesische *Lo Shu* hat außerdem die Eigenschaft, dass die 5, welche die Mitte zwischen 1 und 9 bildet, genau im Zentrum des Quadrats sitzt. Zur vollkommenen Wirkung diese Quadrats trägt außerdem bei, dass die geraden Zahlen in den Ecken stehen und die ungeraden in der Mitte.

Dieses Quadrat ist auch in der islamischen Welt bekannt und sehr beliebt gewesen. Dort hat man die um die 5 gruppierten Quadrate auch verschieden gruppiert und unterschiedlichen Elementen zugeordnet. So ist das Original, das dem chinesischen *Lo Shu* entspricht, als „Feuerquadrat" angesprochen worden, eine Umformung

6	1	8
7	5	3
2	9	4

Abb. 11: „Wasserquadrat"

wurde dem Wasser zugeordnet, eine andere der Erde. So wurden die Quadrate dann auch in magischen Zusammenhängen verwendet.

2	7	6
9	5	1
4	3	8

Abb. 12: „Erdenquadrat"

Zu den schönsten Offenbarungen des Geheimnisses der Neun gehört der Zahlenbaum. Er profitiert unter anderem von der Eigenschaft der Neun, fast Zehn zu sein, also gewissermaßen den „Leitton" unseres Dezimalstellensystems zu bilden:

$$1 \times 9 + 2 = 11$$
$$12 \times 9 + 3 = 111$$
$$123 \times 9 + 4 = 1111$$
$$1234 \times 9 + 5 = 11111$$
$$12345 \times 9 + 6 = 111111$$
$$123456 \times 9 + 7 = 1111111$$
$$1234567 \times 9 + 8 = 11111111$$
$$12345678 \times 9 + 9 = 111111111$$
$$123456789 \times 9 + 10 = 1111111111$$

Ein anderer Zahlenbaum ist nicht weniger eindrucksvoll. Er beginnt mit der Summe 9.

$$1 \times 8 + 1 = 9$$
$$12 \times 8 + 2 = 98$$
$$123 \times 8 + 3 = 987$$
$$1234 \times 8 + 4 = 9876$$
$$12345 \times 8 + 5 = 98765$$
$$123456 \times 8 + 6 = 987654$$
$$1234567 \times 8 + 7 = 9876543$$
$$12345678 \times 8 + 8 = 98765432$$
$$123456789 \times 8 + 9 = 987654321$$

Magische Quadrate kann man nicht nur aus dem Neunerquadrat herstellen, sondern ebenso aus 16, 25, 36, 49 usw. Feldern. In den okkulten Lehren des Mittelalters wurden diese Quadrate den astrologischen Planeten zugeordnet: Das Saturnquadrat hatte 9 Felder, das Jupiterquadrat 16, das Marsquadrat 25, das Sonnenquadrat 36, das Venusquadrat 49, das Merkurquadrat 64 und das Mondquadrat 81 Felder. Außerdem entsprach nach der kabbalistischen Überlieferung jedes dieser Quadrate einem Metall. Das Saturnquadrat zum Beispiel dem Blei, dem Jupiterquadrat das Zinn.

Dieses Jupiterquadrat – es addiert sich in Reihen und Diagonalen zu 34 und auf eine Gesamtsumme von 136 – findet sich auf Albrecht Dürers Kupfer-

16	3	2	13
5	10	11	8
9	6	7	12
4	15	14	1

Abb. 13: Jupiterquadrat

4	14	15	1
9	7	6	12
5	11	10	8
16	2	3	13

Abb. 14: Magisches Quadrat nach den Regeln der Vollkommenheit

stich *Melencolia*. Die mittleren Zahlen der unteren Reihe geben die Jahreszahl der Entstehung an. Jupiterquadrate, auf silberne Amulette graviert, sollten der damaligen Vorstellung gemäß Reichtum, Frieden und Eintracht sichern.

Man kann diese magischen Quadrate aber auch nach den Regeln der Vollkommenheit konstruieren, das heißt so, dass zum Beispiel die Diagonalen bestimmte arithmetische Reihen ergeben und die so genannten harmonischen Felder (zum Beispiel die Eckfelder der Diagonalen) die gleiche Summe bilden.

Auch dieses Quadrat summiert die Diagonalen und waagerechten wie senkrechten Reihen zu 34. Jeweils zwei der diagonal aufeinander bezogenen

harmonischen Felder (1 und 16; 4 und 13; 6 und 11; 7 und 10) bilden die Summe 17 (die Hälfte von 34). 34 ist die Summe der vier Eckfelder ebenso wie der vier Innenfelder. Eine zusätzliche Eigenschaft: Die Diagonalen bilden regelmäßige Reihen: Die Differenz zwischen den Zahlen der linken Diagonale ist 3, die zwischen den Zahlen der rechten Diagonale 5.

Marsquadrate mit 25 Feldern, denen das Metall Eisen zugeordnet war, sollten, auf eine eiserne Platte graviert, als Amulett Sieg und Sicherheit im Kampf und Erfolg bei Rechtsstreitigkeiten bringen. Das nachfolgende Marsquadrat summiert die Reihen und Diagonalen auf 65 und kommt auf eine Gesamtsumme von 325.

11	24	7	20	3
4	12	25	8	16
17	5	13	21	9
10	18	1	14	22
23	6	19	2	15

Abb. 15: Marsquadrat

6	32	3	34	35	1
7	11	27	28	8	30
24	14	16	15	23	19
13	20	22	21	17	18
25	29	10	9	26	12
36	5	33	4	2	31

Abb. 16: Sonnenquadrat

Die linke Diagonale bildet eine aufsteigende arithmetische Reihe, die rechte eine Reihe mit der Differenz 5. Auch die beiden linken Nebendiagonalen bilden aufsteigende Reihen (7, 8, 9 und 17, 18, 19) und die beiden rechten Nebendiagonalen Reihen mit der Differenz 5 (7, 12, 17 und 9, 14, 19). Je zwei harmonische Felder summieren sich zu 26. Jeweils vier harmonische Felder bilden zusammen mit dem Innenfeld die Summe 65.

Das Sechser-Quadrat (Abb. 16) gilt als Sonnenquadrat. Reihen- und Diagonalsummen betragen 111. Der Wert von 111 lässt sich in hebräischen Buchstaben so ausdrücken, dass sich das hebräische Wort für Gold ergibt. Folglich gehört Gold als Metall zu diesem Quadrat. Die arithmetische Regelmäßigkeit auf den Diagonalen und harmonischen Feldern springt ins Auge.

Das Siebener-Quadrat bildet auf Reihen und Diagonalen die Summe 175.

22	47	16	41	10	35	4
5	23	48	17	42	11	29
30	6	24	49	18	36	12
13	31	7	25	43	19	37
38	14	32	1	26	44	20
21	39	8	33	2	27	45
46	15	40	9	34	3	28

Abb. 17: Venusquadrat

8	58	59	5	4	62	63	1
49	15	14	52	53	11	10	56
41	23	22	44	45	19	18	48
32	34	35	29	28	38	39	25
40	26	27	37	36	30	31	33
17	47	46	20	21	43	42	24
9	55	54	12	13	51	50	16
64	2	3	61	60	6	7	57

Abb. 18: Merkurquadrat

Dieser Zahlenwert lässt sich in hebräischen Buchstaben so ausdrücken, dass der Begriff „Geheimnis der babylonischen Venus" entsteht. Das Siebener-Quadrat gilt als Venusquadrat; ihm ist das Metall Kupfer zugeordnet.

Das Achter-Quadrat gilt als Merkurquadrat; ihm ist als Metall das Quecksilber zugeordnet. Die Reihen- und Dia-

gonalsumme 260 lässt sich in hebräischen Buchstaben so ausdrücken, dass der Begriff „Stern des Quecksilbers" entsteht.

Das Neuner-Quadrat schließlich ist das Mondquadrat. Seine Reihen- und Diagonalsumme beträgt immer 369. Der Zahlenwert in Buchstaben übertragen ergibt „Goldene Mondsichel". Der

37	78	29	70	21	62	13	54	5
6	38	79	30	71	22	63	14	46
47	7	39	80	31	72	23	55	15
16	48	8	40	81	32	64	24	56
57	17	49	9	41	73	33	65	25
26	58	18	50	1	42	74	34	66
67	27	59	10	51	2	43	75	35
36	68	19	60	11	52	3	44	76
77	28	69	20	61	12	53	4	45

Abb. 19: Mondquadrat

Zahlenwert der Summe von je zwei harmonischen Feldern ergibt „Weißer Mond". Als Metall entspricht das Silber diesem Quadrat.

Diese Quadrate heißen magisch, weil sie tatsächlich in magischen Funktionen, zum Beispiel als Amulette oder als Deutung geheimer religiöser Zusammenhänge, verwendet wurden. Erich Bischoff macht in seinem Werk über die Kabbala darauf aufmerksam, dass viele Zahlen auf den Diagonalen eine gewisse Reihenfolge zeigen, „die mit einzelnen Lebensabschnitten in Verbindung gesetzt werden kann. Ferner ist die Beobachtung von Bedeutung, dass (wie wir eben sahen) gewisse Quadratfelder in harmonischen Beziehungen zueinander stehen. Da ein Lebenslauf oder eine andere geschlossene Zeitspanne tatsächlich bei eindringlicher Beobachtung einen periodischen Rhythmus im Geschehen erkennen lässt und auch die Resultate gewisser mehr oder minder auseinander liegender Jahre des Einzel- oder Völkerlebens eine harmonische Beziehung zueinander aufweisen, so lag es nahe, die Jahre eines Menschenlebens oder einer anderen Periode nach dem periodischen Schematismus eines der sieben Planetenquadrate zu ordnen und so statt einer unübersichtlichen, unterschiedslos dahinlaufenden geraden Zeitlinie ein klares Zeit-Bild mit übersichtlich gruppiertem Inhalt zu gewinnen ...“[8]

---

8   Erich Bischoff, Die Elemente der Kabbalah (1913), Wiesbaden 1990, S. 236 f.

Kapitel 3

Zahlensysteme in anderen Zeiten und Kulturen

Die Zahlen 8 und 16 – das Oktal- und das Hexadezimalsystem

Ob je ein „echtes" Zahlensystem mit der Zahl 8 als Grundlage in praktischer Benutzung war, erscheint fraglich.

So ganz unlogisch wäre es nicht, müssen wir uns eingestehen, wenn wir auf unsere Hände schauen. Im linguistisch engeren Sinne haben wir an jeder Hand nur vier Finger – der fünfte heißt Daumen –, macht zusammen acht. Es wäre denkbar, mit dem Daumen als Zeigestab die übrigen Finger zu zählen und das Zahlensystem auf dieser Basis zu organisieren. Die Füße hinzugerechnet, ist man bei der Grundzahl 16.

Dass es Achter- und Sechzehnerteilungen von Maßeinheiten gegeben hat, kann man den Briten abschauen, die dergleichen Antiquitäten immer etwas länger aufheben. 1 *mile* kann in 8 *furlongs* zerlegt werden, eine Fläche von 1 *acre* enthält 160 *rods* und eine *square mile* 640 *acres*. 1 *pound* Handelsgewicht zerfällt in 16 *ounces*, ein *hundredweight* besteht aus 8 *stones*.

Auch in Deutschland kannte man „achtelnde Maße": Das *Lot* war ursprünglich 1/32 Pfund; als Probier- und Münzgewicht galt es 1/16 Mark.

Vor allem in den ersten Jahrzehnten der Computertechnik erfreuten sich die Oktalzahlen großer Beliebtheit. Denn damit ließen sich unmittelbare Ausdrucke von Rechenergebnissen und Speicherinhalten übersichtlicher gestalten als mit Dualzahlen, die der Computer verwendete. Und da 8 die dritte Potenz von 2 ist, ließen sich die Dualzahlen des Rechners auch relativ problemlos den Stellen des Oktalsystems zuordnen.

Auch das Hexadezimalsystem – ein Stellenwertsystem mit der Grundzahl 16 – wird in der Computertechnik relativ häufig angewandt. Es dient dazu, Zeichen in Vier-Bit-Gruppen (zum Beispiel 1001, 1010, 1011 usw.), die so genannten Tetraden, zu verschlüsseln. Es gibt 16 verschiedene Zusammensetzungen dieser Vierergruppen; daher kann man alle Zahlen des Hexadezimalsystems auf diese Weise verschlüsseln. Oder anders herum: Jede vierstellige Dualzahl lässt sich durch eine Hexadezimalziffer ausdrücken. Verwendet werden dabei die Ziffern 0 bis 9 und zusätzlich die Buchstaben A bis F.

Die Zahl 12 – das Duodezimalsystem

Die Zahl 12 ist bei den Theoretikern viel beliebter als die 10, die unserem Zahlensystem die Basis gibt. Die 12 besitzt vier Divisoren (Teiler), nämlich 2, 3, 4 und 6, während die 10 nur zwei Divisoren kennt, nämlich die 2 und die 5. Dafür ist eben die Tatsache, dass zwei Hände mit fünf Fingern die 10 voll machen ein Vorzug des Dezimalsystem, der im wahrsten Sinne des Wortes nicht von der Hand zu weisen ist.

Andererseits waren die Vorteile der besseren Teilbarkeit offenbar so gravierend, dass man das Dezimalsystem häufig mit Beimengungen des Duodezimalsystems und mit oktalzahligen Einsprengseln durchmischte. Besonders auffallend war das bei den verschiedenen Maß- und Währungssystemen. Wahrscheinlich sind daran die alten Römer schuld. Sie rechneten ausschließlich mit duodezimalen Brüchen. Den Bruchteil *ein Zwölftel* bezeichneten sie als *Uncia*, woraus auf ziemlich direktem Wege unser *Unze* (französisch *once*; englisch *ounce*) entstanden ist.

Bis 12 zählen

Wäre die 12 die Basis unseres Zahlensystems, müssten die 10 und die 11 als Ziffer einstellig sein. Die 10 könnte man auf römische Weise X schreiben und für die 11 könnte man sich ein Symbol, zum Beispiel *L*, wie eine umgekehrte 7 denken, ähnlich, wie die 6 grafisch eine umgekehrte 9 ist. Die Zahlenfolge könnte dann ungefähr so aussehen. 10 wäre das Zeichen für *zwölf*, denn mit ihr wird die zweite Duodezimalstelle erreicht – unter der Voraussetzung, dass die 0 die gleiche Funktion ausübt wie bisher.

Problematisch würde es mit den Zahlwörtern. Man kann nach der 12 nicht mit 13 weitermachen, weil sich *dreizehn* ja ausdrücklich auf das Dezimalsystem bezieht. Also müsste man Kunstwörter bilden, mit der von *Dutzend* abgeleiteten Silbe *dutz* zum Beispiel: eindutzein (11), eindutzzwei (12), eindutzdrei (13) usw. bis zweidutz (20), was unserer heutigen dezimalen 24 entspräche. Und dann weiter mit zweidutzein (21, dezimal 25), zweidutzzwei (22, dezimal 26) usw. Je weiter man sich auf dieses Gedankenexperiment einlässt, desto absurder und

Duodezimalschreibung											
1	2	3	4	5	6	7	8	9	X	L	10
eins	zwei	drei	vier	fünf	sechs	sieben	acht	neun	zehn	elf	zwölf
11	12	13	14	15	16	17	18	19	1X	1L	20
22	22	23	24	25	26	27	28	29	2X	2L	30

skurriler werden die praktischen Konsequenzen, die man sich bei einer Einführung des Duodezimalsystems ausmalen kann. So wie in manchen Büchern heute der Hinweis auf die neue Rechtschreibung steht, könnte man sich dann in Büchern den Eindruck vorstellen: *Die Zahlenangaben dieses Buches folgen den Regeln der Duodezimalschreibung.*

Spuren des Zwölfersystems

Spuren duodezimaler Gliederungen und Rechenweisen findet man in unserer Geschichte allerorten.

Warum sagt der Berliner hartnäckig *Sechser* zum Fünfpfennigstück (und wird sich wohl auch von der 5-Cent-Münze nicht davon abbringen lassen)? Weil die Talerwährung, die bis 1871 in Preußen galt, den Taler in 30 Groschen und den Groschen in 12 Pfennige teilte. Ein halber Groschen war demnach eine Scheidemünze zu sechs Pfennigen

– also ein *Sechser*. Als nach der Einführung der Mark als Reichswährung auch das dezimale System eingeführt wurde, entsprach der ehemalige Taler drei neuen Mark. Die Mark wurde nun in 100 Pfennige unterteilt und 30 Zehnpfennigstücke machten noch immer einen Taler respektiv drei Mark. Für das Zehnpfennigstück blieb die Bezeichnung Groschen jedenfalls volkstümlich – so ist es bis heute. Ein Fünfpfennigstück war ein halber Groschen – und ein halber Groschen hieß eben schon immer *Sechser*. So kam das.

Den typischen Sechser gab es übrigens auch in England, wo das Pfund Sterling bis 1971 in 20 Shilling zu je 12 Pence geteilt wurde. Das *sixpence* war eine der gängigsten und beliebtesten Scheidemünzen.

Das deutsche Wort Dutzend, das eine Zähleinheit von 12 benennt, ist aus dem lateinischen *duodecim* entstanden, das wiederum mit dem griechischen *dodeka* verwandt ist. Auch in anderen Sprachen ist es zu finden: als französische *douzaine*, italienische *dozzina*, als englisches *dozen*; selbst die russische джжиа (djushina) lässt die gemeinsame indoeuropäische Wurzel erahnen. Man kann es nicht leugnen, es handelt sich um ein Dutzendwort.

Im angloamerikanischen Raum sind die duodezimalen Maßverhältnisse weiter verbreitet und tiefer verwurzelt als das metrische System, das zwar offiziell Geltung besitzt, aber durchaus nicht überall angewandt wird. So konnten sich nicht einmal die Wissenschaftler der US-Weltraumbehörde NASA darauf verständigen, ob bestimmte Maße in *feet* oder in *meter* angegeben waren – und verloren prompt eine halbemilliardenschwere Marssonde.

Dort entsprechen einem *inch* 2,54 cm. 12 *inches* ergeben 1 *foot*. Soweit schön duodezimal. Dann machen 3 feet (Plural von foot) plötzlich 1 yard.

Bei den Feingewichten zerfällt 1 *pennyweight* in 24 *grains*, 1 *pound* in 12 *ounces*.

Die Idee der Einführung des Duodezimalsystems fand immer wieder prominente Anhänger, unter ihnen den Philosophen Herbert Spencer und den Schriftsteller G. B. Shaw. 1944 wurde in den USA sogar eine *Duodezimalgesellschaft* gegründet. Sie schlug vor, als Ziffer für 10 ein X und für 11 ein E zu verwenden. Sie verwarf Begriffe wie Dezimalbruch und Dezimalkomma und erbot sich, innerhalb kürzester Zeit jedermann das duodezimale Rechnen beizubringen. Trotz allen Enthusiasmus war der Gesellschaft nicht der geringste Erfolg beschieden.

Nebenbei bemerkt: Da 12 ein Teiler von 60 ist, nimmt es nicht Wunder, dass sich die 12 auch sehr gut mit dem Sexagesimalsystem, das die Zahl 60 zur Basis hat, verträgt.

Die Zahl 20 – das Vigesimalsystem

Die Zahl 20 ist – geht man an die anthropologische Wurzel der Zahlenbildung zurück – nicht allzu weit hergeholt. Sie muss dem frühen Menschen, dessen Fußzehen nicht in Strümpfe gehüllt und von Schuhen verborgen und verbogen waren, sondern genauso sichtbar und auch ebenso beweglich waren wie seine Finger, als die vollständige Zahl seiner Extremitäten erschienen sein. Und in der Tat haben noch heute die Eskimos für die „20" den Ausdruck „ein ganzer Mensch".

Die Mayas auf der Halbinsel Yukatan zählten in Zwanzigereinheiten, verwendeten also das Vigesimalsystem. Ein Zwanziger hieß bei den Maya *hun kal*. In einigen Dialekten sagte man auch *hun uinic* zum Zwanziger, was wörtlich übersetzt „ein Mann" bedeutet. In der Tat gibt es Hinweise, dass „der Mann" als „Rechenbrett" benutzt wurde – nicht nur bei den Maya, wie wir sehen werden. Das System hatte Folgen für die Ausdrücke höherer Zahlen. Für die 37 beispielsweise wurde der Ausdruck „Siebzehn (nach der) Zwanzig" gebildet: *uuc-lahun* (7 + 10) *tu-kal*. 40 heißt *ca kal*, „zwei Zwanziger" oder „zwei Männer". Die 41 nun hat den Ausdruck *hun tu-y-ox-kal*, wörtlich „Eins dritter Zwanziger". Stellt man sich dabei drei nebeneinander stehende Männer vor, deren Extremitäten vom ersten Finger bis zu letzten Zehe als „Zählbrett" dienen, wird schnell einsichtig, dass man bis 40 die Finger und die Zehen der beiden ersten Männer durchgezählt hat und bei der Zahl 41 beim ersten Finger des dritten Mannes angelangt ist – also „Eins vom dritten Mann" oder „Eins dritter Zwanziger".

Bemerkenswerterweise finden sich nicht nur auf Yukatan Spuren des Vigesimalsystems, sondern auch bei den Eskimos und in Teilen Europas – besonders dort, wo die Kelten ihre Zeichen gesetzt haben. Die grönländischen Eskimos benutzen für die Zahl 53 einen Ausdruck, der mit „vom dritten Mann drei am ersten Fuß" übersetzt werden kann. Stellen wir uns wieder die drei Zählmänner vor: Bis 40 sind die ersten beiden Männer durchgezählt, die beiden Hände des dritten Mannes ergeben 50, nun kommt der erste Fuß dran – bei 53 hat man „vom dritten Mann drei am ersten Fuß". Ist doch eigentlich ganz logisch, nur vielleicht ein bisschen umständlich.

In Europa verwendeten die Kelten das Zwanzigersystem zum Zählen. Das englische Wort *score* kann Spielstand, Punktzahl, Kerbe, Rechnung oder Partitur (Zusammenfassung mehrerer Notenlinien zu einem System) heißen, also alles Dinge, die mit Zählen und Zusammenzählen zu tun haben; aber auch eine Zähleinheit von 20. Das geht auf den alten Brauch zurück, jeweils für 20 Säcke Mehl, Kühe, Schafe, Fässer Wein etc. eine Kerbe auf dem Kerbholz zu machen. Shakespeare lässt in den *Lustigen Weibern von Windsor* Herrn Fluth sagen: „... as easy as a cannon will shoot pointblank twelve score". Das die „zwölf Zwanziger" im Deutschen zu ungebräuchlich gewesen wären, übersetzte Wolf Graf Baudissin: „... so leicht ..., als eine Kanone zwanzig dutzendmal ins Weiße trifft". So ist *scores of times* das englische Pendant für unser umgangssprachliches „zigmal".

Abraham Lincoln begann seine berühmte Rede anlässlich der Einweihung des Soldatenfriedhofs bei Gettysburg mit den Worten: „*Four score an seven years ago* ..." („Vor 87 Jahren ...").

Übrigens „scorte" bis zur Einführung des Dezimalsystems durch die Reform von 1971 auch die britische Währung: 1 Pfund Sterling entsprachen in England 20 Shilling.

Im Französischen hat der Ausdruck für die Zahl 80 – *quatre-vingt* („vier Zwanziger") – die Erinnerung an das Vigesimalsystem bewahrt. Im Altfranzösischen sind die Belege für Zwanziger-Rechnen sogar noch häufiger. In Paris steht ein Hospital, das seit dem 13. Jahrhundert den eigenartigen Namen *Hôpital des Quinze-Vingts* („Hospital der 15 Zwanziger") trägt; es war unter Ludwig IX. zu dem Zweck errichtet worden, 300 (15 x 20) blinde Veteranen aufzunehmen und zu versorgen.

Auch aus dem norddeutschen Sprachgebrauch kommt ein Wort, das wir heute meist nur noch als Synonym für „kleine Kiste" kennen: Eine *Stiege* bedeutete aber früher eine Zähleinheit von 20 Stück.

Die Maya hatten hoch entwickelte mathematische und astronomische Fähigkeiten. Anders wären ihre Pyramiden und Tempelbauten und viele der monumentalen Bauwerke, von deren Funktion wir uns heute nur ein verschwommenes Bild machen können, auch nicht zu errichten gewesen.

Die Mathematik der Maya basierte auf der Grundzahl 20 und verfügte über ein Stellenwertsystem, das auch den Wert 0 kannte und benutzte. Allerdings hinkte das Vigesimalsystem von Anfang an auf einem Fuß, denn nach der Einer- und der ersten Zwanzigerstelle folgte ein Stellensprung nicht in die reguläre nächste Potenz, sondern um 18, also

$$18 \times 20 = 360$$

Über die Ursachen für diesen Achtzehnersprung kann man nur spekulieren. Möglicherweise wollten die Maya-Mathematiker ihr Zahlensystem mit dem Sonnenkalender wenigstens halbwegs synchronisieren. Die nächsten Stellen erforderten wieder Zwanzigersprünge:

$$20 \times 360 = 7\,200$$
$$20 \times 7200 = 144\,000\ldots$$

Die Stellen wurden von den Maya vertikal übereinander geschrieben, im Gegensatz zu unserem Stellenwertsystem, das die Stellen horizontal nebeneinander anordnet. Die Zahlenwerte von 1 bis 4 wurden durch Punkte dargestellt, die 5 durch einen waagerechten Strich oder Querbalken; Muschel oder Auge symbolisierten die leere Stelle, die 0.

.	1
..	2
...	3
....	4
———	5
👁	0

Diese Symbole reichten aus, um den Wert der jeweiligen Stelle additiv zu beschreiben. Zum Beispiel bedeutete

..	7 x	7 200 =	50 400
👁 . . .	4 x	360 =	1 440
	0 x	20 =	0
. . .	13 x	1 =	13

nach unserem Dezimalsystem

51 853

Alternativ zur Punkt- und Balkenschreibung wurden bestimmte Zahlenwerte auch in dekorativen Kopfvarianten wiedergegeben: Verwendet wurden die Porträtköpfe der Gottheiten, deren Macht sich nach den Vorstellungen der Maya-Priester in den entsprechenden Zahlen manifestierte.

1	Mondgöttin Ixquic
2	Liebesgott
3	Windgott Ik
4	Sonnengott Ahau Kin
5	Urgöttin Mam
6	Regengott Chac
7	Jaguargott der Unterwelt
8	Maisgott
9	Yax-Balam
10	Todesgott Ahpuch

Die Zahlen von 11 bis 20 wurden durch „Verbundgottheiten" dargestellt, wobei die Götter 1 bis 9 als bestimmende Hauptgötter auftreten, die sich auf den Nebengott Ahpuch (10) beziehen.

Der älteste Maya-Kalender, der mit Zwanzigereinheiten umgeht, der *Tzolkin* genannte magische Kalender, weist einige Besonderheiten auf, die ihm die Vermutung nicht erspart haben, er sei von Außerirdischen auf die Erde gebracht worden. Dieser Kalender umfasst 13 Einheiten zu 20 Tagen, also 260 Tage. Man muss sich die Verzahnung der 13 Einheiten mit den 20 Tagesnamen wie zwei Zahlenräder vorstellen die gleichzeitig laufen, ähnlich wie in unserem Kalender die sieben Tagesnamen als endlose Periode verlaufen, während die „gezählten" Daten Monat für Monat auf 1 zurückspringen (Montag, der 1., Dienstag, der 2. ... Sonntag, der 7., Montag, der 8., usw.). Am letzten Tag des Tzolkin-Kalenders sind alle 13 Zahlen einmal mit jedem der 20 Tagesnamen kombiniert gewesen.

Mit seinen 260 Tagen lässt sich dieser älteste Maya-Kalender weder dem Mondlauf anpassen noch auf das Sonnenjahr beziehen. Deshalb hat man vermutet, dass er vielleicht weniger astronomisch aufzufassen ist als unsere Kalender, dass sich vielmehr der Zyklus des Tzolkin-Kalenders nach der neunmonatigen Schwangerschaftszeit richtete. Erinnern wir uns an die Zählung nach den Fingern und Zehen. Dreizehnmal mussten Finger und Zehen abgezählt werden, bis nach dem Ausbleiben der Blutung ein Kind zur Welt kam; neunmal verschwand in dieser Zeit der Mond und wurde wiedergeboren: Für den Neumond wird man wohl in der mythischen Urzeit noch keine astronomische Erklärung gehabt haben. In ihrer frühen Mythologie erhoben die Maya die Zahl 13 zum Inbegriff des – männlich aufgefassten – Götterhimmels, während die Zahl 9 die – überwiegend weiblich aufgefasste – Götterunterwelt symbolisierte.

In der 9 manifestierte sich *Yax-Balam*, die Gottheit der neunfaltigen Unterwelt, des Reichs der Mütter, des unsichtbaren Mondes und der Wiedergeburt.

Es ist nicht ausgeschlossen, dass die Mayas glaubten, in dieser Verzahnung der zählbaren Dinge ein Naturgesetz gefunden zu haben, und dass sie deshalb ihren frühesten Kalender im 260-Tage-Zyklus synchronisierten.

Die Zahl 60 – das Sexagesimalsystem

Babylon

Ein Zahlensystem, das die Zahl 60 zur Basis hatte, wurde bereits im alten Babylon verwendet. Die 60 schien sich besonders als Basis für die astronomische Berechnung geeignet zu haben. Womöglich ist die Gradeinteilung der Erdkugel (oder des Himmelsäquators oder des Horizonts) und damit zusammenhängend die Gradeinteilung des Vollkreises in 360 Grad der Tatsache zu verdanken, dass man damals die Länge des Jahres mit annähernd 360 Tagen festgestellt zu haben glaubte. Geographie, Astronomie und Zeitmessung standen jedenfalls in sehr engem Zusammenhang. Bis heute messen wir die Zeit am liebsten mit einer Skala in einem Vollkreis; wir nennen das Uhr. Die Stunde wird in 60 Minuten unterteilt und die Minute in 60 Sekunden.

Diese Binsenweisheit beschreibt den unausrottbaren Rest des Sexagesimalsystems, das unseren dezimalzahlgeprägten Gewohnheiten mitunter einen Streich spielt: Wie schön wäre es, wenn wir Stunden- und Minutenangaben auf dezimale Weise addieren und so schreiben könnten:

2:24 h
1:45 h
3:10 h
0:54 h
7:33 h ???

Das ist natürlich falsch, weil es dezimal addiert wurde. Richtig müssen die Minuten (133) zu vollen Sechzigern aufaddiert werden (2), die den Stunden zugeschlagen werden. Das richtige Ergebnis lautet natürlich 8:13.

Ging das Rechnen mit der 60 als Grundeinheit für die babylonischen Gelehrten als hohe Wissenschaft noch an, musste für den gewöhnlichen Gebrauch des Zahlensystems das Gedächtnis sich beständig überfordert fühlen. Die Basiszahl 60 lässt im Grunde nur die Stellen 1, 60, 60^2, 60^3 usw. zu. Das erfordert (theoretisch) 60 verschiedene Benennungen von Einzelzahlen. Der Abstand zwischen den Stellen war einfach zu groß, sodass man Zwischenschritte und Hilfseinheiten einschob. Das sumerische System gibt dem Vielfachen von 10 jeweils eigene Namen; sie sind zusammengesetzte Zahlwörter, zum Beispiel aus 3 x 10 für 30, aus 4 x 10 für 40, aus 40 + 10 für 50. Der Zahlenraum von 1 bis 60 verfügt also über ein dezimales Innengerüst. Mit 60 beginnt eine neue Einheit, aber die weiteren Sechzigerschritte werden auch dezimal abgestützt: bei der Bildung der Zahlwörter aus 2 x 60, 3 x 60 usw., bis bei 10 x 60 eine neue Hilfseinheit erreicht ist. Dieses zusammengesetzte Zahlwort wird wieder mit einem Partikel versehen (10 x 60) x 2, (10 x 60) x 3, (10 x 60) x 4, (10 x 60) x 5 um schließlich bei 3 600 die neue Grundeinheit, die nächste Sexagesimalstelle (60^2) zu erreichen, der ein eigenes, unabhängiges Zahlwort zugewiesen wird.

China

Überragende Bedeutung gewann die Beherrschung der Zahlen und Zahlensysteme vor allem für die Zeitrechnung – für die Kalender.

Das alte chinesische Sonnen-Rundjahr wurde in fünf – die Fünf erfreute sich in China als Zahl der Elemente besonderer Beliebtheit – Abschnitte zu je 72 Tagen eingeteilt. Zu den 360 Tagen wurden erst viel später fünf (!) Tage zum eigentlichen Sonnenjahr hinzugerechnet.

Während der Shang-Dynastie, die etwa vom 16. bis zum 11. Jahrhundert vor unserer Zeit herrschte, wurde ein Kalender aufgestellt, der auf dem Sechzigerzyklus basierte. Das geht aus Orakelinschriften hervor, die auf Schildkrötenpanzern und Rinderknochen zu uns gekommen sind. Dieser Sechzigerzyklus entstand dadurch, dass die zehn Himmelsstämme und die zwölf Erdzweige der chinesischen Mythologie miteinander sechzig Begriffspaare bilden (10 x 12 : 2). Aus diesen Begriffspaaren, Binomen genannt, entstanden in der Folge die Namen der 60 Tage. Die wiederum wurden in Zehntagesabschnitte (*xun*) unterteilt. Später wandte man diesen Sechzigerzyklus auch auf die Jahreszählung an.

Der Sechzigerzyklus bestimmt auch den chinesischen Tierkreis. Das macht seine Anwendung auf unsere mitteleuropäischen Gewohnheiten etwas kompliziert.

Die zwölf chinesischen Tierkreiszeichen – Ratte, Büffel, Tiger, Hase, Drache, Schlange, Pferd, Ziege, Affe, Hahn, Hund und Schwein – regieren jeweils für ein Jahr: von Neujahrsfest zu Neujahrsfest (das chinesische Neujahrsfest ist ein „beweglicher" Feiertag, er bewegt sich zwischen 21. Januar und 19. Februar unseres Kalenders), und nicht wie die Tierkreiszeichen unseres europäischen Sonnenhoroskops über einen jährlich wiederkehrenden Monatszeitraum. Außerdem kennt die chinesische Kosmologie die fünf Phasen – Holz, Feuer, Erde, Metall, Wasser. In jeder dieser fünf Phasen hat das Tierkreiszeichen einen anderen Charakter: Einer Ziege des Jahrgangs 1919 wird daher eine andere Prognose gestellt als einer Ziege des Jahrgangs 1931 oder 1955. Somit bilden die fünf Phasen zusammen mit den zwölf Tierkreiszeichen einen stabilen Sechzigjahreszyklus.

Europäische Spuren

Spuren des 60er-Systems haben sich auch in unserem Kulturkreis an einigen versteckten Stellen gehalten, beispielsweise im französischen Zahlwort *soixante-dix* (60 + 10) für 70, obwohl das reguläre Wort *septante* auch in Gebrauch gewesen ist.

In alten Dokumenten findet man häufig die Angabe, ein Bauer hätte ein *Schock* Eier abgeliefert oder ein Handelsherr habe seine jährliche Steuerpflicht von drei Schock Groschen erfüllt. Das Schock (im Englischen als *shock* geläufig) meinte ursprünglich immer die Mengenangabe 60. Im übertragenen Sinne wurde es später für „große, schwer überschaubare Menge" verwendet.

Kapitel 4

Bedeutung und Symbolgehalt der Zahlen

Die Zahlen von 1 [0] bis 9

Die Zahl 0

Unwillkürlich zögert man, die Reihe der Zahlen nicht mit der Eins, sondern mit der Null beginnen zu lassen. Ist sie überhaupt eine richtige Zahl? Ist sie nicht vielmehr gerade der mathematische Ausdruck für „keine Zahl"? Eine mysteriöse Zahl, der man lange Zeit nicht traute.

Am treffendsten hat David Wells in seinem „Lexikon der Zahlen" unser sich wandelndes Verhältnis zur Null beschrieben: „Sie tauchte als nicht ausgefüllter Raum auf dem Rechenbrett auf, verwandelte sich dann in die geschriebene Notiz, dass dieser nicht ausgefüllte Raum vorhanden sei, um so die mittelalterlichen Mathematiker zu verwirren (die nicht in der Lage waren zu entscheiden, ob dies nun eine Zahl sei oder nicht), und erreichte in der modernen Mathematik, in der Zahlen nur noch durch ihre Eigenschaften definiert sind, höchstes Ansehen, da die Eigenschaften von Null mindestens genauso klar und substanziell sind wie diejenigen aller anderen Zahlen."[9]

Im alten Babylon verwendeten die Astronomen und Mathematiker bereits vor über 3 000 Jahren ein Stellenwertsystem, das heißt ein System der Zahlenschreibung, bei dem der Wert einer Ziffer von der Stelle abhing, an der sie sich befand. In einem Stellenwertsystem muss man auch eine Möglichkeit haben, Leerstellen auszuweisen. Die alten Babylonier behalfen sich mit zwei kleinen Häkchen für eine leere, nicht durch einen Ziffernwert besetzte Stelle.

Auch die Mayas in Mittelamerika benutzten für ihr kompliziertes Vigesimalsystem ein Stellenwertsystem, in dem die Leerstelle durch ein Augen- oder Muschelsymbol gekennzeichnet wurde.

Unser System der Zahlenschreibung, in dem die Null eine eigene Ziffer hat, stammt aus Indien. Dort wurde die Null seit dem 2. Jahrhundert vor unserer Zeit verwendet, um unmissverständlich eine Leerstelle anzugeben.

Uns ist die Null heute so selbstverständlich geworden, dass wir uns nur schwer vorstellen können, dass die Griechen, die doch sonst die wesentlichen Grundlagen unserer Kultur gelegt

9   David Wells, Das Lexikon der Zahlen, Frankfurt 1990, S. 19.

haben, von ihr keinen Begriff hatten. Folglich kannten sie auch nicht den mathematischen Ausdruck für eine „Größe, die gegen Null geht". Auch mit negativen Zahlen, also Werten unterhalb der „Null-Linie", konnten die Griechen nichts anfangen.

Es ist ja auch einiges an der Null, das nicht ganz geheuer ist. Erinnern Sie sich noch an das Verbot des Mathematiklehrers, durch Null zu dividieren? So richtig erklärt hatte er jedoch das Verbot nicht. Aber im Gegensatz zu anderen verbotenen Dingen, die durch das Tabu erst wirklich interessant werden, hat es nie einen besonderen Reiz dargestellt, das Verbot der Division durch Null zu übertreten. Ein sehr altes Problem haben die Mathematiker mit der Frage, was eigentlich 0^0 bedeute. Da die Konvention besteht, dass a^0 immer 1 ist, falls a ungleich Null ist, hat man sich dafür ausgesprochen, dass auch 0^0, aus Stetigkeitsgründen, gleich 1 ist. In dürren Worten ausgedrückt: Die nicht vorhandene Potenz von gar nichts ist immer noch 1! Ein Rechenexempel, das nicht nur ein mysteriöses Licht auf die Null wirft, sondern auch die Eins desavouiert (wovon im folgenden Abschnitt noch zu reden sein wird).

Numerologisch gesehen ist die Null durchaus kein Niemand. Die grafische Gestalt der Ziffer Null – ihre Kreis- oder ihre Eiform – hat zu der Deutung Anlass gegeben, das Nichts (als der Kosmos schlechthin) Anfang und Ende allen Lebens sei. Das Ei sei schließlich Symbol des Lebens und der Wiedergeburt. Die Null sei das Symbol dafür, dass im Anfang das Ende und im Ende der Anfang liegt.

Dass aus dem Nichts eine Welt geschaffen werde ($0^0 = 1$) und die Welt wieder ins Nichts zurückfalle (ungeachtet des Verbots, durch 0 zu dividieren), macht das Mysterium der Null aus. Irgendwie ist diese Zahl ja doch unheimlich, weshalb wir den ganzen Abschnitt über sie vorsichtshalber in Klammern setzen.

Die Zahl 1

Die 1 hatte es unter den Zahlen besonders schwer. Im hebräischen Zahlenalphabet entspricht die 1 dem – lautlosen – ersten Buchstabe, dem Alef. „Sie ist die noch einsame Zahl, sie ist wie Gott vor der Schöpfung, noch ohne die Schöpfung als Zugegensein neben sich."[10]

10 Friedrich Weinreb, Zahl, Zeichen, Wort, Reinbek 1978, S. 26.

Die griechischen Mathematiker und Philosophen betrachteten die Zahl 1 als vollkommenen Ausdruck der Einheit. Diese Monade bilde vielmehr die Quelle, aus der alle übrigen Zahlen hervorgingen. Dem Charakter von Einheit aber widersprach direkt die euklidische Zahlendefinition, nach der die „Zahl die aus Einheiten zusammengesetzte Menge" sei. Wenn man diese Definition zugrunde legt, ist es durchaus logisch, die 1 nicht als aus einer Menge „1" zusammengesetzt anzusehen.

Die Griechen trieben ihre Auffassung von der 1 als unteilbare Einheit so weit, dass sie sich unwillig zeigten, Bruchzahlen zu bilden, die kleiner als 1 waren. Ein Viertel, ein Siebtel oder gar ein Fünfundzwanzigstel? Nein. Lieber setzten sie ein neues Maß, dessen kleinste Einheit dann wieder 1 war.

Wie hat man sich das vorzustellen? Bei uns gilt das metrische System. Wir halten uns daran. Aber würde ein Handwerksmeister seinem Stift zurufen: „Gib mal noch 0,01 Meter zu" oder „Bitte $1/_{200}$ Meter kürzer"? Kaum. Er würde die Maßeinheit wechseln, um mit ganzen natürlichen Zahlen operieren zu können. Also: „Gib mal noch einen Zentimeter zu!" Oder: „Bitte fünf Millimeter kürzer!" Wir verhalten uns im Alltag wie einst die Griechen.

Schließlich hat die 1 tatsächlich eine Reihe von Eigenschaften, die andere Zahlen nicht haben. Oder anders gesagt: Es fehlen ihr Eigenschaften, über die alle anderen Zahlen verfügen. Die 1 ist zum Beispiel kein Produkt, das Faktoren enthält. Man kann 1 auch nicht als Summe zweier Quadrate beschreiben, es sei denn als $1 = 1^2 + 0^2$, und das gilt Mathematikern als trivial. Die 1 ist multiplikationsneutral, das heißt, die Multiplikation mit 1 lässt jede Zahl unverändert. Daraus folgt auch, dass sie bei der Addition mehr ergibt als bei der Multiplikation. Die 1 teilt aber auch nichts. Denn was immer ich durch 1 teile, bleibt in einem Teil, also ungeteilt. Die 1 ist auch keine Primzahl im eigentlichen Sinne, obwohl sie der Regel entspricht, dass sie nur durch 1 und durch sich selbst (also wieder durch 1) teilbar ist. Nun gilt aber die Regel, dass jede Zahl, die das Produkt aus Primzahlen ist (zum Beispiel $12 = 2 \times 2 \times 3$ oder $75 = 3 \times 5 \times 5$), sich eindeutig durch seine Primfaktoren beschreiben lässt. Wäre 1 eine Primzahl, könnte die 12 ebenso durch $1 \times 2 \times 2 \times 3$ beschrieben werden und die 75 beispielsweise durch $1 \times 3 \times 5 \times 5$. Mit der Eindeutigkeit wäre es dann schlecht bestellt, also schloss man die 1 lieber aus dem Kreis der Primzahlen aus.

Der italienische Mathematiker Giuseppe Peano hat 1889 die Ordnung der natürlichen Zahlen durch Axiome geregelt, die quasi eine Ehrenrettung für die 1 darstellen. Die drei ersten lauten: *Erstens*: 1 ist eine natürliche Zahl. *Zweitens*: Jede natürliche Zahl n besitzt einen eindeutig bestimmten Nachfolger $N(n)$. *Drittens*: 1 ist nicht Nachfolger einer natürlichen Zahl.

Seit alters wird der Zahl 1 die Charakteristik des Männlichen beigegeben. Nur die Griechen, die mit der 1 so ihre Probleme hatten, konnten sich zu einer so klaren Einschätzung durchringen. Die 1 sei vielleicht gerade und ungerade zugleich, man könne das ja nicht so genau wissen von einer Zahl, die eigentlich gar keine Zahl sei. Und wenn ungerade und gerade, dann sei sie ja auch weiblich und männlich zugleich. Und da alle Zahlen irgendwie von der 1 abstammen, muss man sich die Zahlenzeugung als eine Art monadischer Selbstbefruchtung vorstellen. Das heißt, so richtig vorstellen kann man sich das natürlich nicht.

Es fällt auch nicht schwer, der arabischen Ziffer eine phallische Symbolik zu unterstellen. Schon das alte sumerische Wort hatte für die Eins, *gesch*, noch die Bedeutungen „Mensch, Mann, Phallus/männliches Glied".

Es gibt also eine Menge Eigenheiten, die der 1 einen einzigartigen Rang in der Zahlenfolge einräumen.

In der religiösen Mystik steht die 1 für Gott, jedenfalls in solchen Religionen, die den Einen Gott verehren.

In der Kabbala spielt die 1 die Rolle des großen Mysteriums. „En Sof" ist der Urgrund aller Dinge, zugleich das Verborgene, Unfassbare – das Absolute.

Die 1 begegnet uns in vielen Worten unserer Sprache. Einheit, Einmaligkeit, eine, einzeln, einzig usw. stehen etymologisch auf der gleichen Ebene.

Friedrich Rückert hat in der *Weisheit der Brahmanen* über die 1 gedichtet: „So wahr als aus der Eins die Zahlenreihe fließt,/so wahr aus einem Keim des Baums die Krone sprießt,/so wahr erkennst du, dass der ist einzig Einer,/aus welchem alles ist und gleich ihm ewig keiner."

Die an dieser Stelle zu jeder Zahl von 1 bis 9 folgenden Steckbriefe werden Ihnen helfen, das Zahlengeheimnis Ihres Namens in kurzer Zeit zu entschlüsseln.

Steckbrief

Die 1 ist die Urzelle, die Wurzel aller Wurzeln, die Kraft an sich. In der 1 manifestieren sich Willenskraft, Verstand, Individualität und Selbstbeherrschung ebenso wie das Streben nach Unabhängigkeit, das bis zum Egoismus gehen kann. Dauerhafte Beziehungen aufzubauen fällt einem typischen Einser nicht immer leicht. Freundschaften werden mitunter als Zweckbeziehungen missverstanden. Typische Einser sind ausgeprägte Individualisten, manchmal schrullige Einzelgänger. Meist sind sie erfolgreicher, wenn sie auf sich allein gestellt sind, als wenn sie in einem Team arbeiten.

Gesamtnamenszahl Die 1 als Gesamtnamenszahl deutet auf Führungsanspruch und -qualität. Die herausragenden charaktere Eigenschaften sind Stärke und Unabhängigkeit, Neugier und Mobilität sowie ein ausgeprägtes Selbstwertgefühl.

Persönlichkeitszahl Einser sind willensstark, innovativ, extrovertiert, konfliktbereit und unabhängig in Urteil und Entscheidung.

Herzzahl Bei Einsern manifestiert sich spürbar der Führungsanspruch und die Fähigkeit, andere mitzureißen und zu begeistern.

Schicksalszahl Die Aufgabe des Einsermenschen besteht darin, zu seiner Individualität zu stehen und die eigene Stärke und Unabhängigkeit stets zu entwickeln.

Planet	Sonne
Ton	c
Tag	Sonntag
Geschlecht	männlich
Richtung	Osten
Farbe	Gold
Edelstein	Rubin
Tarot	Magier – bedeutet „erste Ursache, Wille"

Die Zahl 2

Die 2 gefalle ihm, denn sie sei preußisch, soll Kaiser Wilhelm (der Zweite) gesagt haben, sie mache schließlich alles gerade. Majestät liebten leidenschaftlich solche Bonmots.

Dennoch hatte es die 2 in der Geschichte auch nicht immer leicht. Die alten Griechen, die schon die 1 nicht eigentlich für eine richtige Zahl hielten, waren auch der 2 gegenüber sehr skeptisch. Sie hat halt einige Besonderheiten, die sie verdächtig machten. Sie ist die einzige gerade Primzahl – *Prim*- heißen alle Zahlen, die größer als 1 sind und sich nur durch sich selbst und durch 1 (daher *Prim*-) teilen lassen. Alle übrigen Primzahlen müssen ungerade sein, denn da die 2 alles gerade macht, kann sie anders herum auch alle geraden Zahlen wieder teilen.

Die griechischen Geometer waren der Ansicht, aus zwei Ecken und zwei Seiten ließe sich nun einmal keine Fläche machen; daher sei die 2 eben keine ganz vollwertige Zahl.

Für moralphilosophisch Denkende ist die 2 die erste Zahl, die von der Einheit abweicht. Und wie nennt man es, wenn etwas vom Guten und Vollkommenen abweicht und das Verderbliche und Vergängliche in die Welt bringt? Sünde. Dass die 2 eine weibliche Zahl ist, passte sowohl den frauenhassenden Pythagoreern als auch den Verfassern der biblischen Schöpfungsgeschichte gut in den Kram. Schließlich geht nach deren überkommener Auffassung alles Übel vom Weibe aus.

Heute ist die 2 hingegen zum Fundament aller Dinge avanciert, seit man entdeckt hat, dass unsere Erbsubstanz – und nicht nur unsere, sondern die alles dessen, was kreucht und fleucht, wächst, blüht und gedeiht auf Erden – in einem zweifach verdrillten Strang aufgehoben ist, der Doppelhelix. Darüber hinaus begann man zu der Zeit, als die Doppelhelix entdeckt wurde, sich die Zwei auf andere Weise zunutze zu machen, indem man alle Informationen in Dualzahlen (siehe unten) codierte und sie Computern, die damit bestens zurecht kamen, zum Rechnen gab.

Die 2 gehört als Ausdruck von Elementarerfahrungen des Menschen zu den natürlichen Zahlen, die dem Menschen von Anbeginn seiner Geschichte am vertrautesten war. Zweifaches begegnete ihm fortwährend am eigenen Körper – zwei Augen, zwei Ohren, zwei Nasenlöcher, zwei Brustwarzen, paarweise angeordnete Gliedmaßen – und in der umgebenden Natur.

Und wo es die Natur selbst nicht hergab, wurde es der Natur eben angedichtet. Der Doppeladler als Herrschaftssysmbol war schon den Hethitern bekannt. Er entstand aus der Zusammenziehung zweier Adler und stellt einen Adlerkörper mit zwei voneinander abgewandten Köpfen dar. Er diente im Byzantinischen Reich als Kaiserabzeichen und taucht auch bei den islamischen Sarazenen auf. In Deutschland erschien er zunächst auf den Schilden des Adels und auf Städtesiegeln, bevor Kaiser Sigismund den Doppeladler als allerhöchstes Wappenbild annahm. Als Reichsadler blieb er bis zur Auflösung des alten Reichs 1806 präsent und gelangte von dort in das Wappen Österreichs. Großfürst Iwan III. von Russland nahm ebenfalls den Doppeladler in sein Wappen auf, weil er sich als Rechtsnachfolger des im Jahr 1453 untergegangenen Byzantinischen Reichs

Abb. 20: Römische Münze mit Januskopf

empfand. 1917 wurde er durch die Revolution abgeschafft; doch nach dem Ende des Kommunismus kam er in Russland wieder zu Ehren und prangt heute golden auf dem offiziellen russischen Staatswappen. In Serbien trugen die Könige schon seit dem 13. Jahrhundert einen Doppeladler auf dem Wappenschild; 1918 kam er ins Wappen des damaligen Königreichs Jugoslawien. Auch in Albanien brachte die byzantinische Tradition den Doppeladler zu Wappenehren.

Ein klassisches Zweiheitssymbol ist auch die Doppelaxt. Sie verkörpert in vielen Überlieferungen zugleich die Idee der Vereinigung und des Gegensatzes, mithin des vereinigten Widerspruchs. Ist die Axt an sich Machtzeichen der Himmelsgötter, Sonnensymbol und Donnerzeichen, verbindet sich mit der Doppelaxt die Vorstellung von der heiligen Vereinigung des Himmelsgottes mit der Erdgöttin. In Afrika ist zum Beispiel die Doppelaxt der Ausdruck für die magische Macht und den Donnerkeil des Sturmgottes Yoruba. Im Buddhismus teilt die Doppelaxt den Kreis von Geburt und Tod. Eine besonders große Bedeutung hatte die Doppelaxt in der minoischen Kultur auf Kreta, im 2. Jahrtausend vor der Zeitenwende. Dort war sie Verkörperung der höchsten Gottheit und bedeutete deren Macht und unmittelbare Gegenwart. Als Fruchtbarkeitssymbol wurden der Doppelaxt sogar übernatürliche Kräfte zugeschrieben.

Zweifaches begegnete dem Menschen aber auch in der Dualität der Erscheinungen, wenn Männlein und Weiblein sich trafen, wenn Tag und Nacht einander abwechselten, wenn ihm Heißes und Kaltes, Süßes und Saures, Wohl und Wehe, Gut und Böse begegnete.

Der römische Gott Janus (Abbildung 20), bei dem man sich bis heute noch nicht einig ist, aus welchen dunklen Ursprüngen er sich bis zum römischen Stadtgott emporgearbeitet hat, besitzt ein Doppelgesicht; mit dem einen schaut er zurück, mit dem anderen voraus. Deshalb nennen wir noch immer janusköpfig, was zugleich fortschrittlich und konservativ anmutet.

Das Tor des Tempels der ihm geweiht war, wurde bei Krieg geöffnet und bei Frieden geschlossen. Es war von König Numa bis Kaiser Augustus überhaupt nur einmal zu.

Das Doppelmotiv des Vorausschauens und Zurückblickens begegnet uns auch in der berühmten Sagengestalt Prometheus, was so viel heißt wie „der im Voraus Bedenkende". Prometheus hat aber einen Bruder, Epimetheus, das bedeutet „der nachträglich Denkende", ein Name, der dem Prometheus-Bruder kein gutes Zeugnis ausstellt. Was wirft

man ihm vor? Er habe, trotz einschlägiger Warnungen seines Bruders, von Zeus irgendein Geschenk anzunehmen, Pandora zur Frau genommen. Zeus, der den Iapetos-Söhnen und insbesondere Prometheus wegen des Feuerraubs nicht grün war, hatte Pandora eigens von Hephaistos als Versucherin und Verderberin anfertigen lassen. Der Legende nach war sie die erste Frau. Ihr Name bedeutet „Allgeberin" und zugleich die „Allbeschenkte", weil sie von allen olympischen Göttern mit den vorzüglichsten Gaben ausgestattet war. Versuchung und Verderben dieser zwieschlächtigen Frau aber lagen in dem Fass (aus dem später die „Büchse" wurde), das sie mitbrachte und dem, als sie es öffnete, alle Übel, Sorgen und Krankheiten entwichen und über die Menschen kamen. Nur die Hoffnung hielt sie in ihrem Fässchen zurück.

Der hinreichende Grund für die 2 ist, dass zur 1 noch etwas hinzutritt, das gleicher Art oder doch vergleichbar ist, das vorher nicht da war oder außer Betracht bleiben konnte. Der einfachste Ausdruck für 2 ist also 1 + noch etwas. Setzt sich zu einem Fink noch ein zweiter Fink, sitzen zwei Finken beieinander und piepsen. Kommt zu einem Mann eine Frau dazu, ist das Resultat nicht zwei Männer/Frauen, sondern

Abb. 21: Das Yin und das Yang

zwei Menschen – unter günstigen Umständen ein Paar. Man soll die geistige Leistung unserer Vorfahren nicht gering schätzen: Mit der Abstraktion vom Gegenständlichen zur bloßen Zahl musste hin und wieder auch eine höhere begriffliche Abstraktionsebene erreicht werden. Bevor etwas Ungleiches – wie Männlein und Weiblein – zählbar wurde, musste es vergleichbar sein.

Doch nicht nur Liebende fanden sich zu Paaren, auch Gegensätze: Wenn zur Geiß der böse Wolf kam, um sie zu fressen, drang das Böse ins Gehege des Guten ein. Auch hier trat zu einem noch etwas anderes, vergleichbar auf der Begriffsebene „Tiere" waren es zwei.

Im chinesischen Zeichen des Yin und Yang (Abb. 21) kommt der Charakter der 2 als Ergänzungszahl am besten zum Ausdruck.

Im Zeichen für Yin und Yang sind die polaren Grundprinzipien symbolisiert, aus deren wechselseitiger Ergänzung alles Leben und Geschehen im Universum erklärt wird. Das dunkle Yin steht für das Weibliche, Dunkle, Empfangende, Passive, Weiche, Feuchte; eine seiner Ausdrucksformen sind zum Beispiel die geraden Zahlen. Das helle Yang steht dagegen für das Männliche, Helle, Zeugende, Aktive, Harte, Trockene; die ungeraden Zahlen werden mit ihm in Verbindung gebracht.

Mit diesem Symbol wird nicht ein Entweder-oder, sondern ein Sowohl-als-auch ausgedrückt – mehr noch, ein Keins-ohne-das-andere. Nach der daoistischen Überlieferung hat das Dao die 1 gezeugt (das männliche Yang), die 1 zeugte die 2 (das weibliche Yin), die 2 zeugte die 3 und die 3 erzeugte die Vielheit aller Dinge. Jedoch ist die 2 eine schwache Yin-Zahl, weil sie kein Zentrum besitzt.

In der buddhistischen Überlieferung umfasst die Dualität des *samsara* das Männliche und das Weibliche; aber auch Theorie und Praxis, Weisheit und Methode und, ins poetische Bild gebracht, den Blinden und den Lahmen, die einander stützen und so den Weg finden.

In der alchemistischen Geheimlehre wirken die Gegensatzpaare König und Königin, Sonne und Mond, Schwefel und Quecksilber, anfänglich antagonistisch, um schließlich eine unlösliche Verbindung miteinander einzugehen. Oft begegnet uns die Zweizahl in Gestalt der erhobenen Arme. Erhobene Arme können demütiges Flehen oder leidenschaftliche Anbetung bedeuten, aber auch Hilflosigkeit oder bedingungslose Ergebung – im religiösen wie im alltäglich Sinne. „Werfen Sie die Waffe weg und kommen Sie mit erhobenen Armen heraus!" Das kennt man aus beliebigen Krimiserien.

In der buddhistischen und in der hinduistischen Ikonographie kommt den Armen eine besondere Bedeutung zu. Zwei Arme bedeuten Weisheit und Tatkraft.

„Die 2 ist Zweifel, Zwist, ist Zwietracht, Zwiespalt, Zwitter,/die 2 ist Zwillingsfrucht am Zweige süß und bitter", dichtete Friedrich Rückert (*Weisheit der Brahmanen* I, 25). „Zwei Seelen wohnen, ach! in meiner Brust", lässt Goethe seinen Faust ausrufen. Und diese beiden Seelen kämpfen um Faust, der zwischen Verdammnis und Erlösung hin und her gerissen wird. „Eure Rede aber sei: Ja, ja; nein, nein; was drüber ist, das ist vom Übel", hören wir in der Bergpredigt des Jesus von Nazareth. Manche meinen, die Welt sei zu kompliziert, um sich daran halten zu können. Aber um die Stelle richtig zu deuten, muss man die Sätze davor hören: Jesus möchte keine falschen Eide hören, er möchte überhaupt nicht hören, dass man schwöre beim Himmel oder bei der Erde oder bei der Stadt Jerusalem oder bei seinem eigenen Haupte. Er will nicht vereinfachen, duldet aber auch keine Ablenkung, er besteht auf der „mathematisch" präzisen Aussage: ja, ja; nein, nein.

Siebzehn Jahrhunderte später wird ein deutscher Gelehrter aus dem Häuschen geraten, als er bemerkt, dass er tatsächlich den mathematischen Ausdruck für das „ja, ja; nein, nein" gefunden hat. Gottfried Wilhelm Leibniz erfand das *binäre System*. Zwar gab es auch bei zahlreichen Naturvölkern Zählsysteme, die mit nur zwei Zahlwörtern auskamen. Man braucht sich als Prinzip nur vorzustellen, wir verfügten nur über die Begriffe „eins" und „zwei" und müssten daraus unser gesamtes Zahlensystem zusammensetzen. Wie sähe es aus?

> 1 = eins
> 2 = zwei
> 3 = zweieins (21)
> 4 = zweizwei (22)
> 5 = zweizweieins (221)
> 6 = zweizweizwei (222) usw.

Einfach, weil auf dem Quersummenprinzip beruhend, aber nicht sehr bedarfsgerecht, weil nur bis zur 4 sinnvoll zu handhaben; wenn allerdings jenseits der 4 ohnehin das Reich des „Vielen" beginnt, reichen die beiden Zahlbegriffe vollkommen aus. Das leibnizsche System hingegen kannte die Null und verfuhr streng nach dem Stellenprinzip, wie wir es aus dem Dezimalsystem kennen. Das macht es uns ja erst möglich, die 104 von der 140 zu unterscheiden, denn die Null gibt die Nichtbelegung einer Stelle (den Nullzustand) an. Leibniz fand, dass sich mit 1 und 0 alle Zahlen darstellen lassen, wenn man sich streng an das System der Stellen hielt: rechts immer die niedrigste Stelle, nach links im Rang ansteigend, und zwar dergestalt, dass die niedrigste Stelle immer 1 bedeutet, die nächsthöhere 2, die folgenden jeweils die nächste Potenz von 2, also 2^2, 2^3, 2^4, 2^5 usw. Und wie sah das aus? Der Übersicht halber schreiben wir nachfolgend alles vierstellig.

1 = 0001		6 = 0110	
2 = 0010		7 = 0111	
3 = 0011		8 = 1000	
4 = 0100		9 = 1001	
5 = 0101		10 = 1010	

Diese Art der „Verschlüsselung" ganzer natürlicher Zahlen in so genannte Dualzahlen bildet auch heute einen der wichtigsten Binärcodes, den so genannten BCD-Code.

Dualzahlen werden aus nur zwei Binärziffern zusammengesetzt; um Verwechslungen mit „normalen" Dezimalzahlen auszuschließen, verwendet man auch oft ein L statt der 1. In der Schreibung LOLLOL statt 101101 weiß man sofort, dass nicht einhunderteintausend einhunderteins gemeint ist, sondern 45. Sofort? Na ja, für unseren alltäglichen Zahlengebrauch wäre das System etwas gewöhnungsbedürftig, besonders bei größeren Zahlen. Bis wir den richtigen Blick dafür haben, müssten wir die Zahl so entschlüsseln:

1	0	1	1	0	1
(1×2^5) +	(0×2^4) +	(1×2^3) +	(1×2^2) +	(0×2^1) +	(1)
32 +	0 +	8 +	4 +	0 +	1
			= 45		

Weil sich auf diese Weise jede beliebige Zahl aus den Elementen 0 und 1 darstellen lasse, war Leibniz seinerzeit davon überzeugt, dass „der Eine aus dem Nichts alles erschafft".

Was 300 Jahre später aus seinem binären System folgen würde, hätte Leibniz wahrscheinlich umgehauen: Unsere computergestützte Informationsgesellschaft, die ganze schöne Cyberwelt, von der wir so selbstverständlich zu Bildungs-, Kommerz- und Unterhaltungszwecken Gebrauch machen, basiert allein auf dem System der Dualzahlen, auf den Zuständen *Eins* und *Null*, die als Schaltzustände *ein* und *aus* heißen oder *Strom fließt* und *Strom fließt nicht*. Nichts anderes spielt sich auch im höchst entwickelten Computer ab. „Eure Rede aber sei: ja, ja; nein, nein; was drüber ist, das ist vom Übel." Wer hat gesagt, dass unsere Welt dafür zu kompliziert ist?

Steckbrief

Als Zahl mit weiblicher Energie steht die 2 für Ausgewogenheit und Harmonie. Aber auch Passivität und mangelnde Standfestigkeit, zu große Zurückhaltung und Selbstbescheidung können unter Umständen aus ihr abgeleitet werden. Echte Zweiermenschen zeichnen sich durch ein reiches Gefühlsleben, durch Uneigennützigkeit und Großzügigkeit aus. Sie müssen allerdings aufpassen, dass ihre Uneigennützigkeit von anderen nicht ausgebeutet wird. Nicht Nein sagen können bringt Zweier manchmal in die Situation, von dominierenden Persönlichkeiten herumgeschubst zu werden.

Gesamtnamenszahl Vermittelnder Charakter, Sensibilität, Diskretion und eine gehörige Portion Verhandlungsgeschick, Harmoniebedürfnis.

Persönlichkeitszahl Überaus sensibel und mitfühlend. Sie wirken auf ihre Mitmenschen integrierend.

Herzzahl Sie gelten als kooperativ und haben besondere Freude daran, anderen eine Freude zu bereiten.

Schicksalszahl Teamgeist und Toleranz müssen und können erworben, zuweilen übergroße Empfindlichkeit hingegen abgelegt werden.

Planet	Mond
Ton	b
Tag	Montag
Geschlecht	weiblich
Richtung	Südwesten
Farbe	weiß
Edelstein	Perle
Tarot	Hohe Priesterin – bedeutet „kreativer Gedanke, Wissen"

Die Zahl 3

Aller guten Dinge sind drei. Und die 3 ist auch die erste Zahl, an der die alten griechischen Mathematiker nichts mehr auszusetzen hatten und die sie deshalb als vollwertige Zahl akzeptierten. Aristoteles gefiel die 3 schon allein deshalb besonders gut, weil es die erste Zahl war, die Anfang, Mitte und Ende hatte und zugleich die einzige, die jedes dieser Elemente in einmaliger Ausführung besaß. Deshalb ist die 3 auch die Zahl, auf die der Begriff „alles" zutreffe. Auf Pythagoras geht der

numerologische Brauch zurück, die Zahlen in weibliche (gerade Zahlen) und männliche (ungerade Zahlen) einzuteilen. Und da die Griechen – patriarchalisch, wie sie nun einmal geworden waren – das Weibliche zum Bösen und das Männliche zum Guten deklarierten, wurde die 3, da die 1 zwar männlich, aber keine richtige Zahl war, flugs zum Urvater alles Guten in der Welt. Auch jenseits des Männlichkeitswahns ist der Ruch des Guten an der Zahl 3 kleben geblieben.

Pythagoras verdanken wir auch den quälenden Lehrsatz mit den Kathetenquadraten des rechtwinkligen Dreiecks, deren Summe gleich dem Hypotenusenquadrat ist. Als Schüler verstanden wir natürlich nicht, was der Unsinn soll, malten aus der obskuren Figur eine Bauersfrau mit einer Kiepe auf dem Rücken oder einen dicknasigen Kerl, der gerade seinen Hut lüftet, ließen uns im Übrigen (was blieb uns übrig?) von der Richtigkeit des Lehrsatzes überzeugen und gönnten unserem Mathelehrer und Pythagoras ihren Spaß.

Das Dreieck ist unbestritten die erste ebene Figur. Daher wurde es auch als die grundlegende Darstellung des Flächenbegriffs aufgefasst. Für Platon war sogar klar: „Fläche besteht aus Dreiecken." Ein gleichseitiges Dreieck wird

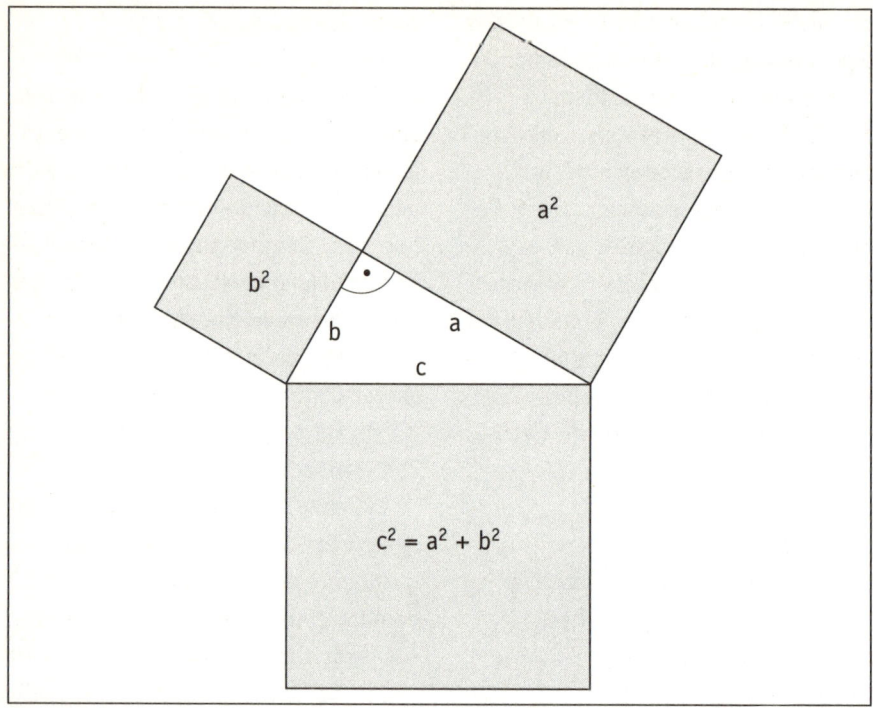

Abb. 22: Pythagoreischer Leitsatz: $c^2 = a^2 + b^2$

in vielen Zusammenhängen als Bild der Vollkommenheit gewählt. Die Pythagoreer gaben der Pallas Athene als Göttin der Weisheit ein gleichseitiges Dreieck als Attribut.

Zeigt das Dreieck mit der Spitze nach oben, symbolisiert es das männliche Prinzip, ist gleichbedeutend mit Flamme und Feuer, Leben und Zeugung. Auch als Dreieinheit von Liebe, Wahrheit und Weisheit wird es verstanden.

Zeigt das Dreieck mit der Spitze nach unten, symbolisiert es das weibliche Prinzip, Wasser und Kälte, große Mutter und Höhle.

Auch bei den alten Ägyptern symbolisierte das Dreieck eine Triade. Sie verglichen die Senkrechte eines rechtwinkligen Dreiecks mit Osiris (dem Männlichen, dem Anfang), die waagerechte Grundlinie mit Isis (dem Weiblichen, dem Medium, der Empfangenden) und die Hypotenuse mit Horus (als dem Spross beider, dem Bewirkenden).

In der daoistischen Symbolik ist die 3 eine starke Zahl, weil sie einen Mittelpunkt des Gleichgewichts hat.

Die 3 hat noch ein paar bemerkenswerte Eigenschaften. Sie ist die – nach der 1 – erste Dreieckszahl. Dreieckszahlen muss man sich so vorstellen, als ob man oben, an der Spitze des Dreiecks, mit einem Punkt beginnt, darunter zwei Punkte setzt, in die nächste Reihe drei, dann vier, dann fünf usw. Die Addition dieser Reihen von Punkten ergibt eine Reihen von so genannten Dreieckszahlen: Auf die 1 folgt (+ 2) die 3, danach (+ 3) die 6, (+ 4) die 10, (+ 5) die 15, (+ 6) die 21 usw. Karl Friedrich Gauß, schon zu Lebzeiten als „Princeps mathematicorum" gepriesen, hat entdeckt, dass jede beliebige Zahl, die wenigstens groß genug sein muss, um diese Bedingung zu erfüllen, die Summe von höchstens drei Dreiecksahlen sein kann. Probieren Sie es ruhig einmal mit dem Taschenrechner aus, jede wahllos herausgegriffene Zahl ist geeignet: $53 = 28 + 15 + 10$ oder $84 = 66 + 15 + 3$. Je größer die Zahlen, desto komplizierter wird die Rechnung und man braucht dann eine sehr weit reichende Tabelle mit Dreieckszahlen. Aber am Prinzip ändert sich nichts.

Die 3 ist auch eine Primzahl, die erste ungerade Primzahl. Und auch in dieser Eigenschaft will die 3 auf eine Sonderstellung nicht verzichten. Jede ungerade Zahl, die nur groß genug sein muss, um diese Bedingung zu erfüllen, kann als Summe aus höchstens drei Primzahlen gebildet werden, stellte der russische Mathematiker Winogradow 1937 fest. Auch mit diesem Problem kann man ein wenig herumspielen:

$$27 = 13 + 11 + 3 \text{ oder}$$
$$43 = 29 + 11 + 3$$

Im Übrigen kann man Winogradow ebenso trauen wie Gauß. Hätten sie sich geirrt, hätten es die Mathematiker inzwischen wohl bemerkt.

Jede Zahl ist durch 3 teilbar, wenn ihre Quersumme durch 3 teilbar ist.

Die 3 ist eine heilige Zahl. In vielen christlichen Darstellungen ist die 3 die Schlüsselzahl: in der Dreifaltigkeit Gottes als Vater, Sohn und heiliger Geist; in der Anna selbdritt (Anna, Maria und das Jesuskind). Das Dreieck selbst bricht als göttliches Symbol den Himmel und umrahmt das Auge Gottes, das zu uns niederschaut (Abb. 23). In Indien bilden die Gottheiten Brahma, Vishnu und Shiva die drei Aspekte der hinduistischen Trinität.

Als Herrschaftssymbol ist die Dreizahl oft im Spiel: bei der dreifachen Krone des Papstes, der Tiara, bei den drei Kronen im Wappen des schwedischen Königshauses, bei den drei Lilien der Bourbonen oder bei den drei schwarzen Löwen Württembergs. Krone, Zepter und Reichsapfel sind die drei Reichsinsignien, mit denen die Kaiser des Heiligen Römischen Reichs Deutscher Nation ihre Legitimität demonstrierten.

Der Dreizack ist den meisten als Attribut des Meeresgottes Poseidon bekannt. Schon im minoischen Kreta ist er als Symbol der kretischen Seemacht anzutreffen. Allgemein gilt der Dreizack als dreifache Waffe der Mächte von Himmel, Luft und Wasser. Der Buddhismus sieht in den drei Spitzen die Drei Kleinodien Buddha, Dharma und Sangha. Die hinduistische Gottheit Shiva trägt das *Vajra* genannte Diamantzepter in Form zweier Rücken an Rücken liegender Dreizacke. Es verkörpert seine drei Charaktere als Schöpfer, Erhalter und Zerstörer der Welt. Shiva, wie übrigens auch Buddha, symbolisiert außerdem noch einen weiteren Aspekt der Dreiheit. Das dritte Auge, der „leuchtende Fleck", die „flammende Perle" mitten auf der Stirn ermöglicht es der Gottheit, die Dinge als Ganzheit und unter dem Aspekt der Ewigkeit zu sehen. Es befreit von der Dualität mit der ihr innewohnenden Gegensätzlichkeit und verleiht transzendente Weisheit. Es ist die Kristallisation des Lichts, die Erleuchtung schlechthin.

In der griechisch-römischen Mythologie tritt das Schicksal in Gestalt der Moiren (lateinisch *Parzen*) auf: die erste, Klotho, spinnt den Lebensfaden, die zweite, Lachesis, misst ihn und teilt die Lebensdauer zu, die dritte, Atropos, schneidet den Lebensfaden ab. Wahrscheinlich nicht ganz unbeeinflusst von dieser antiken Dreiheit begegnen uns in der altnordischen Mythologie die drei Nornen, die die Weltesche Yggdrasil gießen und düngen. Ihre Namen symbolisieren die drei Zeitstufen: *Urd* (das Gewordene), *Verdandi* (das Seiende) und *Skuld* (das Werdende).

Betrachten wir nun die Sprache. Verben kommen in unserer Sprache in *drei Modi* vor: Indikativ, Konjunktiv und Imperativ. Adjektive können in den modernen indoeuropäischen Sprachen drei Komparations-(Steigerungs-)stufen durchlaufen: Positiv, Komparativ und Superlativ. Der sprachliche Ausdruck kennt drei grundlegende Zeitformen: Vergangenheit, Gegenwart und Zukunft. Die meisten einfachen Sätze, die wir in der Alltagssprache bilden,

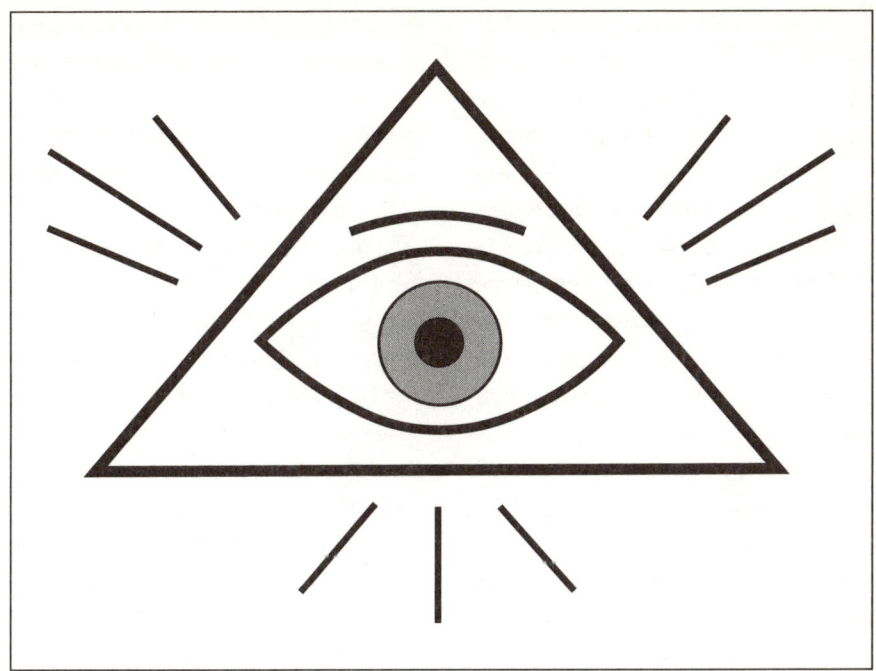

Abb. 23: Dreieck mit Auge Gottes: das Symbol der Trinität

sind dreigliedrig, bestehen aus Subjekt, Prädikat und Objekt. „Ich (Subjekt) lese (Prädikat) das Buch (Objekt)."

Man wünscht dem anderen, der eine schwierige Aufgabe zu bewältigen hat, „toi, toi, toi" (dreifach), Schauspieler dürfen sich für diesen Wunsch nicht bedanken, sonst ist der Wunsch vergebens. Bühnenmenschen spucken demjenigen, dessen Auftritt unmittelbar bevorsteht, dreimal über die Schulter, daher kommt auch das Lautmalerische

des „toi, toi, toi". Schließlich muss auch im Zauberspruch der schwarze Kater dreimal beschworen werden, bevor der Zauber wirkt.

In den Märchen sind es drei Söhne, drei Handwerksburschen oder drei Prinzen, die aufbrechen, um die Prinzessin zu befreien oder eine andere schwierige Aufgabe zu lösen. Und meist besteht diese Aufgabe aus drei Einzelaufgaben, Rätselfragen oder anderen Bewährungsproben.

Steckbrief

Die 3 strahlt außerordentlich viel positive Energie aus. Diese Zahl symbolisiert nicht nur das Streben nach Vollkommenheit, es bewirkt auch, das Hindernisse und negative Erlebnisse in erster Linie als interessante Erfahrungen auf dem Weg zur Vollkommenheit aufgefasst werden, bestenfalls als Herausforderungen. Die 3 vermittelt Optimismus, Lebensfreude und Glücksanspruch, ganz so, wie es das wahre Geschenk der drei Weisen aus dem Morgenland an der Wiege des Jesuskindes meint: Gold für Klarheit und Glanz der Sonne, Weihrauch für Glück und Seligkeit und Myrrhe für Liebe, die Leiden und Kummer überwindet.

Gesamtnamenszahl Dreier können zum Ausdruck bringen, was viele denken; ihnen eigen ist vor allem Überzeugungskraft, aber auch Einfühlungsvermögen gepaart mit einer guten Dosis Selbstbewusstsein.

Persönlichkeitszahl Wen die 3 trifft, der gilt als extrovertiert und optimistisch, freundlich und unterhaltsam, ist als Gast ebenso gern gesehen wie als Gastgeber gesucht.

Herzzahl Die 3 deutet auf einen einfühlsamen, fantasiebegabten Menschen, dessen Visionen und Utopien andere mitreißen können.

Schicksalszahl Ihre Lebensaufgabe ist es, andere Menschen zu überzeugen, zu lehren, immer wieder auf sie zuzugehen, auch sich in Geduld und Nachsicht zu üben, wenn sie ihr Tempo nicht gleich mitgehen können.

Planet	Jupiter
Ton	fis
Tag	Donnerstag
Geschlecht	männlich
Richtung	Nordosten
Farbe	Gelb
Edelstein	Topas
Tarot	Herrscherin – bedeutet „Handlung, Reichtum"

Die Zahl 4

Wir kennen vier Jahreszeiten, vier Himmelsrichtungen, vier Mondphasen. Die alten Griechen unterschieden vier Elemente (Feuer, Wasser, Luft und Erde) und vier Temperamente (sanguinisch, phlegmatisch, cholerisch und melancholisch). Vier Weltalter kennt die menschliche Frühgeschichte: das Goldene, das Silberne, das Bronzene und das Eiserne Zeitalter. Vier Seiten und vier Ecken hat das Quadrat (deshalb heißt es so) und vier Arme hat das Kreuz. In früheren Zeiten teilte man die Städte in vier Bezirke; darum spricht man noch heute von Stadt*vierteln*.

Die 4 ist die erste zusammengesetzte Zahl, die erste Quadratzahl (von 2) und damit die erste Quadratzahl einer Primzahl. Bei der 4 ist das Produkt der Faktoren (2 x 2) genauso groß wie die Summe der Summanden (2 + 2).

Die 4 hält eine enge Verbindung zu ihrer Vorgängerin, der 3. Die 3, als „himmlische" Zahl, als „heilige" Zahl, symbolisiert die Seele, während die 4 den Körper darstellt. Zusammen ergeben beide Zahlen die 7, die Zahl der Wochentage seit biblischen Zeiten her. Durch ihre Multiplikation ergibt sich die 12, die Zahl der Monate, der Apostel, der Tierkreiszeichen usw.

4 ist auch die Mindestanzahl der Flächen – nämlich der Dreiecke –, aus denen sich – von der Kugel einmal abgesehen – ein Körper bauen und die dritte Dimension körperlich herstellen lässt. Das Tetraeder hat vier Ecken und vier Flächen. Eine Zeit lang wurden solche Tetraeder – aus vier gleichseitigen Dreiecke zusammengesetzte Körper – als Milchtüten verwendet. Sie ließen sich gut in Transportbehälter stapeln und waren auch leicht aufzuschneiden. Ihrer abstrakten Form und ihres Inhalts wegen nannte der Volksmund sie „Picasso-Euter".

Eine besonders enge Verbindung zur Vorgängerzahl 3 hält die auf einer quadratischen Grundfläche errichtete Pyramide. Die ägyptischen Pyramiden stellen, nach Ansicht einiger Wissenschaftler, nicht einfach gigantische Grabmale dar, sondern dienen als eine Art Weltmodell. Ist es Zufall oder eher Regel, dass es nur drei von ihnen in Gizeh gibt?

Den drei räumlichen Dimensionen hat Einstein mit der Zeit eine vierte Dimension hinzugefügt; seitdem spricht man von einem Raum-Zeit-Kontinuum als ein Modell, die Welt physikalisch zu erklären. In diesem vierdimensionalen Raum ist aber irgendwie der Teufel am Werk, wie ein britischer Mathematiker 1982 feststellte. Denn ausgerechnet da funktioniert die Differenzialrechnung anders als in den übrigen euklidschen Räumen.

Die Pythagoreer mit ihrer Neigung zu bedeutungsgeladenen Zahlenspielen sahen in der 4 die „Erzeugerin des Alls". Denn wenn die 4 ihre Vorgängerinnen (1, 2, 3) in sich aufnehme, erzeuge sie die 10, und die 10 sei wiederum die Zahl, die alle Zahlen von 1 bis 10 enthalte, mithin alle Bausteine, aus denen die Mathematik und das Universum gemacht sind.

Für die Pythagoreer war die 4 nicht einfach eine gerade Zahl, sondern sie nannten die 4 und alle Zahlen, die

Abb. 24: Die Tetraktys bedeutet nicht nur 4, sondern ist auch ein pythagoreisches Punktmuster, das entsteht, wenn man die ersten vier natürlichen Zahlen (dargestellt durch Punkte) in einer Dreiecksfigur anordnet. Daraus ergibt sich die 10 als ideale Zahl

durch 4 teilbar sind, „gerade-gerade". In der Schwurformel der Pythagoreer heißt es: „Bei Ihm, der einpflanzte die Vierzahl unserem Geiste,/Sie, die Quelle und Wurzel der ewig strömenden Schöpfung."

Ihr besonderes Verhältnis zu dieser „gerade-geraden" Zahl kommt auch dadurch zum Ausdruck, dass sie mit 4 und 8 die Vorstellung von Gerechtigkeit und Harmonie verbanden.

In seiner Gestalt als „Herr der Tänzer" hat der indische Gott Shiva Nataraja vier Arme: Mit dem oberen rechten hält er das Tamburin, das den Schöpfungsrhythmus angibt und dem im oberen linken Arm die Flamme der Zerstörung das Gleichgewicht hält; der un-

tere rechte Arm spendet Segen, während der untere linke mit einer ausholenden Geste die Erlösung von allen Leiden verspricht.

Nach ägyptischer Vorstellung ruht die Welt auf vier Säulen; vier Kanopen umstehen den Toten, bewacht von den vier Söhnen des Horus.

Vier edle Wahrheiten verkündete Buddha als das Hauptstück seiner Erlösungslehre.

Der Daoismus lässt vier Wächter das Himmelsgewölbe bewachen: Li mit der Pagode, Ma mit dem Schwert, Cho mit zwei Schwertern und Wen mit der stachelbewehrten Keule.

Nach einer hinduistischen Vorstellung hatte der Schöpfergott Brahma vier Köpfe, mit denen er die vier Richtungen der Zeit überschaute; ein Kopf ging ihm im Kampf mit einem Drachen verloren – seitdem kennt die Zeit nur noch drei Richtungen: Vergangenheit, Gegenwart und Zukunft.

Vier Stadien muss der weise Brahmane, der Angehörige der obersten indischen Priester- und Gelehrtenkaste durchlaufen: *Brahmacarin* (das Stadium des Schülers der Veden), *Grihastha* (das Stadium des Hausherrn), *Vanaprastha* (das Stadium des Waldeinsiedlers) und *Samnyasin* beziehungsweise Sannyasin (das Stadium des Asketen beziehungsweise Bettelmönchs).

Der slawische Gott Swantewit trug auf vier Hälsen vier Köpfe. Er überschaute mit seinen vier Gesichtern die ganze Erde, darum wurde sein Rat geschätzt und geachtet.

In der christlichen Überlieferung kennt man vier Flüsse des Paradieses, vier große Propheten und vier Evangelisten mit ihren vier Evangelien, vier Erzengel, vier Hauptteufel und vier apokalyptische Reiter. Am vierten Tag der Schöpfung schuf Gott die Lichter an der Feste des Himmels, die da scheiden Tag und Nacht und geben Zeichen, Zeiten, Tage und Jahre.

Der Prophet Hesikiel sah, als ihm der Herr in seiner ganzen Herrlichkeit erschien, „eine große Wolke voll Feuers, das allenthalben umher glänzte; und mitten in demselben Feuer war es lichthelle; und darinnen war es gestaltet wie vier Tiere, und dieselben waren anzusehen wie Menschen; und ein jegliches hatte vier Angesichter und vier Flügel ...“

In der Offenbarung des Johannes ereignet sich aus allen vier Richtungen Bedrohliches: „Und darnach sah ich vier Engel stehen auf den vier Ecken der Erde, die hielten die vier Winde der Erde, auf dass kein Wind über die Erde bliese, noch über das Meer noch über irgend einen Baum.“

Die Kabbala kennt vier Stufenwelten, *Aziluth* (die Gesamtheit der dem Absoluten am nächsten stehenden Weltprinzipien), *Beriah* (die Welt der Urschöpfung), *Jezirah* (die Welt der Formung) und *Asijah* (die Welt der materiellen Wesen und Dinge).

Ein besonderes Geheimnis entstand rund um die Zahl 4, als der britische Mathematikstudent Francis Guthrie 1852 das Problem formulierte, ob vier Farben ausreichen würden, um eine Landkarte so zu kolorieren, dass jeweils Flächen, das heißt Länder oder Provinzen, die eine gemeinsame Grenze haben, stets auch verschiedenfarbig dargestellt werden können. Es ging dabei nicht um eine wirkliche Landkarte – Geographen hatten aus ihrer Berufserfahrung heraus sofort das Gefühl, dass man es mit vier Farben schaffen würde –, sondern um eine theoretische Landkarte, das heißt um jede beliebige und jede mögliche denkbare Landkarte, die jemals zu zeichnen sein würde. 1965 fand ein deutscher Mathematiker eine theoretische Lösung, an der sich 1976 ein damals als Hochleistungscomputer geltender Apparat an der Universität von Illinois wochenlang abarbeitete, bis er alle Ausnahmen und absurden Sonderfälle eliminiert hatte und als Ergebnis feststand: Vier Farben braucht der Geograph!

Steckbrief

4 ist eine Zahl der Ordnung. Sie steht für Stabilität, Gesetz und Systematik. 4 ist die Symbolzahl der physischen Welt; sie steht für Natur und ist verbunden mit der Kraft der Erde. Die 4 kann aber auch dazu führen, das Regelmäßigkeit in Routine übergeht und die systematische Lebensordnung in Selbstbeschränkung erstickt.

Gesamtnamenszahl Vierer gehören zu den fleißigen Arbeitern, die ihre Arbeit nicht als notwendiges Übel betrachten, dem man nur auf der Karriereleiter entkommt, sondern sie betrachten ihre Arbeit als einen sinnstiftenden Selbstzweck, dem es lohnt, ein Leben lang zu dienen.

Persönlichkeitszahl Unter dem Zeichen der 4 ist meist mit einer praktischen Veranlagung und einer klar ausgeprägten Diesseitsorientierung zu rechnen. Vierer gelten als zuverlässig und loyal; allerdings durchbrechen sie nur selten den Ring der Introvertiertheit.

Herzzahl Vierer sind duldsam und opferbereit; das heißt, materieller Lohn ist ihnen nicht in erster Linie wichtig, aber ohne Anerkennung können und wollen sie trotzdem nicht leben.

Schicksalszahl Die 4 fordert sie auf, sich die „Tugenden der Arbeitsbienen" – Geduld, Stehvermögen, Akkuratesse – zu Eigen zu machen.

Planet	Saturn
Ton	d
Tag	Samstag
Geschlecht	neutral
Richtung	Südosten
Farbe	Gold
Edelstein	Hämatit
Tarot	Kaiser – bedeutet „Verwirklichung, Energie"

Abb. 25: Pentagramm

Die Zahl 5

Die 5 ist eine Zirkularzahl; wenn sie potenziert wird, erschafft sie sich an der letzten Stelle immer wieder selbst.

Im pythagoreischen Dreieck – das ist ein rechtwinkliges Dreieck, dessen Seitenlängen aus ganzzahligen Maßverhältnissen gebildet werden – ist 5 das kleinste Maß der Hypotenuse. Misst man zum Beispiel in Zentimetern, sind die beiden Katheten 3 beziehungsweise 4 cm lang, die Hypotenuse 5 cm; die Quadrate sind 9 (3 x 3) und 16 (4 x 4) für die Katheten und 25 für die Hypotenuse.

Der goldene Schnitt, die klassische Proportion, die entsteht, wenn man eine Strecke so teilt, dass sich das kürzere Stück zum längeren Stück so verhält wie das längere zur gesamten Strecke, wird mathematisch dargestellt durch die Formel:

$$\frac{1 + \sqrt{5}}{2}$$

Die Zahl, die dabei herauskommt, fängt so an:

1,618033988749894848 ...

und geht noch eine ganze Weile so weiter. Euklid sprach vom Goldenen Schnitt als von dem „äußersten und mittleren Verhältnis". Es gibt aber Anhaltspunkte dafür, dass auch die alten Ägypter dieses Maßverhältnis kannten und benutzten. Im berühmten Papyrus

Rhind ist von einem „heiligen Verhältnis" die Rede. Und bei der großen Pyramide von Gizeh beträgt das Verhältnis der Höhe einer Seitenfläche zur Hälfte ihrer Basis fast genau 1,618.

Was man zur Konstruktion des Goldenen Schnittes braucht, ist die Zahl 5.

Das Pentagramm, der fünfzackige Stern, den man auch „Drudenfuß" nannte, ist eine Figur, die man in einem Zug zeichnen kann. Jede der Linien wird von zwei anderen Linien geschnitten. Der jeweils zweite Schnitt, ganz gleich, von welcher Zacke des Sterns man ausgeht, ist der Goldene Schnitt. Er teilt die Linie in einen kürzeren und in einen längeren Abschnitt. Der kürzere Abschnitt verhält sich zum längeren Abschnitt wie der längere zur gesamten Linie.

Übrigens wird im Zentrum des Pentagramms ein regelmäßiges Fünfeck gebildet. Verbindet man vier Ecken mit zwei Linien, schneiden sich diese Linien ebenfalls im Verhältnis des Goldenen Schnitts.

Ob der Goldene Schnitt eine „Humankonstante" ist wie die Zählbarriere jenseits der 4? Jedenfalls haben Versuche mit Probanden, denen man die Aufgabe stellte, ein nach ihrer Auffassung schönes, vollkommenes Rechteck zu zeichnen, überwiegend Figuren gezeichnet, deren Seitenlängen näherungsweise im Verhältnis des Goldenen Schnitts zueinander standen.

Nach altem Herkommen rechnet man dem Menschen fünf Sinne zu: Sehen, Hören, Tasten, Riechen, Schmecken. (Der Sinn für Zahlen wäre dann der sechste seiner Sinne.) Nicht ohne Grund kann das Pentagramm auch als Symbol des Menschen – mit ausgestreckten Armen und Beinen – gedeutet werden. In der christlichen Ikonographie bedeutet es die fünf Wunden Christi. In der klassischen Esoterik ist das Pentagramm der Ausdruck für den Mikrokosmos oder das fünfte Prinzip, das Denkvermögen. Da man das Pentagramm in einem Zuge zeichnen kann, da es also weder Anfang noch Ende besitzt, übernimmt es auch die magische Funktion des Kreises. Wie der Kreis kann es böse Kräfte und Elementargeister bannen und ist ein Glückssymbol.

Auf der Spitze stehend, wird das Pentagramm in der schwarzen Magie als Symbol des Teufels und als „Hexenfuß" angesehen.

Euklid bewies, dass es nur fünf Körper geben kann, die aus kongruenten, regelmäßigen Vielecken bestehen: das Tetraeder, den Würfel, das Oktaeder, das aus 12 Fünfecken gebildete Dodekaeder und das aus 20 Dreiecken konstruierte Ikosaeder. Man nennt diese fünf regulären Polyeder auch „platonische Körper", weil Platon sie in seinem Dialog *Timaios* zur Erklärung der Elemente und der Weltschöpfung herangezogen hat. Doch als Platon das Ikosaeder als Modell der Weltschöpfung bemühte, konnte er nicht wissen, wie Recht er – in ganz anderem Sinne – damit hatte. Man hat nämlich entdeckt, dass die biologisch elementarsten Lebensformen, die Viren (wie zum Beispiel die Erreger von Herpes und Röteln) Neigung zeigen, sich gelegentlich zu Makromolekülen herauszukristallisieren, die die Form regelmäßiger Ikosaeder haben.

In China hat man zur 5 ein besonders gutes Verhältnis, denn nach der chinesischen Tradition unterscheidet man fünf (statt unserer vier) Elemente: Erde, Wasser, Feuer, Holz und Metall. Vielleicht ist das der Grund, dass man sich in China fünffaches Glück wünscht. Auch die Musik ist traditionell auf fünf Tönen – den fünf Grifflöchern der Flöte – aufgebaut gewesen. Man kann diese Pentatonik nachempfinden, wenn man auf dem Klavier nur auf den schwarzen Tasten (es sind immer fünf innerhalb einer Oktave) spielt. Als der Philosoph Konfuzius geboren wurde, erschienen die „fünf Alten", die symbolisch für die fünf Elemente standen, über dem Haus der Familie K'ung. Fünf Fledermäuse und fünf Hakenkreuze umrahmen das chinesische Symbol der Langlebigkeit. Das drückt in der chinesischen Kultur den Wunsch nach dem fünffach gesteigerten Glück aus.

Für die Mayas gab es fünf Sphären ihrer himmlischen, irdischen und unterirdischen Welten, die etwa mit den vier klassischen „Elementen" des Aristoteles zu vergleichen sind: die Sphären des Wassers, der Erde, der Luft, des Lichts und des Feuers.

Steckbrief

Die 5 ist die „Ehezahl", denn in ihr gehen die erste weibliche (2) und die erste vollwertige männliche Zahl (3) eine Verbindung ein. Fünfer können sowohl mit männlichen als auch mit weiblichen Energien behaftet sein. Für sie besteht die große Chance, das jeweils andere Geschlecht besser zu verstehen als alle anderen. In der Zahl 5 suchen Gegensätze nach einem Ausgleich. So wie das Pentagramm Dynamik und Symmetrie in sich vereint, suchen Fünfer oft ihre inneren Gegensätze produktiv zu machen.

Gesamtnamenszahl Die 5 charakterisiert den Typ des Reisenden. Seine Freiheitsliebe wird dabei nicht egoistisch, seine Anpassungsfähigkeit engt seine Freiheiten nicht ein.

Persönlichkeitszahl Vielseitigkeit und berufliche Aufgeschlossenheit gehört zum Spektrum ihrer Eigenschaften. Sie sind aktiv und schätzen zugleich einen ruhenden Pol in ihrem Leben. Sie leiden an Fernweh zu Hause und an Heimweh auf Reisen.

Herzzahl Neugier ist bei ihnen eine Tugend; ihre Abenteuerlust verführt Sie aber nicht zum Leichtsinn.

Schicksalszahl Die 5 macht ihr Leben offen für Veränderungen und stellt ihnen die Aufgabe, flexibler zu sein und Chancen entschlossener wahrzunehmen. Getreu Rilkes Vers: „Du musst dein Leben ändern."

Planet	Merkur
Ton	d
Tag	Mittwoch
Geschlecht	neutral
Richtung	Norden
Farbe	Grün
Edelstein	Smaragd
Tarot	Papst – bedeutet „Gerechtigkeit"

Die Zahl 6

Die 6 ist auf den ersten Blick die arithmetische Verdoppelung der 3. Die 6 ist auch die zweite zusammengesetzte Zahl (nach der 4) und die erste, deren Faktoren nicht gleich sind. Wie die 5 ist auch die 6 eine Zirkularzahl, das heißt, beim Potenzieren wird an der letzten Stelle immer wieder die 6 erzeugt: 36, 216, 1 296, 7 776, 46 656 usw. Nur die 5 und die 6 haben diese Eigenschaft.

Die 6 hat noch eine andere, in diesem Fall einmalige, Eigenart: Sie ist die einzige Zahl, die gleichermaßen sowohl das Produkt ($6 = 1 \times 2 \times 3$) als auch die Summe ($6 = 1 + 2 + 3$) dreier aufeinander folgender Zahlen ist.

6 ist der Flächeninhalt des ersten pythagoreischen Dreiecks, eines rechtwinkligen Dreiecks, bei dem die Katheten die Größen 3 und 4 und die Hypotenuse die Größe 5 hat. Dabei ist es gleichgültig, in welche konkrete Maßeinheit man das übersetzt.

Für den Kirchenvater Augustinus war die 6 die vollkommene Zahl schlechthin. „Gott schuf alle Dinge innerhalb von sechs Tagen, weil dies eine vollkommene Zahl ist." Sechs würde eine vollkommene Zahl bleiben, selbst wenn die Arbeit an diesen sechs Tagen nicht existieren würde.

Die Vollkommenheit findet sich auch in der Natur. Die Insekten, die bei weitem artenreichste Tiergattung, die auf Erden herumkrabbelt, haben, auch wenn sie fliegen, sechs Beine. Unter den fliegenden Insekten haben sich die Bienen besonders auf die Zahl 6 eingeschworen; bei ihrem Wabenbau praktizieren sie das Verfahren, auf engstem Raum die geräumigsten Zellen in der stabilsten Konstruktion herzustellen – und das geht nach Lage der rechten und natürlichen Dinge am besten mit sechseckigen Waben.

Ein Sextant, der die lateinische Silbe für 6 (*sex*) im Namen trägt, heißt so, weil seine grundlegende Funktion darin besteht, den sechsten Teil eines Kreisbogens zu messen. Der Kreis hat im Zusammenhang mit der 6 eine besondere Eigenschaft: Genau sechs Zylinder, also Körper mit kreisförmiger Grundfläche, lassen sich um einen siebenten Zylinder gleicher Größe so gruppieren, dass sie bündig miteinander und mit dem siebenten in ihrer Mitte stehen.

Die Zahl 6 drückt Gleichgewicht und Harmonie aus. Sie ist aufgrund der geschilderten Eigenschaften die vollkommene Zahl innerhalb der ersten Dekade. Ein beliebtes Rechenkunststück, bei dem immer 6 herauskommt (man kann das Ergebnis vorher auf einen Zettel schreiben und als Resultat „hellseherischer Fähigkeiten" präsentieren): Wählen Sie eine beliebige Zahl außer 0 (zum Beispiel 8)! Multiplizieren Sie diese Zahl mit 3 (3 x 8 = 24)! Zählen Sie vom Ergebnis zwei Zahlen zurück (24, 23, 22)! Addieren Sie alle drei Zahlen (22 + 23 + 24 = 69)! Bilden Sie aus dem Ergebnis die Quersumme und zwar so lange, bis Sie zu einer einstelligen Zahl kommen (6 + 9 = 15; 1 + 5 = 6)! Das Ergebnis ist immer 6.

Geometrisch betrachtet ergeben zwei miteinander verflochtene gleichseitige Dreiecke – um 180° gegeneinander verschoben und auf den gleichen Mittelpunkt gelegt – einen sechszackigen Stern, der als Symbol für die Vereinigung des Männlichen (Dreieck mit der Spitze nach oben) und des Weiblichen (Dreieck mit der Spitze nach unten) steht.

In der jüdischen Mystik spielt der sechszackige Stern als „Schild Davids" und in der islamischen als „Siegel Salomos" eine große Rolle. Als Symbol des Staates Israel hat er eine überragende integrierende Bedeutung erlangt.

Man kann die 6 auch als Fortsetzung der Ordnungszahl 4 verstehen. Wird das Quadrat, die perfekte Fläche der Zahl 4, in die dritte Dimension erhoben, entsteht der Würfel aus sechs kongruenten quadratischen Flächen, umgrenzt von 12 (2 x 6) Kanten. Das Tetraeder (der erste platonische Körper), das auf gleichseitigen Dreiecken basiert, verfügt über sechs Kanten.

Auch in China dürfte man ein überwiegend positives Verhältnis zur 6 haben. Denn dort fügt man den vier auch uns geläufigen Himmelsrichtungen noch oben und unten eine hinzu, sodass man auf sechs Richtungen kommt. Zu den uns geläufigen fünf Sinnen kommt in China das Denken als sechster Sinn hinzu – schön, dass man dort abstraktes Denken nicht für einen unsinnlichen Vorgang hält wie vielfach in unserer Tradition.

Die 6 ist sowohl nach Auffassung der Pythagoreer als auch in unserem Alltagsverständnis eine ausgesprochene Glückszahl. Sechs Augen sind der Gewinnwurf beim Würfeln, sechs Richtige im Lotto sind der Traum jedes Spielers, der Woche für Woche sein Los abgibt.

Unheimlich geht es indessen in der Offenbarung Johannis zu. Als es daran geht das sechste Siegel am „Buch mit den sieben Siegeln" zu lösen, „da ward ein großes Erdbeben, und die Sonne ward schwarz wie ein härener Sack, und der Mond ward wie Blut; und die Sterne des Himmels fielen auf die Erde, gleichwie ein Feigenbaum seine Feigen abwirft, wenn er von großem Wind bewegt wird, und der Himmel entwich wie ein zusammengerollt Buch, und alle Berge und Inseln wurden bewegt aus ihren Örtern, und die Könige auf Erden und die Großen und die Reichen und die Hauptleute und die Gewaltigen und alle Knechte und alle Freien verbargen sich in den Klüften und Felsen an den Bergen."

Einer anderen Zahl ist an dieser Stelle zu gedenken, die eigentlich nur insofern etwas mit der 6 zu tun hat, als sie in unserem Dezimalsystem unter dreimaliger Verwendung der Ziffer 6 gebildet wird. Es ist die Zahl 666: die Zahl des „Tiers" in der Offenbarung des Johannes, jenes Ungeheuers mit sieben Häuptern und zehn Hörnern mit zehn Kronen darauf. Geheimnisvoll heißt es dann über das Ungeheuer: „Wer Verstand hat, der überlege die Zahl des Tiers; denn es ist eines Menschen Zahl, und seine Zahl ist sechs hundert und sechs und sechzig." (*Offenb. Joh. 13.18*) Es ist die Zahl des Satans. Und im Streit der Konfessionen haben sich alle Seiten Mühe gegeben, die 666 in ihrem Sinne zu deuten. Ein katholischer Priester mit numerologischen Ambitionen hat so lange an ihr heruminterpretiert, bis die 666 auf den Namen Martin Luther passte. Der Wittenberger Reformator hat seinerseits aus der Zahl herausgelesen, dass sie das unausweichliche Ende des Papsttums bedeute.

Steckbrief

Zu den Grundschwingungen der 6 gehören Ausgeglichenheit, ästhetisches Empfinden, Harmonie und Häuslichkeit. Als Verdoppelung der Idealzahl 3, verlangt die 6 nach Erfüllung durch Partnerschaft, sucht nach Vereinigung auf allen Gebieten: Kollegialität, Freundschaft, Liebe, Sex, Treue. Sechser können mitunter an der Partnerfixierung, in welcher Form sie auch auftritt, leiden.

Gesamtnamenszahl Eigenschaften wie Verantwortungsbewusstsein, uneigennütziges Denken und Handeln, Harmoniebedürfnis und Sinn für Ästhetisches charakterisieren den Sechser, dessen typologische Einordnung zwischen Haushaltsvorstand und Gastgeber vorgenommen werden könnte.

Persönlichkeitszahl Sechser sind loyal und hilfsbereit, ebenso anpassungs- wie begeisterungsfähig, wenn man die Begeisterung ihrem introvertierten Wesen auch oft nicht anmerkt.

Herzzahl Wie nur wenige sind Sechser in der Lage, ihren Mitmenschen ein angenehmes Zuhause, eine behagliche Umgebung zu schaffen. Die Anwesenheit von Sechsern wirkt sich meist positiv auf das Arbeitsklima aus.

Schicksalszahl Die 6 gibt ihnen auf, die äußeren Faktoren ihrer Lebensumwelt nicht für Äußerlichkeiten zu halten und ihre Fürsorglichkeit für andere zu entwickeln.

Planet	Venus
Ton	a
Tag	Freitag
Geschlecht	weiblich
Richtung	Südosten
Farbe	Silber
Edelstein	Diamant
Tarot	die Liebenden – bedeutet „Einheit der Gegensätze, Schönheit"

Die Zahl 7

Unsere Woche hat sieben Tage. „Die Weisheit baute ihr Haus und hieb sieben Säulen", spricht Salomo (*Spr. Sal. 9.1*). Der Lebensbaum der alten Babylonier hat sieben Äste und sieben Ebenen schichteten die babylonischen Baumeister zum Zikkurat, dem berühmten Turm zu Babel, übereinander. Sieben Arme hat der klassische Kultleuchter der Juden, die Menora. Sieben Etagen hat die klassische chinesische Pagode. Christus letzte Worte am Kreuz seien sieben gewesen, weiß die Überlieferung, in der *Offenbarung* sieht Johannes die Bibel mit sieben Siegeln verschlossen – und so ist noch heute jedes unergründliche Geheimnis ein „Buch mit sieben Siegeln". Nach dem Zeugnis des Johannes brannten sieben Fackeln vor dem allerhöchsten Thron, welche die sieben Geister Gottes sind. Die scholastische Bildungsordnung kannte sieben freie Künste (Grammatik, Rhetorik, Dialektik, Arithmetik, Geometrie, Musik und Astronomie). Sieben ist, nach Ansicht von Psychologen, die durchschnittliche Anzahl der Dinge, die wir und gleichzeitig merken, das heißt in unserem Kurzzeitgedächtnis einlagern können. Wenn wir verliebt sind, schweben wir im siebten Himmel. Eine Katze heißt es, habe sieben Leben und ein Falkenjahr sind sieben Menschenjahre. Schneewittchen ließ es sich gut ergehen bei den sieben Zwergen hinter den sieben Bergen, und ein gewisses Schneiderlein erlegte sieben auf einen Streich, auch wenn es nur Fliegen auf dem Marmeladenbrot waren. Und wer einen guten Kuchen backen will, den belehrt schon das Kinderlied darüber, dass er dazu sieben Sachen braucht. Sieben Sachen sind schließlich der elementare Besitzstand, den es zu packen

gilt, wenn ein plötzlicher Aufbruch angesagt ist.

Sieben Kurfürsten berief die Goldene Bulle von 1356 in das Amt, stellvertretend für alle Fürsten den Kaiser zu wählen. Sieben Grundtöne umfasst die diatonische (aus fünf Ganztönen und zwei Halbtönen gebildete) Skala, aus der in unserem Kulturkreis die Tonarten Dur und Moll und damit der größte Teil der klassischen und populären Musik gemacht sind.

Aus der Antike sind uns sieben Weltwunder überliefert, sieben Weise, die sich durch praktische Lebensweisheit und staatsmännische Klugheit besonders ausgezeichnet haben, nennen uns die Griechen; auf sieben Meeren waren die Seefahrer zu Hause und eine Popschnulze der 70er-Jahre forderte uns auf, über sieben Brücken zu gehen.

Auf sieben Hügeln wurden die Städte Rom und Jerewan erbaut (und seither jede andere Stadt, die etwas auf sich hält). Sieben Tore hatte Boiotiens Hauptstadt Theben, und sieben Sagenhelden zogen gegen Theben und scheiterten vor der Stadt, woraus sich die Tragödie der Antigone, der Schwester eines dieser sieben, entwickelte.

Aber die 7 hat nicht nur positive Aspekte. Gegen sieben Dämonen kämpfte der babylonische Gott Marduk. Sieben Gesichter auf einem Kopf hatte der alte Rugewit, der Kriegsgott der slawischen Rugier, dessen hölzernes Standbild man auf der Insel Rügen fand; sieben Schwerter trug er an seinem Gürtel, ein achtes schwang er in der rechten Hand. Sieben Todsünden kennt die katholische Theologie. In der *Offenbarung* beschreibt Johannes sieben Engel, die siebenmal posaunen und Schrecken und Verderben bringen; sieben güldene Schalen voll des Zorns Gottes gossen die Engel über die Erde aus. Durch eine unbedachtsame Verwünschung verwandelt ein Mann seine sieben Söhne in sieben Raben und sieben Schwaben führt die eigene Tumbheit ins Unglück. Sieben Jahre Unglück sind dem versprochen, der einen Spiegel zerbricht.

Die 7 hat unter den Zahlen den vielleicht ausgeprägtesten Doppelcharakter. Den sieben Todsünden der katholischen Theologie stehen die sieben Sakramente gegenüber. Sieben Bitten richtet der gläubige Christ im Vaterunser an seinen Herrn. Joseph träumte von sieben gut genährten und sieben hungrigen Kühen, es folgten die sieben fetten und die sieben mageren Jahre.

Sieben Chakras, Energiezentren im Körper, kennt die indische Heilkunde: das zweite ist das so genannte „dritte Auge", das dritte ist das Hals-Chakra,

das vierte das Herz-Chakra, das fünfte das Sonnengeflecht, das sechste das Hara oder Bauch-Chakra und das siebente das Basis-Chakra. Das erste und oberste Chakra aber liegt außerhalb des Körpers, oberhalb des Kopfes und heißt Kronen-Chakra. Ein geöffnetes Chakra, sagt man, gäbe dem Menschen innere Erkenntnis und Schöpferkraft.

Einer der Gründe für die magische Bedeutung der Zahl 7 könnte in einer arithmetischen Besonderheit liegen, die sich erst im Dezimalsystem richtig ausleben konnte. Als Divisor zerlegt sie die Zahl 1 in einen Wert von 0,142857142857 ... Der Dezimalbruch ein Siebentel wird durch die Zahlenfolge 142857 charakterisiert, die sich als Periode bis ins Unendliche wiederholt. Das heißt auch, dass ich der 1 eine unendlich große Anzahl von Nullen anhängen kann und im Ergebnis immer wieder eine bis ins Unendliche fortgesetzte Zahlenreihe 142857 erhalten werde. Es mag vielleicht verstiegen klingen, aber letztlich ist die 7 die Zahl, die die Unendlichkeit in Perioden von 142857 gliedert, deren Quersumme (27 = 2 + 7 = 9) 9 ist und damit zugleich die Zahl der natürlichen, nicht zusammengesetzten Ziffern unseres Dezimalsystems ergibt. Wem der Weg über die Quersummenbildung nicht gefällt, der multipliziere die Zahlenfolge 142857 mit 7; er erhält 999 999. Zur vollen Million fehlt nur die Unendlichkeit, nämlich genau jenes winzige Quantum, das aus der unendlichen Periode 142857 besteht. Man kann noch andere Spielchen mit der Zahlenfolge 142857 treiben: Multipliziert man diese Zahl mit 5, springt die 7 vom Ende der Zahlenfolge an den Anfang; das Ergebnis ist 714 285. Multipliziert man die 142 857 mit 3, springt die 1 vom Anfang der Zahlenfolge an das Ende: 428 571. Die Ausgangszahl mit 2 multipliziert, wandert auch noch die 4 mit ans Ende: 285 714. Multipliziert man sie mit 4, springen die letzten beiden Zahlen an den Anfang: 571 428, die Multiplikation mit 6 holt auch noch die 8 vom Ende an den Anfang: 857 142.

Probieren Sie es ruhig einmal mit dem Taschenrechner oder dem Rechenwerkzeug im Zubehör Ihres Computers aus: Dividieren Sie die 1 durch alle übrigen einfachen Zahlen von 2 bis 9. Das einzige nicht langweilige Ergebnis, das nach einer numerologischen Interpretation geradezu schreit, erreichen Sie mit dem Divisor 7.

Die Pythagoreer standen der Zahl etwas hilflos gegenüber. Sie nannten sie ein „Vehikel des menschlichen Lebens", weil sie zusammengesetzt ist aus der 3, die die Seele darstellt, und der 4, die die Zahl der Körper ist.

Steckbrief

Innerlichkeit, intuitives Reagieren und starke Einbildungskraft zeichnen Siebener aus. Als Schachspieler würden sie nicht minutiös alle Positionen berechnen, sondern die Chancen abwägen, die in der Partie „drin" stecken und vielleicht bedenkenlos die Dame opfern. Oft eilt ihr Geist dem Zeitgeist voraus; einigen gelten sie als Spinner, anderen kommen ihr introvertiertes Wesen und sprunghaftes Denken als Mystizismus vor. Wenn der Siebener einmal den Boden der Realität unter den Füßen verliert, gereicht es seltener jenem zum Nachteil als dem Boden.

Gesamtnamenszahl Die 7 als Gesamtnamenszahl charakterisiert Denker und Planer. Analytischer Verstand paart sich mit imaginativer Kraft, die sich aber nicht immer den überzeugenden Ausdruck zu geben vermag.

Persönlichkeitszahl Zu den hervorstechendsten Eigenschaften der Siebener zählen: Kritikvermögen, Selbstsicherheit und Fähigkeit zu Selbstkritik.

Herzzahl Siebener fragen nach dem Sinn ihres Tuns, sie sind zu radikalen und für andere unerwarteten Wendungen in ihrem Leben bereit.

Schicksalszahl Die 7 fordert sie auf, sich der Sinnfrage zu stellen, ihre Individualität zu erkunden und ihr Selbstbewusstsein zu stärken.

Planet	Neptun
Ton	a
Tag	Montag
Geschlecht	neutral
Richtung	Nordwesten
Farbe	Weiß
Edelstein	Tigerauge
Tarot	Wagen – bedeutet „Sieg"

Die Zahl 8

Die 8 ist die Zahl des wiedergewonnenen Paradieses; sieben Himmel muss man durchmessen, bevor man es erlangt. Achteckig ist, als symbolischer Ort, das Taufbecken der christlichen Religion. In der Bergpredigt verkündet Jesus acht Seligpreisungen. Acht Namen hat der Messias, lehrte nach jüdischer Tradition der Prophet Jesaia: „Sprössling, Spross, Gesalbter, Wunder, Berater, starker Gott, ewiger Vater, Fürst des Friedens". In 22 mal 8 Versen preist der 119. Psalm die Herrlichkeit des Wortes Gottes.

Im spirituellen Denken symbolisiert sie das Ziel des Eingeweihten, der durch die sieben Stufen gegangen ist. Die Zahl 8 bedeutet Auferstehung, Regeneration, vollendeter Rhythmus, Glück.

Manchmal scheint es, als sei die 8 als Verlängerung und zugleich als Überwindung der zwieschlächtigen 7 gemeint. Der slawische Kriegsgott Rugewit trug sieben Schwerter am Gürtel, aber das achte schwang er in der Rechten. Sieben Höllen kennt der Islam, aber acht Paradiese. Sieben Tage hat die Woche, aber wenn wir einen Wochenzeitraum benennen, sagen wir „acht Tage". Acht verschiedene Winde nannten die Griechen beim Namen: Boreas (Nordwind), Kaikias (Nordostwind) Apeliotes (Ostwind), Euros (Südostwind), Notus (Südwind), Lips (Südwestwind), Zephiros (Westwind) und (Skiron Nordwestwind). So sind sie in Athen, am (natürlich achteckigen) Turm der Winde, dargestellt. Dieses zwölf Meter hohe Bauwerk diente als öffentliche Uhr und Wetterfahne. In seinem Innern war eine Wasseruhr untergebracht. Wer ihr nicht traute, konnte sich aber auch nach den außen angebrachten Sonnenuhren richten. Auf dem Dach schwebte ein bronzener Triton, ein Meerdämon mit Fischunterleib, dessen Schweif sich nach dem Wind ausrichtete. Der Triton zeigte mit einen Stab auf die Bilder der acht Hauptwinde, deren Bilder als Fries auf der ihrer

Herkunft jeweils gegenüberliegenden Seite zu sehen waren.

Acht Sphären kannte das Weltbild des Ptolemäus. Die Erde stand im Zentrum, als innere Sphären schlossen sich an die Sphären des Mondes, des Merkur und der Venus, in der Mitte befand sich die Sonnensphäre, nach außen schlossen sich an die Planetensphären des Mars, des Jupiter und des Saturn, als achte Sphäre schloss die Sphäre der Fixsterne das Universum.

Die Oktave, das achte Intervall der diatonischen Skala, ist das reinste Intervall des Tonraums. Verkürzt man eine schwingende Saite genau um die Hälfte (das heißt im Verhältnis 2 : 1), entsteht die Oktave des ursprünglichen Tons. Diese Oktave wird als der gleiche Ton (nur in höherer Lage) wahrgenommen; deshalb trägt er auch die gleiche Tonstufenbezeichnung. „Octavus sanctos omnes docet esse beatus", lautet eine der geheimnisvoll-dunklen Inschriften in der Abteikirche zu Cluny. „Die Oktave lehrt alle Heiligen, glücklich zu sein."

8 ist die Zahl des Kaisers, denn achteckig ist die Reichskrone, achteckig ist der Grundriss der Krönungskapelle in Aachen, achteckig ließ Friedrich II. sein Castel del Monte in Italien anlegen.

Nach hinduistischer Überzeugung ist 8 x 8 die Ordnung der himmlischen Welt. Will man sie auf Erden errichten, muss man sich an dieses Ordnungsprinzip halten. Das Schachspiel, das wir den Indern verdanken, findet auf einem Brett statt, auf dem 32 dunkle und 32 helle Quadrate einander ablösen, angeordnet in acht Reihen zu acht Linien: 64 Felder – 8 x 8. Jeder der beiden Spieler führt jeweils 8 Figuren (König und Dame, zwei Läufer, zwei Springer, zwei Türme) und 8 Bauern, die wie in einer Schlachtordnung aufgestellt sind. Jeder weiß mit dem Begriff Schachbrettmuster etwas anzufangen, auch wenn er kein Schachspieler ist. Man sagt, das Schachspiel symbolisiere den Konflikt zwischen den Kräften des Lichts und der Finsternis, es sei ein Spiel des Lebens. Schon in der Gestalt des Spielbretts zeigen sich die in regelmäßiger Abwechslung wirkenden dualistische Kräfte des Positiven und Negativen, des Hellen und Dunklen, des Guten und Bösen. Die 64 Felder wurden auch als das Mandala des Gottes Shiva in seinem Aspekt der Verwandlung interpretiert. Das Schachspiel widerspiegelt die vierfache Symbolik des Ordnungsprinzips 8 x 8: als Grundform des Tempels, als Grundform einer Stadt, die wiederum ein schematisches Spiegelbild des Kosmos ist und schließlich den Rahmen bildet für die Möglichkeiten und Kräfte, die im Universum und im menschlichen Wesen wirken. Das Schachspiel ist damit Ausdruck der kosmischen Vollkommenheit.

Achtgliedrig ist der Pfad zur Erleuchtung, wie Buddha lehrt: Einsicht, Entschluss, Rede, Tat, Wandel, Streben, Wahrheit, Versenkung.

In der nordischen Mythologie verfügt Odin über ein achtfüßiges Pferd namens Sleipnir, das schneller war als der Wind und nie ermüdete.

Die Zahl 8, in einem Zuge geschrieben, ist ein Kreis, dessen eine Hälfte um 180° verdreht worden ist. Auf einer 8 könnte der Bleistift endlos Achterbahn fahren; deshalb ist die auf der Seite liegende 8 wahrscheinlich auch als Symbol der Unendlichkeit in Gebrauch.

In der Mathematik ist 8 die dritte Potenz von 2. Die 4, als zweite Potenz, schafft die Fläche, die 8 schafft den Raum. Für jede noch so große Zahl gilt: Sie ist immer dann durch acht teilbar, wenn ihre letzten drei Stellen eine Zahl darstellen, die durch 8 teilbar ist.

8 ist die Zahl der Bits in einem Byte. Ein Byte ist ein Computerwort. Bits sind binäre Ziffern (gebildet aus **BI**nary digi**T**), Dualzahlen. In jedem achtstel-ligen Computerwort kann je 1 von 256 möglichen Zeichen verschlüsselt werden: von der Dualzahl 00000000 (dezimal 0) bis 11111111 (dezimal 255). Die Achtstelligkeit hat in den Anfangsjahren des Computers dazu geführt, dass Dateinamen, Adressen und Ähnliches nicht länger als achtstellig sein durfte. Bei Datumsangaben ließ man die Jahrhundert- und Jahrtausendstelle weg. Die achtstelligen Datumsangaben führten beim Wechsel vom 31.12.99 zum 01.01.00 zu dem bekannten Jahrtausendproblem, das mit großem Aufwand therapiert wurde.

Steckbrief

8 ist die Zahl der nie erlahmenden Aktivität und zugleich die Zahl der Strenge und der Systematik. Typische Achter sind erfolgsorientiert. Sie haben ein eher materielles als spirituelles Verhältnis zur Welt. Erfolg macht sie sicher, oft selbstsicher, manchmal sogar rücksichtslos. Dabei handeln sie ohne Arg und bösen Vorsatz. Niederlagen und Misserfolge verkraften sie zwar recht gut; aber meist sind die Misserfolge nicht kleine Versehen und lässliche Sünden, sondern kapitale Böcke bis epochale Katastrophen. Als Zahl des höchsten Ziels veranlasst sie den Betroffenen, an der selbst bestimmten

Lebensplanung auch unter schwierigsten Umständen festzuhalten.

Gesamtnamenszahl Wer mit der 8 gesegnet ist, verfügt über Organisationspotenzial, muss deshalb aber kein ordentlicher Mensch sein. Achter sind Führungspersönlichkeiten, aber durchaus nicht immer gute Vorgesetzte. So mitreißend sie sein können, so viel reißen sie auf dem Weg zum Erfolg unter Umständen auch ein.

Persönlichkeitszahl Achter arbeiten in der Regel genau und effizient, können aber auch im rechten Moment aus dem Vollen schöpfen, ohne nach Kosten und Nutzen zu fragen. Dass sie diesen Moment erkennen können, ist ihre hervorstechendste Eigenschaft. Entscheidungen treffen sie allein und sind in deren Vorfeld wenig mitteilsam.

Herzzahl Wenn es ihnen gelingt, Prioritäten zu setzen, alle Energie auf das Ziel zu konzentrieren, wird ihnen der Erfolg kaum streitig zu machen sein.

Schicksalszahl Die 8 fordert von ihnen, sich Disziplin und Selbstbeherrschung anzueignen und zu lernen, Prioritäten zu setzen.

Planet	Saturn
Ton	d
Tag	Samstag
Geschlecht	neutral

Richtung	Westen
Farbe	Schwarz
Edelstein	Amethyst
Tarot	Gerechtigkeit – bedeutet „Gerechtigkeit"

Die Zahl 9

Die 9 ist die zweite Potenz von 3, der Zahl der göttlichen Vollkommenheit. Die 9 bringt daher in potenzierter Form ein Höchstmaß an geistiger und spiritueller Vollkommenheit zum Ausdruck.

Für die Pythagoreer war die 9 eine Art Grenzzahl, denn alle anderen Zahlen existierten in ihr und kehrten in ihr wieder.

Die 9 ist eine so genannte Kaprekar-Zahl. Deren Besonderheit ist definiert: Quadriert man eine n-stellige Zahl (zum Beispiel $45 \times 45 = 2025$) und addiert man die letzten n Stellen mit den ersten n oder $n - 1$ Stellen ($25 + 20 = 45$), so ergibt sich wieder die Ausgangszahl. Die erste dieser Zahlen ist die 1 (klar), die zweite die 9 ($9 \times 9 = 81$; $8 + 1 = 9$). Die Reihe der Kaprekar-Zahlen ist 1, 9, 45, 55, 297, 703, 2 223, 2 728, 7 272. Diese Zahlen bilden außerdem noch seltsame Paare, die in die nächste Dezimale springen: $1 + 9 = 10$; $45 + 55 = 100$; $297 + 703 = 1 000$; $2 728 + 7 272 = 10 000$ usw.

Jede beliebige Zahl ist nur dann durch 9 teilbar, wenn auch ihre Quersumme durch 9 teilbar ist. Bei der Quersummenbildung bis zur Reduktion großer Zahlen zu einer einstelligen Zahl ist die 9 die einzige Zahl, deren Fehlen oder Vorhandensein an der letztlich ermittelten Reduktionszahl nichts verändert (siehe Beispiel).

In der chinesischen Überlieferung ist die 9 die glückbringendste aller Zahlen. Sie vereint die acht Richtungen mit dem Zentrum als neuntem Punkt.

Auch in den keltischen Überlieferungen ist die Neunzahl – aus dem gleichen Grunde – von Belang; sie ist die Zahl des Zentrums.

In der germanischen Göttersage hing Wotan neun Tage und Nächte in der Weltesche Yggdrasil, um über die Geheimnisse des Menschengeschlechts und des Weltenlaufs nachzudenken.

Die griechisch-römische Mythologie kennt 9 Musen: Clio (Geschichte), Melpomene (Trauerspiel), Thalia (Schauspiel und Komödie), Kalliope (Epos), Terpsichore (Tanz), Euterpe (Lyrik), Erato (Liebesdichtung), Urania (Astronomie) und Polyhymnia (Musik und Hymnen-Poesie). Die Musen sind stets Begleiterinnen des musischen Gottes Apollon. Erato wird übrigens oft mit einer neunsaitigen Lyra dargestellt.

Beispiel: Es ist gleichgültig, ob ich die Zahl 774 859 (Quersumme 40, daraus Quersumme 4) reduziere oder die Zahl 77 485 (Quersumme 31, daraus Quersumme 4). Diese Tatsache wird numerologisch bedeutsam, wenn man sich für ein Umrechnungsverfahren des Namens in einen Zahlencode entscheiden muss. Vergleiche dazu „Wie aus Buchstaben Zahlen werden".

Nach der Kosmologie des Islam besteht das Universum aus neun Sphären. Zusätzlich zu den acht Sphären, die das Weltbild des Ptolemäus kannte, führten die Araber eine neunte Sphäre ein, die „Sphäre der Sphären", in der es selbst keine Sterne mehr gab, in der sich aber die „Perturbation der Äquinoktien", das heißt Störungen in den Bewegungen der Sterne, abspielte.

Unter den Mystiker war die Zahl 9 schon immer sehr beliebt. Im Mittelalter kannte man neun Wege, um die Bedeutung der Zahlen zu erkennen. Der philosophierende Schuhmacher Jacob Böhme aus Görlitz (der Satz, der Schuster Jacob Böhme sei ein großer Philosoph, manche Philosophen von Ruf seien hingegen nur große Schuster, geht auf Heinrich Heine zurück) hat seine Hochachtung vor der 9 so ausgedrückt:

„9 ist die Zahl der Tinktur; bis in die neunte Zahl sollen wir gehen, weiter nicht; in der neunten Zahl sieht man alle Dinge."

Manche meinen, die zehn Gebote, die Moses auf dem Sinai empfing, seien eigentlich nur neun gewesen. Da Moses aber zehn haben wollte, habe er die Vorschrift wider die Begehrlichkeit in zwei Gebote aufgeteilt.

9 ist die erste Zahl, aus der sich magische Quadrate bilden lassen (vgl. Kapitel „Magische Figuren").

Neun Ritter sollen den geheimnisumwobenen Templerorden gegründet haben. Auch bei den Freimaurern, die manches von der Tradition der Templer bewahrt haben, erfreute sich die Neun großer Beliebtheit: Neun „erwählte Nächte", und ein „neunmaliges Anklopfen", neun Rosen und neun Lichter kannten ihre Riten.

In einer aus Böhmen überlieferten Sage vom Rattenfänger (nicht der von Hameln) heißt es: „Der Rattenfänger weiß eine gewissen Ton, pfeift er den neunmal, so ziehen ihm alle Ratten nach, wohin er sie haben will, in Teich oder Pfütze."

Mit Neunern in der Jahreszahl ließen sich für den Gebrauch im Deutsch- und Geschichtsunterricht markante Daten des 18. Jahrhunderts lernen: 1719 Gleim geboren, 1729 Lessing geboren, 1739 Fürst Potjomkin geboren, 1749 Goethe geboren, 1759 Schiller geboren, 1769 Napoleon geboren, 1789 Französische Revolution, 1799 Napoleon Erster Konsul.

In unserer Alltagssprache ist die 9 die Erfolgszahl der Kegelbrüder und -schwestern. Neun Monate dauert eine normale menschliche Schwangerschaft. Von Deutschland soll Napoleon gesagt haben, dies sei das Land, in dem neun Monate Winter und drei Monate kein Sommer ist.

„Neunmalklug" war früher einmal ein achtungsvolles Attribut; wer heute so genannt wird, sollte das nicht unbedingt als Kompliment auffassen.

Steckbrief

Die Vollendung in der Potenz ist zwar potenziell vorhanden, aber durchaus nicht bei jedem Neuner auch schon freigelegt. Um das eigene Potenzial produktiv zu machen, bedarf es einer konzentrierten und ausdauernden Anstrengung. Kaum ein Neuner, der das richtig erkannt und seine Leidenschaftlichkeit und Impulsivität in die richtigen Bahnen lenken konnte, hat indes sein Ziel verfehlt.

Gesamtnamenszahl Die 9 steht häufig für Kämpfernaturen, die sich nicht unterkriegen lassen. Sie sind Forscher und Erkunder und haben eine besondere Beziehung zum Okkulten, selbst wenn sie es ablehnen.

Persönlichkeitszahl Neuner haben ein großes Herz, sind impulsiv, großzügig bis freigiebig, als offene Naturen beliebt und müssen aufpassen, dass ihre Arglosigkeit nicht ausgenutzt wird.

Herzzahl Durch Mitgefühl und Lebenserfahrung, die aus eigenen Fehlschlägen, die mit Anstrengung überwunden wurden, herrührt, geben Sie anderen ein Beispiel.

Schicksalszahl Die 9 gibt ihnen auf, in der Kommunikation offener, die Probleme anderer ernster zu nehmen und dennoch bei aller Pflichterfüllung eine Spur impulsiver zu werden.

Planet	Mars
Ton	d
Tag	Dienstag
Geschlecht	männlich
Richtung	Süden
Farbe	Rot
Edelstein	Koralle
Tarot	Eremit – bedeutet „Klugheit"

Die geheimnisvollsten Zahlen ab 10

Numerologisch gesehen sind die zweistelligen Zahlen von geringerer Bedeutung. Denn die klassische Numerologie reduziert alle Zahlen, die sich aus Namen, Geburtsdaten, Adressen usw. ergeben, auf die natürlichen ganzen Zahlen von 1 bis 9.

Dennoch haben für viele Menschen zweistellige (und höhere) Zahlen, die ihnen wie Schicksalszahlen immer wieder begegnen, eine nahezu magische Bedeutung. Tradition und Überlieferung unterstützen diese Bedeutung.

Die Zahl 10

Die 10 ist die Zahl der Basis unseres Dezimalsystems; und dank der genialen Erfindung der Null kann unser Zahlensystem auf dezimaler Basis auch dargestellt werden.

10 ist die Zahl unserer Finger. Und wenn der griechische Philosoph Protagoras den Menschen als das Maß aller Dinge ansah, so konnte ihm wenigstens hinsichtlich der Zählwerkzeuge niemand widersprechen. Dass bei einigen Völkern, die unbeschuht auf die Idee

des Zählens, auch die Füße hinzugezählt wurden und mithin die 20 die Basis des Zahlensystems abgab (siehe Seite 69 ff.), spricht nicht grundsätzlich
gegen ein menschliches Maß. Ebenso
wenig wie die Zahlwörter *elf* und *zwölf*,
die eigentlich „einsdrüber" und „zwei-
drüber" – nämlich über 10 – bedeuten.

Die Pythagoreer brachte die 10
schier aus dem Häuschen. Sie war für
sie Ausdruck von Gesetz, Ordnung,
Herrschaft, die Quelle und der Wende-
punkt allen Zählens. Die 10 ist schließlich die Summe der ersten vier Zahlen
$(1 + 2 + 3 + 4)$. Am besten drückt die Tetraktys die Hochachtung der Pythagoreer vor der 10 aus. Auch Aristoteles
schätzt die 10 als eine Zahl, die alles
enthält und aus deren Elementen alles
entsteht.

Die 10 hat noch eine arithmetisch
bemerkenswerte Eigenschaft. Multipliziert man die aufeinander folgenden
natürlichen Zahlen miteinander – also
$1 \times 2 \times 3 \times 4$ usw., nennt man das Fakultät. Ausgedrückt durch ein Ausru-
fungszeichen:
4! (gesprochen: vier Fakultät) ist also
$1 \times 2 \times 3 \times 4 = 24$.
Nun gilt $10! = 6! \times 7!$
$3\,628\,800 = 720 \times 5\,040$.
Es gibt für die Gleichung $n! = a! \times b!$
keine andere Lösung.

In vielen mythischen Geschichts-
quellen ist 10 die Zahl der Vollendung.
Neun Jahre wurde Troja belagert, im
zehnten endlich besiegt; neun Jahre
fuhr Odysseus irr, im zehnten kehrte er
endlich heim. Neun Gebote gab der
Herr Moses auf dem Berg Sinai, doch
zehn machten sich besser auf den Tafeln. Ohne Scherz: Die Überlieferungs-
geschichte der zehn heiligen Gebote ist
so dehn- und deutbar, dass die Juden
sowie die reformierten und orthodoxen
Christen sie beispielsweise anders
gruppieren als die katholischen und
evangelisch-lutherischen Christen.

Im 13. Kapitel der Offenbarung Johannis steigt ein Tier aus dem Meer,
das hat sieben Köpfe und zehn Hörner
und auf seinen Hörnern zehn Kronen
und auf seinen Häuptern Namen der
Lästerung.

Das christliche Gleichnis kennt zehn
Jungfrauen; fünf von ihnen waren klug
und fünf waren töricht.

Nach der Kabbala gibt es zehn Stufen der Manifestation Gottes. Sie stellen die zehn Namen Gottes dar und bilden die Elemente des kabbalistischen
Lebensbaumes. Sie heißen 1. Kether
(Krone der Gottheit), 2. Chockmah
(Weisheit beziehungsweise Uridee
Gottes), 3. Binah (Intelligenz Gottes),
4. Chesed (Liebe beziehungsweise Gna-

de Gottes), 5. Geburah oder Din (Furcht einflößende Macht Gottes), 6. Tiphereth oder Rachamim (Barmherzigkeit beziehungsweise Schönheit Gottes), 7. Nezach (beständige Dauer und Sieg Gottes), 8. Hod (Majestät beziehungsweise Ehre Gottes), 9. Jesod (Urgrund aller zeugenden und wirkenden Kräfte Gottes) und 10. Malkuth (Grund Gottes beziehungsweise Gottes Königtum).

Im Tarotblatt zeigt die zehnte Karte das Schicksalsrad; es bedeutet „Unwägbarkeit des Schicksals".

Wo immer im Alltag mit der Zahl 10 operiert wird – beim *Zehnten*, der den zehnten Teil des Produkts als Abgabenlast festsetzte, oder beim *Zehn-Punkte-Programm* für die Einheit Deutschlands – vertraut man auf die magische Bindungskraft der Zahl 10.

Die Zahl 11

Die 11 kann arithmetisch als Zusammensetzung aus verschiedenen Summanden verstanden werden; für den magischen Hintergrund der Zahlenbedeutung kommen aber vor allem die Relationen 10 + 1 oder 12 – 1 in Betracht.

Das Zahlwort selbst – noch bis in die Goethezeit sagte man *eilf* – leitet sich vom althochdeutschen *einlif*, „eins darüber" (das heißt über 10) ab.

„Elf ist die Sünde, Elfe überschreitet die zehn Gebote", lässt Schiller den Astrologen Seni bedeutungsschwer dem Feldherrn Wallenstein mitteilen (*Die Piccolomini, II,1*).

Wenn der junge Joseph (*1. Mose 37,9*) einen Traum hat und ihn seinen Brüdern und seinem Vater erzählt, schlägt es ihm nicht zum Segen aus: „Siehe, ich habe noch einen Traum gehabt; mich deuchte, die Sonne und der Mond und elf Sterne neigten sich vor mir. Und da das seinem Vater und seinen Brüdern gesagt ward, strafte ihn sein Vater und sprach zu ihm: Was ist das für ein Traum, der dir geträumt hat? Soll ich und deine Mutter und deine Brüder kommen und vor dir niederfallen?" Nach anderer Deutung könnte auch gemeint sein, dass immer eins der zwölf Tierkreiszeichen (Sterne = Sternbilder) hinter der Sonne verborgen ist. Wie auch immer: Die Stelle belegt die Auffassung der 11 als unvollständige 12 und Unglückszahl. Joseph wurde bei nächster Gelegenheit von seinen Brüdern gefangen genommen und nach Ägypten verkauft.

In der Zahlenmystik ist die 11 als Symbol für Treue, Einsicht und Offenbarung gedeutet worden, denn Jesus hatte nach dem Verrat durch Judas noch elf Jünger, die nur umso treuer zu ihm hielten. Auch hier entsteht die 11 also aus 12 – 1.

Die 11 hat sich als Zahl der Narren eingebürgert. Das ist noch gar nicht lange so. Zunächst wurde 1829 in Aachen ein Festkomitee zur Vorbereitung der Fastnachtsfeiern gebildet, das aus elf Mitgliedern bestand. Daraufhin wurde auch in Köln der Klüngel der närrischen Herren, die den Karnevalsvergnügen vorstanden, auf elf reduziert. In der Folge breitete sich der Brauch des Elferrats über nahezu alle karnevalswilligen Regionen aus. Und um die Zahl nur recht auszuwerten, wurde der Beginn der Karnevals- oder Fastnachtssession auf den 11.11. jedes Jahres um 11 Uhr 11 festgelegt.

Im Fußball – um im Umkreis des närrischen Treibens zu bleiben – spielen elf Spieler in eine Mannschaft. Jeder echte Fußballfan wird bestätigen, dass dies eine wirklich magische Zahl ist. Sie setzt sich zusammen aus 1 (Torwart) und 10 (Feldspieler). Der nicht minder magische Elfmeter ist hingegen aus der Umrechnung des britischen Längenmaßes ins metrische System entstanden.

Die 11 findet aber auch eine Entsprechung im Lauf der Gestirne. Die Differenz zwischen dem Mondjahr aus 354 Tagen (dem aus 12 synodischen Monaten, das heißt der mittleren Abstandszeit zwischen zwei Neumonden, gebildeten Jahr) und dem Sonnenjahr mit 365 Tagen beträgt 11 Tage. Diese 11 ist nach altem Herkommen stets als Unglückszahl bewertet worden. Um die perfektere 12 zu erreichen, rechnete man lieber nach Nächten, wobei die dem ersten Tag vorausgehende Nacht hinzugezählt wurde. Die Epagomenen, die Tage, die dass Mondjahr an das Sonnenjahr heranführen, kehren in der christlichen Tradition in den heiligen Tagen zwischen dem Weihnachtstag und dem Dreikönigsfest wieder.

Numerologisch ist die 11 auch eine doppelte 1. Sie stellt damit die erste Leitzahl oder Meisterzahl dar. Als Leitzahl (oder Meisterzahl) gelten Zahlen, die aus zwei gleichen Ziffern bestehen.

Im Tarotblatt stellt die elfte Karte die Kraft dar, die in ihrer symbolischen Bedeutung als „Gewicht" oder „Wichtigkeit" gedeutet wird.

Eignet sich die 11 als reguläres Maßverhältnis? Nichts ist unmöglich, sagen die Briten und teilen dem Längenmaß *rod* 5 1/2 *yards* zu. Zwei *rods* ergeben dann 11 *yards*. Weiterhin darf der Faktor 11 noch einmal auftrumpfen: Wenn er auf die 20 trifft, ergibt das die Achtelmeile, das britische *furlong* zu 220 *yards*.

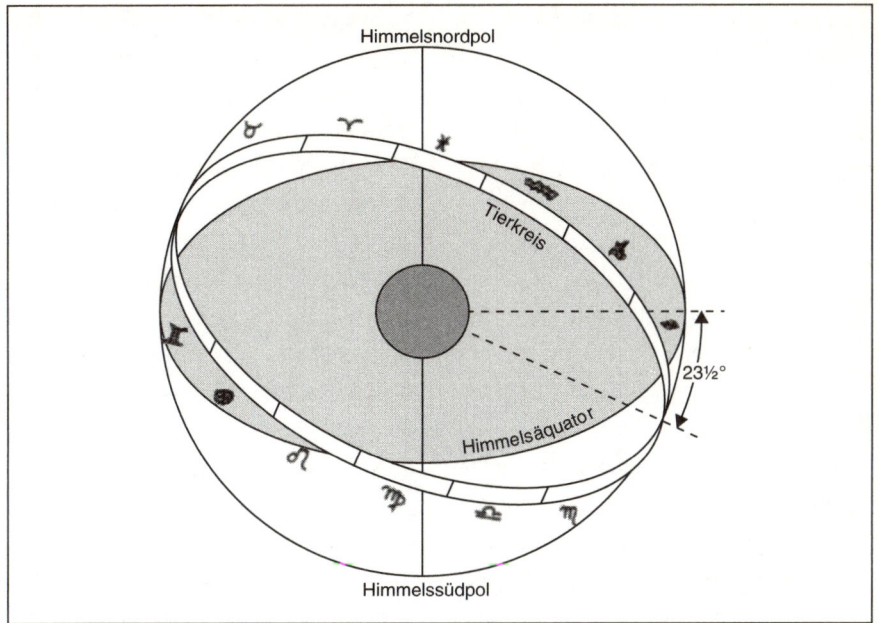

Abb. 26: Da der Himmelsäquator gegen die Ebene der Ekliptik, auf der sich der auch der Tierkreis angeordnet ist, um ca. 23,5 Grad geneigt ist, waren auf der geographischen Breite von Babylon immer fünf Zeichen sichtbar und sieben unter dem Horizont

Die Zahl 12

Die 12 ist die Grundzahl des Duodezimalsystems. Bei vielen Theoretikern erfreut sie sich auch heute noch großer Beliebtheit und sie hätten lieber die 12 als die Grundzahl unseres Zahlensystems gesehen. Das Zahlwort zwölf stammt vom althochdeutschen *zwelif*, „zwei darüber" (das heißt über 10) ab.

Für die Astrologie ist die 12 die Zahl der zwölf Tierkreiszeichen. Sie setzt sich zusammen aus den Zahlen 5 und 7. Denn nach altem Herkommen waren in Babylon, wo die Tierkreiszeichen zum ersten Mal „ausformuliert" wurden, stets fünf Tierkreiszeichen am nächtlichen Firmament zu sehen, während die anderen sieben hinter der Horizontlinie verborgen lagen.

So instruiert der Astrologe Seni bei Schiller (*Die Piccolomini, II,1*) seinen Herrn Wallenstein: „Zwölf Zeichen hat der Tierkreis, fünf und sieben;/die heil'gen Zahlen ruhen in der Zwölfe."

Die 12 ist die Zahl der Zeit. Bei fast allen Völkern der Erde hat sich die Jahresteilung in zwölf Monate durchgesetzt. Ursprünglich nach dem Mondlauf berechnet, hat sich Monat zu einer reinen Zähleinheit von 30 und 31 Tagen (Ausnahme: Februar) entwickelt.

Auch für die Tageseinteilung hat sich die Zwölfereinteilung durchgesetzt. Und das, obwohl wir doch 24 Stunden haben. Aber früher wurden nur die Stunden des Tages gezählt. Nachts waren nicht nur alle Katzen grau, sondern nachts gingen auch die Uhren anders. Da die Tage aber – in den verschiedenen Jahreszeiten – unterschiedlich lang waren, wurden auch Stunden von unterschiedlicher Länge gezählt: Der Mensch und die Menge der zu verrichtenden Arbeit waren das Maß der Zeit; die Notwendigkeit einer physikalisch exakten Zeitbestimmung gab es noch nicht. Man maß den „lichten Tag" – also von Sonnenaufgang bis Sonnenuntergang. Man maß ja die Zeit mit der Sonnenuhr. Jesus Christus starb in der neunten Stunde, also wahrscheinlich drei Uhr nachmittags.

Bereits von den hellenistischen Astronomen, also in Griechenland um die Zeitenwende herum, wurde der 24. Teil eines Tages als gleich bleibende Stunde vorgeschlagen. Dieser Brauch setzte sich im bürgerlichen Leben des Abendlandes erst im 14. Jahrhundert allmählich durch. Er hatte zur Voraussetzung, dass man den Tagesbeginn auf Mitternacht festsetzte – eine wahrhaft unchristliche Zeit. Die Zwölfereinteilung der mechanischen Uhr wurde davon nicht berührt – und so ist es – aller Digitaluhren und modischen 24-Stunden-Uhren zum Trotz – bis heute geblieben.

Während man in der übrigen Welt dazu überging, das zweite Dutzend der 24 Stunden von 13 bis 24 zu nummerieren, hatten die Angelsachsen wieder einmal Schwierigkeiten mit dem Messen. Sie haben sich bis heute nicht zum 24-Stunden-Tag durchringen können und verharren bei einem Zweimal-12-Stunden-Tag: Die eine Hälfte heißt *a.m.*, vor dem Mittag, die andere Hälfte *p.m.*, nach dem Mittag.

Wir haben übrigens keinen Grund, ob unserer heutigen exakten Zeitmessung allzu überheblich zu sein. So lange ist es noch gar nicht, dass auf dem Bahnhof von Pittsburgh sechs verschiedene Uhren standen, die nebeneinander sechs verschiedene Regionalzeiten anzeigten, die für die einzelnen Eisenbahngesellschaften galten, die in Pittsburgh ihre Züge verkehren ließen.

Auf zwölf Tafeln meißelten die alten Römer ihre elementaren Gesetze, die deshalb auch *Zwölftafelsetz* genannt werden.

Zwölf Stämme Israels kennt das Alte Testament. Zwölf kleine Propheten lässt, neben den vier großen, das Alte Testament gelten. Zwölf Steine ließ Josua mitten im Jordan aufschichten, zur Erinnerung daran, dass sein Volk unversehrt über diesen Fluss ins Gelobte Land gelangt war. Zwölf Jünger wählte sich Jesus, zwölf Nächte vergehen zwischen dem ersten Weihnachtstag und dem Fest der heiligen drei Könige.

Im Tarotblatt zeigt die zwölfte Karte einen Gehängten; sie bedeutet den „gewaltsamen Tod", aber auch ein „Opfer", das gebracht werden muss. Da der Gehängte mit den Füßen nach oben aufgehängt wurde, steht er auch für das Prinzip der „Umkehrung".

Arithmetisch gesehen hat die 12 noch eine putzige Eigenart: Das Quadrat der Umkehrung ist die Umkehrung des Quadrats. Oder, um es in Zahlen verständlicher auszudrücken: $12^2 = 144$. Kehre ich die 12 um – zu 21 – dann ist $21^2 = 441$ – die Umkehrung von 144.

Die Zahl 13

Die Zahl 13 gilt als die notorische Unglückszahl. Ungeahnte Schrecknisse können einem an einem Freitag, dem 13. zustoßen. Für die Angst vor der 13 gibt es sogar ein eigenes Wort, das aus dem Griechischen entlehnt wurde und so unaussprechlich ist wie die Missgeschicke, die einem durch die 13 zustoßen: *triskaidekaphobia*.

Die Royal Princess Margaret Rose (*21.8.1930) war das 13. Baby, das im August 1930 im schottischen Glamis geboren wurde. Ihr ganzes Leben schien unter dem Zeichen der Unglückszahl zu stehen: Die große Liebe ihres Lebens durfte sie nicht heiraten; die Ehe, die sie schließlich mit Lord Snowdon schloss, ging ebenfalls schief.

Die 13 ist aber für viele auch eine Glückszahl – nicht nur aus Opposition gegen den schlechten Ruf dieser Zahl, sondern auch mit der spirituellen Begründung, dass nach der Vollendung der 12, in der sich die beiden „heiligen Zahlen" 5 und 7 vereinigen, mit der 13 ein neuer Zyklus beginnt. Nach jüdischer Tradition ist die 13 das über die Fülle der Zwölfheiten regierende Symbol Gottes. Das ausgeschriebene Zahlwort für die 1, *Echad*, entspricht den in Buchstaben gesetzten Zahlen 1-8-4 –

eins vor zwölf, also 13. 13 Attribute Gottes kennt die jüdische Tradition. Das Bekenntnis *Jahweh echad*, „Jahweh ist einzig" (oder „einziger Gott") entspricht den Zahlenwerten 26 und 13.

Für den Komponisten Richard Wagner ist die 13 offenbar eine Schicksalszahl gewesen. Geboren im Jahr 1813 (die Quersumme des Geburtsjahres ist 13), starb er, an einem 13. Februar, zu Beginn des 13. Jahres der deutschen Reichseinheit. 13 Buchstaben bilden seinen Familiennnamen. Nach Cheiro umgerechnet bildet sein Vorname die Zahl 9, sein Nachname die Zahl 4 – zusammen also 13. An einem 13. Oktober hatte er sein musikalisches Schlüsselerlebnis in Gestalt einer Aufführung von Webers *Freischütz*. Am 13. April 1844 vollendete Wagner seinen *Tannhäuser*. Die Aufführung in Paris am 13. März 1861 wurde eine Katastrophe. Die Oper fiel mit Pauken und Trompeten durch, sodass die Pariser Oper erst am 13. Mai 1895 den *Tannhäuser* wieder in den Spielplan aufnahm – diesmal mit Erfolg. Auf 13 lassen sich die musikdramatischen Werke Wagners summieren, wenn man seine beiden weniger bekannten Jugendwerke mitzählt. Das Bayreuther Festspielhaus, das der Pflege des wagnerschen Erbes

gewidmet ist, wurde an einem 13. August (1876) eröffnet, an einem 13. September (1882) besuchte er seinen Kunsttempel zum letzten Mal.

Die 13 gilt auch als so genanntes Bäckerdutzend. Für die Herkunft dieser Bezeichnung gibt es zwei Überlieferungen. Die eine besagt, die Londoner Bäcker hätten, als noch strenge Strafen für den Verkauf untergewichtiger Brote drohten, vorsichtshalber jedem, der 12 Brote kaufte, ein 13. gratis dazugegeben, falls doch einmal eins zu leicht ausfiele. Die andere besagt, dass die Jungs, die früher die Brötchen austrugen, sich für jedes Dutzend eins für den eigenen Bedarf nehmen durften. Der Kunde hatte also 13 – das Bäckerdutzend – zu bezahlen, während er nur 12 bekam. Das 13. war der Lohn fürs Austragen.

Die 13. Karte im Tarotblatt zeigt den Tod, meist in seiner klassischen Gestalt als Sensenmann; sie hat aber auch die weniger dramatische Bedeutung von „Veränderung, Verwandlung".

Neben der 12 ist die 13 die einzige Zahl, deren Quadrat umgekehrt das Quadrat ihrer Umkehrung ergibt $13^2 = 169$ und $31^2 = 961$.

12! + 1 (also $1 \times 2 \times 3 \times ... 12 + 1$) ergibt 479 001 601; eine Zahl, die durch 13 teilbar ist (= 36 846 277).

13 ist auch die Anzahl der Silben, die ein dem antiken Versmaß nachgebildeter Hexameter mindestens haben muss.

Die Zahl 14

Die 14 hat in der christlichen Tradition eine besondere Bedeutung. Denn 14 Kreuzwegstationen umfasste der Weg von Jesus Christus von seiner Verurteilung zum Berg Golgatha. Die katholische Kirche, inbesondere der Franziskanerorden, förderte eine seit dem 14. Jahrhundert volkstümliche Andachtsform, die den Leidensweg Christi betrachtend und betend gleichsam nachvollzog. Die Kreuzwegstationen wurden durch Kreuze oder kleine Kapellen markiert.

Mit 14 wird in den katholischen Heiligenlegenden die Zahl der Nothelfer angegeben, die gegen seelische und körperliche Leiden besonders wirkungsvoll waren, wie man besonders in den Bistümern Bamberg und Regensburg entdeckt zu haben glaubte. Es sind die drei Bischöfe Dionysos von Paris, Erasmus und Blasius, die drei Jungfrauen Barbara, Margareta von Antiochia und Katharina von Alexandria, die drei Ritter-Heiligen Georg, Achatius und Eustachius, der Arzt Panataleon, der

Mönch Ägidius und der Diakon Cyriakus von Rom, schließlich der Knabe Vitus und Christophorus, als Träger des Christuskindes. Dem lokalen Brauch folgend wird auch der eine oder andere dieser Heiligen durch einen örtlich für wirksamer geltenden Nothelfer ersetzt.

Dem Brauch der Verehrung der 14 Nothelfer folgte auch ein Ortsname wie Vierzehnheiligen.

Im Tarotblatt wird auf der 14. Karte die Mäßigung in allegorischer Gestalt gezeigt; das Blatt hat die Bedeutung von „Initiative".

Die Briten kennen, um zu weltlicheren Dingen zurückzukehren, die Maßeinheit *stone*. Das *stone* war in der Vergangenheit stets starken regionalen und historischen Schwankungen ausgesetzt – wie bei uns die *Elle* oder der *Morgen*. Unter Heinrich VII. wurde das *stone* zu 14 *pounds* zum Normgewicht erklärt – allerdings nur für Wolle. Ein *quarter* (die Vierteltonne) ist aus 28 *pounds* zusammengesetzt. Doch damit ist des Briten Bedarf nach schrägen Zahlen noch nicht gedeckt. 42 *cubic feet* (3 x 14) gehen ebenfalls auf eine britische *shipping ton*.

Weiterhin gibt es im Englischen das Wort *fortnight*, in dem die 14 Nächte zusammengezogen sind, bezeichnet den Zeitraum von zwei Wochen.

Die Zahl 15

Wie teilt man einen runden Käsekuchen mit zwei Schnitten in handliche Viertel? Das Bedürfnis, das Schock – also die 60er-Einheit – vernünftig zu teilen, führte zu seiner Vierteilung; das Ergebnis hieß Mandel und umfasste 15 Stück (oder Zähleinheiten).

Die Mandel ist eigentlich ein Mondel, ein kleiner Mond, ein halber Monat nämlich, denn 15 Tage entsprechen etwa der Hälfte eines durchschnittlichen Monats.

Wenn der runde Käsekuchen eine Uhr ist, zerfallen die Viertel in Stücke zu 15 Minuten. Mit diesen handlichen Uhrstückchen gehen wir alltäglich um, doch gibt es immer wieder Missverständnisse zwischen Nord- und Süddeutschland, denn wo die einen „Viertel sieben" sagen, sagen die anderen „Viertel nach sechs" und beide meinen 18 Uhr 15.

Im Tarot ist auf der 15. Karte der Teufel abgebildet. Er steht für die „geheimen Wissenschaften", vielleicht auch solche, die man bemühen muss, um der Viertelstundenteilung der Uhr Herr zu werden. In der hebräischen Schrift entspricht 10 + 5 dem Kurznamen Gottes, „Jah", darum wurde 15 lieber aus 9 + 6 gebildet.

Die Zahl 16

Die 16 ist eine Zahl, von der die Pythagoreer einfach fasziniert sein mussten! Denn diese Zahl ist die einzige, die sowohl den Flächeninhalt als auch den Umfang (die Summe der Seitenlängen) ein und desselben Quadrats bezeichnet, ganz gleich, welche konkrete Maßeinheit man wählt. Ein Quadrat von 4 cm Seitenlänge hat eine Fläche von 16 cm^2 und die Summe der vier Seiten beträgt 16 cm.

Die ersten 16 Zahlen lassen sich in magischen Quadraten so anordnen, dass die Summe, die man aus jeder Zeile, jeder Spalte und jeder Diagonale bilden kann, immer 34 beträgt.

Die 16. Karte des Tarotblatts zeigt einen Turm; dieses anscheinend grundsolide Bauwerk steht dennoch für „Untergang".

Die Zahl 17

Die Periode, die sich beim dezimalen Ausdruck des Bruchs $1/17$ ergibt, hat eine endliche Größe; sie beträgt 16 Stellen hinter dem Komma, die sich dann bis ins Unendliche wiederholen: 0,0588235294117647.

Die Pythagoreer betrachteten die 17 mit Misstrauen, denn sie stand zwischen der 16 und der 18, zwei Zahlen mit arithmetisch-geometrisch so vorzüglichen Eigenschaften.

Im 21. Kapitel des Johannes-Evangeliums wollen Simon Petrus, Thomas, Nathanael und die Söhne des Zebedäus fischen, aber sie fangen nichts, bis ihnen der wieder auferstandene Jesus am Ufer erscheint und ihnen sagt, wo sie das Netz auswerfen müssen. Und Simon Petrus zog ein volles Netz mit 153 Fischen an Land. Man fragt sich, ob die Zahl vom Evangelisten zufällig gewählt wurde. Das geübte Auge des Zahlenmystikers entdeckt in der 153 die Summe der ersten 17 Zahlen ($1 + 2 + 3 +$ ... $16 + 17$). Diesen Zusammenhang hat Thomas von Aquin als Erster beschrieben. Für ihn war die arithmetische Reihe eine Addition im Sinne der göttlichen Weisheit. Für den Theologen ergab sich diese Rechnung auch aus dem Sinn der Bibelstelle. Denn hier begegneten sich Irdisches – die Jünger – und Himmlisches – der Auferstandene. Und war nicht die 17 eine ideale Zusammenfügung aus der Zahl des Himmlischen – der 7 – und der Zahl des Irdischen – der 10? Am 17. Tag des zweiten Monats begann die Sintflut, am 17. Tag des siebenten Monats war sie zu Ende. Sollten diese Zahlen nicht mit Bedacht gewählt sein?

Für die griechische Kirche war *Rebekka*, die Frau des Isaak und die Mutter der Zwillinge Esau und Jakob, eine Symbolgestalt für die allumfassende Kirche. Ausgangspunkt war ebenfalls der Fischzug des Simon Petrus, der 153 Fische ins Netz brachte. Die Herleitung war aber in diesem Falle: Die Zahlenwerte der Buchstaben, die den Namen Rebekka bildeten, ergaben addiert genau 153.

Die 17. Karte im Tarotblatt zeigt übrigens einen Stern, der wie so oft auch in diesem Fall die „Hoffnung" symbolisiert.

17 ist auch die Anzahl der Silben, die ein dem antiken Versmaß nachgebildeter Hexameter höchstens haben darf.

Die Zahl 18

Die 18 war für die Pythagoreer eine Zahl, an der sie ihre Freude hatten. Die 18 ist Fläche und Summe der Seiten eines Rechtecks, das aus zwei Quadraten mit der Seitenlänge 3 zusammengefügt wird.

Die Wirkung der 9 spürt man auch in der 18. So ist $9 + 9 = 18$. Den Kehrwert 81 erreicht man durch die Multiplikation 9×9. 18 ist zugleich die Quersumme seiner dritten Potenz: $18^3 = 5832$.

18 ist außerdem das Alter in Jahren, mit dem man die Volljährigkeit erreicht, als natürliche Person vollkommen rechtsfähig ist, seinen Führerschein und seine Kreditkarte benutzen darf, in den meisten europäischen Staaten wählen darf sowie zur Armee eingezogen werden und dort legal fürs Vaterland totgeschossen werden kann.

Im Tarotblatt ist auf der 18. Karte der Mond abgebildet; der hell leuchtende Himmelskörper, der indes über kein eigenes Licht verfügt, steht als Symbol für die „Täuschung".

Die Zahl 19

Der griechische Astronom Meton hat ausgerechnet, dass fast genau 19 Jahre vergehen müssen, bis die Mondphasen zum gleichen Datum wiederkehren. Wenn Sie ihren Taschenkalender 19 Jahre lang aufgehoben haben, zeigt er wenigstens die Mondphasen wieder richtig an. Man nennt diese 19 Jahre den „metonischen Zyklus".

In der aus dem Iran stammenden Bahai-Religion ist die 19 eine heilige Zahl. Jeweils 19 Tage bilden einen von 19 Monaten, was der, der tatsächlichen Jahreslänge ziemlich nahe kommenden Zahl von 361 Tagen für ein Bahai-Jahr entspricht.

Im Tarotblatt strahlt von der 19. Karte die Sonne; und natürlich kann sie nichts anderes als „Glück" bedeuten.

Die Zahl 20

Die 20 ist die Basiszahl eines eigenen Zahlensystems, des so genannten Vigesimalsystems. Für die Kalendermacher der Maya hatte die 20 eine besondere Bedeutung. Aber auch in den europäischen Kulturen haben sich Überreste des Zählens und des Rechnens mit „Zwanzigern" bis heute erhalten.

20 Jahre lang trieb sich Odysseus in der Weltgeschichte herum, bevor er wieder im heimischen Ithaka aufkreuzte und – mit ziemlich bestialischen Methoden übrigens – die Macht wieder an sich riss. 20 Zahlen bilden auch den Rand einer Dartscheibe.

Im Tarotblatt zeigt die 20. Karte die Auferstehungssymbolik des jüngsten Gerichts; sie bedeutet daher auch „Auferstehung" und „Erneuerung".

Die Zahl 21

Dass drei mal sieben 21 ist, weiß jedes Kind, das mit dem kleinen Einmaleins vertraut ist. Darüber hinaus ist die 21 eine in der Rechtspraxis sehr bedeutsame Zahl. Es ist noch nicht lange her, da markierte sie in den meisten Ländern den Eintritt ins Alter der Volljährigkeit, das man heute in der Regel mit 18 erreicht. Da der 7 von alters her eine besondere Bedeutung beigemessen wurde, wurde auch das Lebensalter in Abschnitte von jeweils sieben Jahre gegliedert. So begann häufig mit dem siebenten Lebensjahr die Schulzeit, markierte die Konfirmation im 14. Jahr das Ende der Kindheit usw. Noch heute reserviert das Jugendstrafrecht eine Frist bis zum 21. Jahr, bevor die volle strafrechtliche Verantwortlichkeit einsetzt.

21 Schuss Salut werden abgefeuert, wenn einem Staatsoberhaupt auf dem Rollfeld besondere Ehre erwiesen werden soll. Der Brauch geht auf die englische Marine zurück, deren Schiffe zu Ehren ihres Königs mit maximal 21 Kanonen pro Breitseite Salut feuerten.

21 Augen sind auf einem Spielwürfel. Logisch, weil $1 + 2 + 3 + 4 + 5 + 6 = 21$ ist. Das heißt auch, 21 ist die sechste Dreieckszahl.

Frau Welt ziert die 21. Karte des Tarotblattes. Die allegorische Dame steht für geistige Macht und Selbstbeherrschung – eine schöne Parallele zur überlieferten rechtsgeschichtlichen Bedeutung der 21.

Die Zahl 22

22 Buchstaben hat das hebräische Alphabet. In 22 Strophen von jeweils acht Versen preist der 119. Psalm die Herrlichkeit des Wortes Gottes. Weil im hebräischen Original je acht Verse mit dem gleichen Anfangsbuchstaben nach der Ordnung des Alphabets beginnen, hat man den 119. Psalm auch das „güldene Alphabet" genannt.

Zwischen den zehn Sephiroth, die in der Kabbala benannt und in einer ganz bestimmten Ordnung als Lebensbaum dargestellt werden, zogen die jüdischen Mystiker 22 Linien. So stellte sich jede dieser Linien als Ast des Lebensbaums dar, dem ein hebräischer Buchstabe zugeordnet war.

Die 22. Karte des Tarotblattes ist der Narr. Er verkörpert Unsicherheit und Passivität. Er wird aber auch mit der Null gleich gesetzt und in der Tat ging im älteren Tarot der Narr dem Magier voraus. 22 große Arkana kennt das klassische Tarot. Wie diese Zahl und die Reihenfolge der Symbole und Bilder zustande kam, darüber gibt es noch immer keine endgültige Kenntnis. Man kann sich aber leicht vorstellen, dass für die Esoteriker die Verführung groß war, die 22 Buchstaben des hebräischen Alphabets mit den 22 großen Arkana des Tarots in Beziehung zu setzen und in Übereinstimmung zu bringen. Darüber hinaus hat man auch die zehn Sephirot den ersten zehn Tarotkarten als Attribut beigegeben.

Die Zahl 23

Die Mayas glaubten, dass sich das Universum in 23 Welten gliedert; davon sind 22 allein den Göttern vorbehalten und lediglich eine gehört den Menschen und allen übrigen Kreaturen.

Die Zahl 24

Der Tag hat 24 Stunden, eine Tatsache, mit der die Angelsachsen bis heute schwer fertig werden, sodass sie den Tag lieber in zweimal 12 Stunden zerlegen. Aber 24 *grains* gehen auf ein *pennyweight*. Na bitte, es geht doch!

24 Karat sind der höchste Reinheitsgrad von Gold. 24 Steine hat ein Damespiel. Als Zwillingszahl der 12 teilt die 24 deren schicksalhafte Bedeutung.

Die Zahl 25

Nach 25 Jahren Ehe feiert man die Silberhochzeit. Darum wird die 25 auch zu anderen Jubiläen gern silbern dargestellt.

25 ist außerdem das Quadrat der Hypotenuse des kleinsten pythagoreischen Dreiecks, dessen Seiten von ganzzahligen Maßen gebildet werden, nämlich $3^2 + 4^2 = 5^2$ ($9 + 16 = 25$).

Die Zahl 26

Die 26 ist – so unscheinbar sie wirkt – eine heilige Zahl. Sie spielt in der Numerologie der biblischen Texte eine bedeutende Rolle.

Zuallererst ist sie mit dem heiligen Namen Gottes, *Jahweh*, verbunden. In hebräischer Konsonantenschreibung sind die Buchstaben JHWH auch als Zahlen zu lesen, nämlich als 10-5-6-5. Als Gesamtsumme ergibt sich 26. Im kürzesten jüdischen Glaubensbekenntnis, *Jahweh echad*, „Jahwe ist einzig", verbindet sich die 26 mit der 13 zur 39.

Schriftkundige konnten es nicht für einen Zufall halten, dass Moses, dem der Gottesname offenbart wurde und der Gottes Wort und Gesetz zu den Menschen brachte, als Nachkomme Adams in der 26. Generation gezählt wird. Adam (ADM = 45) und Eva (CHWA = 19) kann man numerologisch auch so verstehen: Da Eva aus Adams Rippe entstand, gilt: 45 – 19 = **26** – erreicht wird die Zahl des Schöpfergottes.

Die Zahl 28

Die 28 ist, wie die 6, eine so genannte vollkommene Zahl. Vollkommene Zahlen zeichnen sich dadurch aus, dass sie der Summe ihrer Divisoren (ausgenommen die Zahl selbst) gleich sind. Die Divisoren der 28 sind 1, 2, 4, 7 und 14. Und $1 + 2 + 4 + 7 + 14$ ist 28.

Außerdem darf nicht außer Betracht bleiben, dass die 28 diejenige Zahl ist, die dem Mondzyklus zugrunde liegt. Der Mondzyklus hat sich unseren frühen Vorfahren vielleicht sogar eindrucksvoller dargestellt als das Sonnenjahr. Insofern kann man sagen, dass die 28 eine Problemzahl ist, denn vom Anbeginn unserer überlieferten Geschichte hatten Kalendermacher schwer damit zu kämpfen, die 28 Tage des Mondzyklus mit den $365 \frac{1}{4}$ Tagen des Sonnenjahres in Übereinstimmung zu bringen.

Die Zahl 30

„Dreißig speichen umringen die nabe/ wo nicht ist/liegt der nutzen des rads", sagt Laotse im 11. Stück des *Daodejing* und betont damit den Rang der Zahl. Die 30 ordnet sich, als Hälfte von 60, gewissermaßen als Halbschritt in das Sexagesimalsystem ein.

30 Grad des Vollkreises umfasst der Abschnitt, den ein Tierkreiszeichen auf der Ekliptik einnimmt. 30 Grad entsprechen dem Fünfminutenabschnitt auf dem Uhrzifferblatt.

30 Jahre alt musste ein Römer sein, wenn er Tribun werden wollte.

Die Zahl 39

Als Verbindung der Zahl des heiligen Gottesnamens, der 26, mit der 13 (*Jahweh echad*), ist die 39 der zahlenbildliche Ausdruck des Glaubensbekenntnisses. Bei ihrer Vorliebe für die Bedeutung bestimmter Zahlen nimmt es nicht Wunder, dass jüdische Theologen um die Zeitenwende eine Liste von 39 Tätigkeiten aufstellten, die am Sabbath verboten sind.

Die Zahl 40

40 ist seit alters die Zahl der großen Menge und der langen Dauer. Sie hatte etwa die Bedeutung wie unsere 100 oder die 1000 oder besser, wenn wir „Hunderte" sagen oder „Tausende". 40 Stockschläge waren nach jüdischem Rechtsbrauch die Höchststrafe, wenigstens theoretisch, denn in der Praxis wurde höchstens „einer weniger" verabreicht, weil mit der 40 die Zahl in die

unzählbare Menge überging und um nicht durch Verzählen versehentlich die Höchstgrenze zu überschreiten. Der große Regen, der für Noah die Sintflut war, dauerte 40 Tage, wahrscheinlich wollte die Überlieferung damit sagen, dass es furchtbar lange geregnet habe. 40 Tage lang fastete Jesus, 40 Jahre war das erwählte Volk durch die Wüste gewandert, 40 Tage blieb Moses auf dem Berg Sinai, 40 Jahre regierte König David. 40 Räuber sammelte im Märchen Ali Baba um sich, Vierzigfüßler heißt im Irak das Tierchen, das wir Tausendfüßler nennen. Und schließlich wurden Leute, die man verdächtigte, an einer infektiösen Krankheit zu leiden, für 40 Tage isoliert. Aus dem französischen Zahlwort für 40, *quarante*, entstand dafür der heute gängige (und von der Zeitdauer unabhängige) Begriff *Quarantäne*.

Auf einigen polynesischen Inseln und mancherorts in der Karibik ist die 40 eine wichtige Zähleinheit geblieben. Deshalb kann man auf den karibischen Cayman-Inseln auch mit Banknoten in der außergewöhnlichen Stückelung von 40 $ bezahlen.

Die Zahl 42

Dem Tier aus dem 13. Kapitel der Offenbarung Johannis war bestimmt, 42 Monate lang zu regieren.

Die Kabbala kennt einen Gottesnamen, der aus 42 Buchstaben besteht; er setzt sich zusammen aus den Namen der zehn Sephiroth, die bekanntlich als die zehn Stufen der Manifestation Gottes aufgefasst werden; die Summe der hebräischen Buchstaben, aus denen die Namen aller Sephiroth gebildet sind, ist ebenfalls 42.

Eher zufällig dem besonderen Maßsystem der Briten geschuldet ist ein anderes Auftreten der 42 als Zahl. 42 *cubic feet* gehen auf eine britische *shipping ton*, das sind 1,176 Kubikmeter unserer dezimalen Raummaße.

Die Zahl 55

Die Zahl 55 hat die Besonderheit, dass sie die Summe aller Zahlen von 1 bis 10 ist und das andererseits ihre Quersumme (in unserer dezimalen Schreibweise) ebenfalls 10 ist. Da 10 in fast allen Kulturen als Zahl der Vollkommenheit gilt, zehrt die 55 von diesem Glanz als Zahl der entfalteten Schöpfung. Philon von Alexandria schilderte kurz nach der Zeitenwende das mosaische Bundeszelt mit den Worten: „So hatte das Zelt – ohne die beiden nicht sichtbaren in der Ecke – insgesamt 55 sichtbare Säulen, das ist die Summe der Zahlen von eins bis zur Zahl der höchsten Vollkommenheit, der Zehn."

Die Zahl 60

Die Zahl 60 ist die Basis des Sexagesimalsystems. Dieses ist im Zweistromland entstanden, wo man zwar schon dreieinhalb Jahrtausende vor der Zeitenwende für die kaufmännische Praxis das Dezimalsystem benutzte, für astronomische und religiöse Zwecke, für die höheren Zweige am Baum des Wissens also, von den Vorzügen der 60 profitierte. Wir teilen noch heute den Vollkreis in 360 Grad. Die Winkel eines gleichseitigen Dreiecks sind 60 Grad groß. Die Stunde hat 60 Minuten und die Minute 60 Sekunden. 60 Bogenminuten hat ein geometrisches Grad, 60 Bogensekunden ergeben eine Bogenminute. 60 Stück sind ein Schock, was im Mittelalter ein beliebtes Zählmaß war. Seit der chinesische Kaiser Huangdi 2637 vor unserer Zeit den Kalender erfand, der auf dem 60-Jahres-Zyklus aufbaut, sind mehr als 77 solcher Zyklen vergangen. 1983 begann der 78. Zyklus.

Die Zahl 72

Die Kabbala kennt einen 72-buchstabigen Gottesnamen, den „eigentlichen" großen Gottesnamen. Es wird überliefert, Gott habe die Israeliten mit seinem Namen aus Ägypten befreit, und dieser Name des Heiligen, Gebenedeiten, bestehe aus 72 Buchstaben. Nach einer anderen Überlieferung besteht der „große Gottesname" aus 72 (einzelnen) Namen von besonderer Wirksamkeit.

72 Verschwörer sammelten sich um ihren Anführer, die böse Gottheit Seth, um den Gott Osiris zu töten.

Der griechische Sagenheld Herakles soll 72 Kinder gehabt haben, darunter nur ein Mädchen; jedenfalls behauptet das Aristoteles in seiner *Naturgeschichte der Tiere*.

Das chinesische *pû* ist ein Zeitabschnitt von 72 Jahren. Er entspricht annähernd einem Grad des Tierkreises, den der Äquinoktialpunkt (der Punkt der Frühlings-Tagundnachtgleiche) auf dem Tierkreis weiterrückt.

Wird ein Pentagramm von einem Kreis umschlossen, dann markieren die fünf Spitzen des Pentagramms an den Berührungspunkten mit dem umschließenden Kreis Bogensegmente von jeweils 72 Grad.

Die Zahl 77

Friedrich Nietzsche soll, nach dem Zeugnis seiner seltsamen Schwester Elisabeth, eine starke Abneigung gegen die Zahl 77 gehabt haben. Und das kam so: „Großmütterchen war 77 Jahre alt, als sie starb", erinnert sich Elisabeth Förster-Nietzsche. „Wir Kinder meinten immer, wenn sie dieses Jahr überlebt hätte, so würden wir sie noch lange Zeit behalten haben. Zu ihrem Geburtstag hatte sie nämlich ein Backwerk erhalten, worauf eine 77 abgebildet war. Dabei hatte sie einmal gelegentlich zu uns gesagt: ‚Diese beiden Sieben werden wohl die Totengräberhacken sein, die mein Grab graben.' Fritz und ich hatten seitdem eine starke Abneigung gegen die Zahl 77, als ob die beiden Sieben nach dem teuren Leben von Großmütterchen getrachtet hätten."

Die Zahl 78

78 Karten hat das Tarotblatt, das der französische Perückenmacher Alliette (Pseudonym Etteilla), der sich selbst „Algebraprofessor" titulierte, 1783 in seinem *Buch Thot* veröffentlichte. Darin behauptete er, das Tarot stamme von ägyptischen Hieroglyphen ab. Diese Herkunft lässt sich natürlich nicht schlüssig beweisen, doch schon die Behauptung war dazu angetan, einem Kartenspiel, das ursprünglich wirklich nur als ein Satz Spielkarten gedient hatte, das indes auch von Zigeunern auf Jahrmärkten zum Wahrsagen genutzt worden war, den Ruch den Geheimnisvollen anzudichten. 22 große Arkana – Geheimnisse – (vom lateinischen *arcanus*, „verschlossen, geheim") und 56 kleine Arkana sind in den 78 Karten verschlüsselt.

Die Magie der großen Zahlen

Die Zahl 100

100 ist die zweite Potenz der für die Pythagoreer (und nicht nur für sie) heiligen Zahl 10. Das Licht der Vollkommenheit, das die 10 ausstrahlt, erhellt auch die 100.

Die Zahl 100 ist für unser Zahlensystem von fundamentaler Bedeutung. Wir erinnern uns vielleicht an das Gefühl des Stolzes, das wir empfanden, als wir die Sache mit den Dezimalstellen geschnallt hatten und es uns gelungen war, zum ersten Mal bis 100 zu zählen. Diesen Stolz werden alle Generationen von Schulanfängern immer wieder von neuem empfinden.

Aber nicht allein darin liegt die fundamentale Bedeutung der 100. Die 100 ist vor allem eine ausgesprochen alltagstaugliche Zahl. Fast alle Währungen der Welt bekennen sich nicht nur zum Dezimalsystem, sondern unterteilen die große Währungseinheit auch ein 100 kleine (wenigstens theoretisch, denn wo die Inflation galoppiert, werden Cents, Centavos, Centimes, Pence und Piaster schnell überflüssig).

Stabil ist auf jeden Fall die Unterteilung des Meters in 100 handliche Schnipsel, die Zentimeter; sie sind nah am Menschlichen als das – nach Protagoras – Maß aller Dinge, denn ein Zentimeter ist ungefähr „ein Finger breit", auch wenn man dazu vielleicht den kleinen Finger an seiner flachsten Stelle messen muss.

Und am fundamentalsten ist die Zahl 100 in unserer alltäglichen Prozentrechnung verankert. (Überall, außer in der Finanzgesetzgebung, die sich mit dem Fremdwort „Prozent" im zu Ende gegangenen Jahrtausend nicht mehr anfreunden konnte und Steuersätze unverwandt in „von Hundert" angibt.) Normalen Menschen steht sofort der sinnliche Ausdruck einer bestimmten Proportion vor Augen, wenn sie hören, der Anteil an einer Sache betrage beispielsweise 51 Prozent. Es ist, als hätten wir alle eine Hunderterskala oder ein Tortendiagramm im Kopf, das uns jederzeit sofort die entsprechend bildliche Vorstellung liefert.

Die Zahl 108

Der britische Bestsellerautor Graham Hancock hat gemutmaßt, dass mit der 108 etwas nicht stimmt. Genauer: dass die 108 keine ganz so harmlose Zahl ist, wie es den Anschein hat. Hancock vermutet, das die 108 (neben der 72 und der 36, deren Summe sie übrigens ist) zu den Schlüsselzahlen gehört, deren Vorkommen in alten Mythen auf eine vorgeschichtliche Kenntnis des Präzessionszyklus, der durch die Taumelbewegung der Erdachse hervorgerufen wird, hinweist. Dieser Zahlencode sei nicht nur im Osiris-Mythos versteckt, sondern finde sich auch in zahlreichen Zeugnissen anderer Kulturen. Zum Tempelkomplex von Angkor (Kambodscha) führen fünf Straßen. Jede ist gesäumt von 108 kolossalen Steinfiguren – 54 zu jeder Seite. Der indische Feueraltar Agnicayana soll aus 10 800 Ziegelsteinen bestehen (dem 100-fachen von 108). Der *Rigweda*, der älteste wedische Text, der uns einen Zugang zur altindischen Mythologie erlaubt, hat 10 800 Strophen.

Manche Geheimgesellschaften bewahren die 108 in ihrer Überlieferung. Die Bruderschaft der Rosenkreuzer kennt Zyklen von 108 Jahren, in denen die Rosenkreuzer ihren Einfluss besonders spürbar werden lassen. Und die chinesische Hung-Liga, eine archaische Sekte, die manche für die Bewahrerin der ältesten religiösen Überlieferungen Chinas halten, kennt in ihrem Initiationsritus die Frage nach den 108 Pflanzen. 108 Perlen hat ein tibetischer Rosenkranz. Der Dalai Lama trägt beispielsweise am rechten Handgelenk diese Kette – der Überlieferung nach steht jeweils eine Perle für jede Lebenslage. Buddha soll mit dieser Zahl Erleuchtung erlangt haben.

Die Zahl 120

120 ist 5!, denn 1 x 2 x 3 x 4 x 5 = 120. In der 120 steckt aber noch mehr algebraisches Potenzial, nämlich das des Sexagesimalsystems. Der französische Naturwissenschaftler Mersenne hat entdeckt, dass sich die Teiler von 120 zum Doppelten von 120 – 240 – summieren lassen. Die Teiler von 120 sind 1, 2, 3, 4, 5, 6, 8, 10, 12, 15, 20, 24, 30, 40 und 60. Die Summe dieser Teiler ergibt 240. Nimmt man noch 120 (als Teiler seiner selbst) hinzu, kommt man auf 360. 120 nennt man deshalb eine dreifach vollkommene Zahl.

Als sich auf Erden die Menschen sehr stark vermehrten (und das war schon in der Bibel in 1. Mose 6 der Fall), „sprach der Herr: Die Menschen wollen sich von meinem Geist nicht mehr strafen lassen; denn sie sind Fleisch. Ich will ihnen noch Frist geben hundert und zwanzig Jahre."

Die Zahl 144

Zwölf Dutzend sind ein Gros; das kommt vom lateinischen *grossus*, was „groß" und „dick" bedeutet, woraus auch der „Groschen" entstand, der als „dicke" Münze die oft nur papierdünnen Brakteaten (= mittelalterliche deutsche Münzen aus dünnem Silberblech) ablöste. Als französisches *grosse douzaine* (großes Dutzend) kam das Gros als Zählmaß in den Handelsbrauch. In der Redewendung „en gros" hat es bis heute sich erhalten.

Die Zahl 360

Der griechische Astronom Hipparchos soll als erster den Vollkreis in 360 Grade unterteilt haben. Der Usus ist aber schon älter. Ursprünglich wurde der Tierkreis in 360 gleiche Teile zerlegt und jedem Tierkreiszeichen 30 Teile zugewiesen. Alle Indizien deuten auf die alten Babylonier und ihr Sexagesimalsystem.

360 Jahre dauerte das indische Götterjahr; es stellte damit den sechsten Teil eines Präzessionsmonats dar, doch kann man natürlich nicht genau sagen, ob auch indische Astronomen schon sehr früh über den Präzessionszyklus im Bilde waren.

Die Zahl 440

Für Musiker ist sie eine magische Zahl. Aber auch jeder Konzertbesucher hat buchstäblich mit dieser Zahl zu tun, denn sie erklingt regelmäßig vor dem Beginn der eigentlichen Darbietungen, und zwar in Form des Kammertons. Seit 1939 ist der Kammerton durch internationale Konvention auf 440 Hz festgelegt. Im Orchester wird er gemeinhin von der Oboe angegeben; manche meinen, weil sich die Oboe am schwersten stimmen lässt und sich die Musiker, deren Instrumente leichter stimmen lassen, nach dem richten, der es am schwersten hat. Andere meinen, der Oboenton besitze die am wenigsten „verfälschende" Klangfarbe und sei damit der Stimmgabel am ähnlichsten.

Die Zahl 800

800 Krieger – das ist eine Schlüsselzahl in der nordischen Sage. „Fünfhundert Türen und viermal zehn/Wähn ich in Walhall./Achthundert Einherier gehen aus je einer,/Wenn es dem Wolf zu wehren gilt." So heißt es in der *Edda*. Also kämpften in Walhalla nicht nur 800, sondern 540 x 800 = 432 000 Krieger. Und mit dieser Zahl hat es etwas Besonderes auf sich (siehe Seite 140).

Die Zahl 1000

Die 1000 ist eine Zahl, für welche die Griechen bereits kein eigenes Zeichen mehr hatten. Darum ist es kein Wunder, dass auch heute noch die 1000 als Synonym für eine unübersehbare Vielzahl benutzt wird. „Ein Bild sagt mehr als tausend Worte", liest man in nahezu jedem Bewerbungsratgeber an der Stelle, wo die Bedeutung des Bewerbungsfotos erörtert wird. Die „1000 kleinen Dinge" waren jene Sachen, die in der DDR immer wieder fehlten; später hießen sie „Waren des täglichen Bedarfs". Die Bezeichnungen kamen und gingen, die Versorgungslücke blieb.

1000 wurde seit römischer Zeit und weit bis ins Mittelalter hinein durch das Zeichen *M* ausgedrückt. Ihr ursprüngliches Zahlzeichen hatten die Römer dem Buchstaben M (für das lateinische *Mille*, „Tausend") angeglichen.

1765 tauchte zum ersten Mal der Begriff *Millennium* auf. Er bezeichnete damals einen ganz bestimmten Jahrtausendzeitraum, nämlich jene 1000 Jahre, die der verheißene Messias über die Erde herrschen wird, bis es zum jüngsten Gericht kommt. Aus dieser Deutung der Jahrtausendzyklen, die aus dem damaligen Verständnis der Offenbarung Johannis herrührte, entstand die Endzeitfurcht vor dem Jahr 1000, die seinerzeit viele Menschen erfasst hatte. Man war sich nur noch nicht einig, ob sich das Weltende mit dem jüngsten Gericht nach Christi Geburt richten, also im Jahr 1000 stattfinden würde, oder ob die Herrschaft des Messias erst mit dem Kreuzestod Christi beginne und der Weltuntergang erst im Jahre 1033 zu erwarten sei.

Der Glaube, dass nach – wie auch immer berechneten – 1000 Jahren das Ende der Welt käme, wird seit etwa 1840 als *Millennarismus* bezeichnet.

Im Jahr 1999 hat die Gesellschaft für deutsche Sprache das Wort *Millennium* zum Wort des Jahres gekürt. Diese Auszeichnung wurde damit begründet, dass dieses Fremdwort monatelang wie kein anderer Ausdruck in der Öffentlichkeit verwendet worden ist. In viel flacherer Weise als von seinen Urhebern einst gemeint; und letztlich in sinnentleerter Weise: Es diente mehr oder weniger nur den Werbemanagern der Unternehmen, selbst noch den allertrivialsten Produkten die Aura des Außerordentlichen zu verleihen.

Die 1000 ist für die meisten Menschen im Alltag eine Schwellenzahl: Das Tausendstel einer Maßeinheit ist so klein, dass man schon beinahe nicht mehr mit ihm umgehen kann. Und jenseits der 1000-Mark-Grenze beginnen die wirklich „großen" Geldausgaben. Wenn der Euro die Geldverhältnisse umgewertet hat, wird sich die Schwelle sicher nicht bei 500 Euro – das ist keine Schwellenzahl – befinden, sondern auf 1000 Euro ansteigen.

Die Zahl 1001

1001 wäre als Zahl hinreichend uninteressant, um sie links liegen zu lassen, wäre da nicht die Aufgabe eines orientalischen Despoten gewesen, Märchen für jede seiner schlaflosen Nächte zu erfinden. So entstand die Märchensammlung aus *Tausendundeiner Nacht*; und die Zahl 1001 ist dadurch jedermann ein Begriff.

Die Zahl 1003

1003 Frauen verführte Don Giovanni (aus Mozarts gleichnamiger Oper) allein in Spanien, wovon die schwer geplagte Donna Elvira in der Registerarie des Leporello (nach ihm ist die Ziehharmonika-Falztechnik benannt) Auskunft erhält.

Die Zahl 2001

Durch den Science-Fiction-Klassiker von Arthur C. Clarke ist die Zahl 2001 bekannt geworden; durch den Filmklassiker von Stanley Kubrick, der nach dieser Vorlage gedreht wurde, nicht minder. Das wirkliche Leben ist prosaischer: Nichts von all dem Geschilderten und Gezeigten setzt das Jahr 2001 auf die Tagesordnung. Daran ändern auch die Bücher nichts, die man über einen Buchversand, der dieses Zahlwort zur Firma hat, beziehen kann.

Die Zahl 144 000

„Und ich sah das Lamm stehen auf dem Berg Zion und mit ihm hundert und vier und vierzig tausend, die hatten seinen Namen und den Namen seines Vaters geschrieben an ihrer Stirn." (*Offenb. Joh. 14.1*) Denn es waren versiegelt worden aus jedem der Stämme Israels 12 000 „Knechte unseres Herrn an ihren Stirnen". (*Offenb. Joh. 7.3*)

144 000 Tage hat ein *Baktun*: 400 Jahre im Kalender der Maya, das Jahr zu 18 Wochen mit je 20 Tagen.

Die Zahl 432 000

Nach babylonischer Rechnung die „Urväterzeit", bestehend aus 12 Weltjahren zu je 36 000 Jahren. Auf seltsame Weise stimmt diese Zahl mit der Anzahl der Krieger überein, die aus 854 Toren des Walhalls strömen, um die Götterburg zu verteidigen. Diese Übereinstimmung von Zahlen in so unterschiedlichen Kulturen und Mythen hat zu der Vermutung geführt, dass in den alten Mythen astronomische Daten – hier der Präzession – verschlüsselt sein könnten. Denn 432 000 ist das 200-fache der Zahl, die den „Präzessionsmonat", das heißt den Zeitraum in Jahren, angibt, die der Äquinoktialpunkt benötigt, um ein Tierkreiszeichen auf der Ekliptik zurückzuwandern. Gegen die Verschlüsselungstheorie astronomischer Daten spricht, dass gerade das 200-fache ein allzu zufälliger Wert wäre, der durch keine andere Zahlenrelation abgestützt wird.

Immerhin ist darauf zu verweisen, dass ein indisches *Mahâ yuga*, ein „großes Zeitalter", den Zeitraum von 4 320 000 Jahren umfasst und dass die sehr langfristig orientierten indischen Kalendarien unter einem Kalpa die „große Ära" oder ein Jahrtausend von „großen Zeitaltern" verstehen – oder 4 320 000 000 Jahre.

Die Zahl 1 000 000

Die magische Zahl für alle, die viel Geld verdienen wollen. Die erste Million zu verdienen, soll angeblich am schwersten sein. Manche schaffen es nie.

Statistiker, die weiter nicht zu tun hatten, haben ausgerechnet: Wenn ein Filmtitel das Wort „Million" enthält, ist die Wahrscheinlichkeit, dass das nächste Wort „Dollar" heißt, größer als 3 : 1.

Kapitel 5

Numerologie für jedermann

Was ist Numerologie?

Da die Zahlen in unserem Leben praktisch allgegenwärtig sind, ist es mehr als verständlich, dass die Menschen von jeher zu den Zahlen nicht nur ein abstrakt rechnerisches Verhältnis hatten, sondern ebenso ein sinnliches und spirituelles, ein magisches und esoterisches – je nach der Lage ihrer Lebensumstände und den Gepflogenheiten, die ihnen Geschichte und Tradition, Glaube und Aberglaube überlieferten.

Mit dem Aufkommen der klassischen Astrologie, die sich mit der Deutung des als erwiesen angenommenen Einflusses der Gestirne und ihrer verschiedenen Konstellationen auf das Leben auf der Erde beschäftigte, gewann die Numerologie zunehmend Anhänger. Numerologie – aus dem Lateinischen stammend – bedeutet „Lehre von der Bedeutung der Zahlen". In der Interpretation der Numerologie wird den Zahlen eine zusätzliche weit über ihren Rechenwert hinausgehende Bedeutung beigemessen.

Numerologischen Deutungen stehen also alle Zahlenverhältnisse offen, die unseren Alltag bestimmen. Darüber hinaus werden aber auch Buchstaben, Worte und besonders Namen numerologisch gedeutet. Die unterschiedlichen Verfahren, das Alphabet zu „beziffern" und numerologisch handhabbar zu machen, werden noch erläutert.

Kann man aus der Zahlenkombination, die das Geburtsdatum eines Menschen ergibt, etwas über seinen Charakter und seine Bestimmung im Leben erfahren? Kann eine Zahl, die aus dem Namen eines Menschen extrahiert wurde, wirklich etwas über diesen Menschen sagen?

Sind da nicht einfach zu viele Zufälle im Spiel, die das Geburtsdatum bestimmen oder die zur individuellen Namensgebung eines Säuglings führen?

In gewisser Weise ist es aber genau dieser Zufall, der Schicksal spielt. Denn auch die genetischen Kombinationen, die sich aus den Partnerschaften der Menschen ergeben, werden zwar aufgrund kompliziertester biochemischer Prozesse erzeugt, die sich naturwissenschaftlich beschreiben lassen – letztlich aber durch den Zufall bestimmt, wer wann mit wem schläft und dabei neues Leben zeugt.

Numerologie kann also Zusammenhänge nachvollziehen und Schicksalslinien aufdecken, weil sich in den Zah-

len ein kulturgeschichtlich überlieferter Code von Bedeutungen verbirgt.
Zahlen sind ein so universelles Mensch-
heitsgut, dass sich die Bedeutungen in
allen Kulturkreisen annähernd gleichen, wenn es auch unterschiedliche
Bevorzugungen gibt: In Europa liebt
man die Drei, während im Orient die
Acht einen vergleichsweise hohen Rang
hat.

Was Numerologie nicht kann: das
Schicksal des Einzelnen wenden und
den Lauf der Welt verändern.

C. G. Jung sagte über die Astrologie:
„Die Astrologie besteht aus symbolischen Konfigurationen, ebenso wie das
kollektive Unbewusste, mit welchem
sich die Psychologie befasst: Die Planeten sind die ‚Götter', Symbole der
Mächte des Unbewussten."[11]

So repräsentieren die Zahlen nicht,
wie die Pythagoreer glaubten, das Wesen der Welt, sondern sie geben symbolische Antworten auf existenzielle
Fragen der Menschheit.

Wer exakte Prognosen und stimmige
Aussagen, wie sie die Naturwissen-
schaften liefern, von der Numerologie
erwartet, wird möglicherweise enttäuscht werden.

---

11 C. G. Jung, Briefe, Band 2, Olten und Freiburg i. Br. 1972, S. 400.

Die Kabbala

Im Mittelalter, als die Juden über die verschiedenen europäischen Staaten verstreut waren, erregte ein mystisches Modell der Welterklärung die Aufmerksamkeit der christlichen europäischen Intellektuellen, das vom Judentum entwickelt worden war, um die verschiedenen Teile der Schöpfung in ein harmonisch zueinander passendes System zu bringen. Im Grunde ist die Kabbala (auch Qabala, Kabbalah oder Cabala geschrieben; ausgesprochen mit der Betonung auf der ersten Silbe) ein System religiöser Philosophie. Das Wort ist wahrscheinlich abgeleitet vom hebräischen Verb „kibel" (erhalten, annehmen) beziehungsweise dem Substantiv „kabal" (Empfänger); der Wortsinn entspricht etwa den Begriffen Enthüllung oder Offenbarung. Oft wird daher die Kabbala auch als eine Art Geheimwissenschaft angesehen, weil sie in der Tradition von jenen jüdischen Intellektuellen weitergegeben wurde, die besonders gründlich mit den hebräischen Heiligen Schriften vertraut waren – den Eingeweihten mithin, die auch die dunklen Stellen dieser Schriften auf besondere Weise zu deuten wussten.

Wie manche meinen, ist die Kabbala älter als die schriftliche Überlieferung des alten Testaments. Die Kabbala selbst hat eine lange mündlich tradierte Vorgeschichte, bevor sie in schriftliche Überlieferungen einfloss.

Für unseren Zusammenhang besonders interessant sind jene Teile des kabbalistischen Systems, in denen Zahlenbeziehungen und Buchstabenmystik eine Rolle spielen, die so genannte praktische Kabbala. Die 22 konsonantischen Buchstaben des hebräischen Alphabets sind in alter Zeit als Zahlzeichen gebraucht worden. Darin gleicht das Verfahren dem der Griechen und Phönizier.

Eine der kabbalistischen Hauptschriften, das *Buch Jezirah*, beschreibt den Symbolgehalt der hebräischen Buchstaben. „Zweiundzwanzig Grundbuchstaben: drei Mütter, sieben doppelte und zwölf einfache", heißt es da. Die drei „Mütter" verkörpern drei Prinzipien in ihrer Dreieinigkeit: die Waagschale des Verdienstes (Alef), die Waagschale der Schuld (Mem) und die Zunge als vermittelnde Norm zwischen beiden. Die drei Mütter bedeuten auch: *Alef* – als Symbol für Luft – steht für den Wind; *Mem* – als Symbol für Wasser – steht auch für die Erde, denn die Erde ist aus dem Wasser hervorgegangen; *Schin* – als Symbol für Feuer – steht für den Himmel, denn der Himmel wurde im Anbeginn aus dem Feuer geformt.

Den sieben Doppellauten – sie kommen in zweierlei Aussprache vor, nämlich B, G, D, K, P, R, Th – sind die sieben (damals bekannten) Planeten zugeordnet. Außerdem verkörpern sie die Prinzipien Weisheit (B), Reichtum (G), Fruchtbarkeit (D), Leben (K), Herrschaft (P), Frieden (R) und Anmut (Th). Dann macht das Buch *Jezirah* eine eigentümliche Rechnung auf: „2 Steine bauen 2 Häuser, 3 Steine bauen 6 Häuser, 4 Steine bauen 24 Häuser, 5 Steine bauen 120 Häuser, 6 Steine bauen 720 Häuser, 7 Steine bauen 5 040 Häuser." Man setze statt Steine „Buchstaben" und statt Häuser „Worte" und man bekommt die Anzahl der rechnerisch möglichen Kombinationen der jeweiligen Buchstabenzahl zu Buchstabengruppen oder Worten, womit nichts darüber gesagt ist, ob es sich dabei um (semantisch) sinnvolle Kombinationen handelt. Dem liegt die (im Buch *Jezirah* nicht ausgesprochene) Regel zugrunde, dass man die Anzahl der möglichen Kombinationen dadurch erhält,

indem man das Produkt der vorangegangenen Zahl mit der Zahl der neu zu kombinierenden Buchstaben multipliziert, also:

$$2 \times 1 = 2$$
$$2 \times 3 = 6$$
$$6 \times 4 = 24$$
$$24 \times 5 = 120$$
$$120 \times 6 = 720$$
$$720 \times 7 = 5\,040$$

Den übrigen zwölf – einfachen – Buchstaben des Alphabets sind die zwölf Tierkreiszeichen zugeordnet, ferner die zwölf Monate im Jahr sowie zwölf leitende Organe im Körper (zwei Hände, zwei Füße, zwei Nieren, Milz, Leber, Gallenblase, Speiseröhre, Magen und Darm). Daneben sind auch diese Buchstaben symbolhaft mit „Prinzipien" aufgeladen: Sehkraft (Ch), Gehör (T), Geruch (N), Sprache (H), Geschmack (Z), Beischlaf (L), Werktätigkeit (J), Gehen (S), Zorn (A Ajin), Lachen (Q Kof), Denken (W) und Schlafen (Sz).

Im Alphabet gibt es viele Bedeutungen und Verweismöglichkeiten; neben der tradierten Zahlenbedeutung die symbolische Bedeutung, die Verweise auf Planeten, Tierkreiszeichen, Körperregionen usw. Es ist also nicht vermessen zu behaupten, dass die Kab-

Hebräisches Alphabet					
Hebräische Buchstaben	Namen und Umschrift der Buchstaben	Zahlenwerte	Hebräische Buchstaben	Namen und Umschrift der Buchstaben	Zahlenwerte
א	ALEF	'	1	ל	LAMED	l	30
ב	BET	b	2	מ	MEM	m	40
ג	GIMEL	g	3	נ	NUN	n	50
ד	DALET	d	4	ס	SAMECH	s	60
ה	HE	h	5	ע	AJIN	'	70
ו	WAW	v	6	פ	PE	p	80
ז	SAJIN	z	7	צ	ZADE	s	90
ח	CHET	ch	8	ק	KOF	q	100
ט	IEEI	t	9	ר	RESCH	r	200
י	JOD	i, j	10	ש	SCHIN	sch	300
כ	KAF	k	20	ת	TAW	t	400

Abb. 27: Hebräisches Alphabet mit Zahlenwerten

balisten die Grundlage für die klassische Numerologie schufen.

Die Kabbalisten haben ein Verfahren entwickelt, überlieferte Texte durch die Gleichsetzung von Buchstaben und Zahlzeichen auszulegen. Das Prinzip dieser numerologischen Auslegung bestand im Wesentlichen darin, den numerischen Wert eines Wortes, einer Wortgruppe oder bestimmter Buchstaben zu ermitteln und letztlich auf eine Zahl zu reduzieren. Diese Zahl stellte das Bindeglied dar, um ein Wort mit anderen Worten, Wortgruppen oder Buchstaben in Beziehung zu setzen. Das Verfahren nannten die Kabbalisten *Gematria*, eine Verballhornung des griechischen *geometrikos arithmos*. Es bedeutet „Buchstabenrechnung" oder „Zahlenwert der Worte".

Der textliche Zusammenhang zwischen den mittels der *Gematria* verbundenen Worte ließ sich auf den ersten Blick vielleicht gar nicht herstellen; die Zahlenverhältnisse erst schaffen eine untergründige Verbindung. Nicht selten finden sich solche Verbindungen in Form von Zahlenverhältnissen auch in den religiösen Schriften kunstvoll angelegt. Alte Botschaften enthalten durch ihre zahlensymbolische Einfassung das Potenzial, sich in späteren Glaubenssituationen zu aktualisieren. „Dunkle" Stellen können auf dem Wege der Zahlenbedeutung neu und aktuell beleuchtet werden.

Der Respekt vor den Zahlenbedeutungen des Hebräischen war immer sehr groß. Der heilige Name Gottes, *Jahweh*, wird im Judentum ehrfurchtsvoll behütet, aber nicht laut ausgesprochen. Die hebräischen Buchstaben, aus denen er gebildet wird – JHWH – haben die Zahlenwerte 10-5-6-5: zusammen also 26. Die Kurzform des heiligen Namens ist *Jah* – uns vertraut aus der Schlussformel *Hallelujah*, „Preiset Jah(we)". Diese Kurzform – zusammengesetzt aus den hebräischen Buchstaben JH – hat den Zahlenwert 15. Der auf diese Weise gebildete Zahlenwert ist der hebräischen Überlieferung so tief eingeprägt, dass er aus dem all-

täglichen Rechnen verbannt wurde. Ausnahmsweise muss die 15 deshalb, statt regulär aus 10 (J) und 5 (H), also aus 9 und 6 gebildet werden, damit beim Rechnen mit der Zahl 15 nicht aus Versehen die Kurzform des heiligen Namens ausgesprochen wird.

Eine weitere Methode, Buchstaben mit Zahlen zu verknüpfen, bestand darin, jedem Buchstaben eine Ordnungszahl zuzuweisen. Diese Ordnungszahlen hatten nur einen Wert von 1 bis 9, die Buchstaben für die Zahlen 10 bis 90 wurden wieder als 1 bis 9 bewertet, die Zahlbuchstaben für 100 bis 400 als 1 bis 4. Die Ordnung der Zahlen über 9 lässt sich auch noch anders erklären. Der Buchstabe *Mem* (Zahlenwert 40), steht im hebräischen Alphabet an 13. Stelle: 1 + 3 = 4. Das *Taw*, der letzte Buchstabe des Alphabets, steht an 22. Stelle: 2 + 2 = 4.

Dieses Ordnungssystem ist für unseren Zusammenhang von Bedeutung. Denn in der klassischen Numerologie werden höhere Zahlen durch kabbalistische Reduktion beziehungsweise Addition stets auf einen Wert zwischen 1 und 9 zurückgeführt. Reduktion nennt man das Verfahren, wenn höhere Zahlen auf einstellige Zahlen reduziert werden, indem man so lange Quersummen bildet, bis das Ergebnis einstellig ist. Addition heißt das Verfahren, wenn mehrere kleinere Zahlen des Zusammenhangs aufaddiert und aus der Summe wiederum eine (einstellige) Quersumme gebildet wird.

Ein weiteres Bewertungssystem bestand darin, jeden Buchstaben nicht als überlieferten Zahlenwert zu nehmen, sondern ihn dem jeweiligen Zahlenwert seines Namens gleichzusetzen. Auf diese Weise ergab der ausgeschriebene Name des Buchstabens *Alef* die Zahl 111, *Bet* hatte korrespondierend 412, *Gimel* 73 usw.

Da man nun also verschiedene Bewertungs- und Berechnungsmethoden zur Hand hatte, konnte man Worte und Textstellen aufgrund ihres Zahlenwertes auch dadurch in Übereinstimmung bringen, dass man so lange unterschiedliche Bewertungsverfahren zugrunde legte, bis es „passte".

Griechen und Römer

Mit ähnlichen Verfahren der zahlenmäßigen Bewertung von Buchstaben (und infolgedessen von Wörtern und Namen) befassten sich auch die Griechen, wenn auch erst relativ spät und wahrscheinlich unter dem Einfluss des vorderen Orients. Für das griechische Zahlensystem bot sich das auch an, denn auch die griechischen Buchstaben hatten zugleich die Bedeutung von Zahlzeichen. Mehr noch: In der griechischen Zahlenschrift wurden sogar drei Buchstaben konserviert, die in der Frühzeit einmal benutzt worden waren, sich aber in der Folgezeit als überflüssig erwiesen und aus dem klassischen griechischen Alphabet herausgefallen waren: Das *Koppa*, das vom hebräischen *kof* abstammte und später zu unserem Q mutierte, das *Digamma* und das *San*.

Die Griechen übernahmen im Wesentlichen das hebräische Alphabet, formten einige Buchstabenbedeutungen um, da sie – im Gegensatz zu den Hebräern – Vokalzeichen brauchten und fügten einige Zeichen (Phi, Chi und Psi) für Laute hinzu, die es im Hebräischen nicht gab. So verfügten sie (einschließlich der später aufgegebenen Digamma, Koppa und San) über 27 Zahlzeichen, mit denen sich die Ei-

Griechisches Alphabet											
Einer				**Zehner**				**Hunderter**			
A	α	Alpha	1	I	ι	Iota	10	P	ρ	Rho	100
B	β	Beta	2	K	κ	Kappa	20	Σ	σ	Sigma	200
Γ	γ	Gamma	3	Λ	λ	Lambda	30	T	τ	Tau	300
Δ	δ	Delta	4	M	μ	My	40	Y	υ	Ypsilon	400
E	ϵ	Epsilon	5	N	ν	Ny	50	Φ	ϕ	Phi	500
Ϛ	Ϛ	Digamma	6	Ξ	ξ	Xi	60	X	χ	Chi	600
Z	ζ	Zeta	7	O	o	Omikron	70	Ψ	ψ	Psi	700
H	η	Eta	8	Π	π	Pi	80	Ω	ω	Omega	800
Θ	θ	Theta	9	Ϟ	Ϟ	Koppa	90	ϡ	ϡ	San	900

Abb. 28: Griechisches Alphabet mit Zahlenbedeutungen

ner von 1 bis 9, die Zehner von 10 bis 90 und die Hunderter von 100 bis 900 sehr gut darstellen ließen. Natürlich alles ohne Null!

Die grundsätzliche Übereinstimmung von Buchstabe und Zahlenwert machte es aber möglich, Wörter und Namen in Zahlen zu verschlüsseln. Der hellenistische Dichter Leonidas hatte sogar eine spezielle Versform entwickelt, die Isosephie. Ein Verspaar – wie beispielsweise beim Distichon – entsprach dann den Regeln der Isosephie, wenn die addierten Zahlenwerte der Buchstaben in beiden Versen identisch waren.

Nach einer hellenistischen Überlieferung soll der ägyptische Gott Sarapis Alexander dem Großen seinen Namen durch folgendes Zahlenorakel verraten haben: „Nimm zweihundert und eins, dann einhundert und eins und viermal zwanzig und zehn; setze dann die erste der Zahlen ans Ende und du wirst alsdann wissen, welcher Gott ich bin." Den Gott bei der Zahl genommen, ergibt das folgende Bedeutung:

200	1	100	1	80	10	200
Σ	A	P	A	Π	I	Σ
(S	A	R	A	P	I	S)

In Pompeji fand sich eine Inschrift: „Ich liebe die, deren Zahl 545 ist". Ein anderer bekennt seine Liebe zu einer Dame, „deren Name 45 ist". Die Betroffenen werden gewusst haben, wer gemeint war. Für unseren Zusammenhang ist es aber besonders bemerkenswert, dass man offensichtlich schon sehr früh damit begonnen hat, Namen von Personen in Zahlen zu verschlüsseln.

Der römische Historiker Sueton verbindet seinen Bericht über den Mord, den Kaiser Nero an seiner Mutter Agrippina verübte, mit einem Zahlenspiel. Er stellte der griechischen Schreibung des Kaisernamens (NEPΩN) mit dem Zahlenwert 1005 den Satz gegenüber: *Idian metera apekteine*, „er ermordete seine eigene Mutter". Der Zahlenwert dieses erklärenden Satzes ist ebenfalls 1005. Auch hier wird also mit dem Prinzip der Isosephie gespielt.

Erinnern wir uns an die Zahl des so genannten „Tiers der Apokalypse". In der Offenbarung des Johannes heißt es, die Zahl dieses Tiers, das gemeinhin mit dem Antichrist gleichgesetzt wird,

sei 666. Die Zahl ist sicherlich ein Hinweis auf ein isosophisches Verhältnis. Leider fehlt dazu der entsprechende Bezug, das zweite Glied der Gleichung. Deshalb waren Fantasie und Spitzfindigkeit seitens der Interpreten gefragt, um den Namen des Tier zu ermitteln. Als unter dem römischen Kaiser Nero weit reichende Christenverfolgungen begannen, wurde Nero mit dem „Tier der Apokalypse" gleichgesetzt, denn die hebräische Schreibung von „Ksar Neron" ergibt – entsprechend dem Zahlenwert der hebräischen Buchstaben – die Zahl 666.

Bei den Christenverfolgungen unter Kaiser Diokletian fanden die Verfolgten einen anderen Weg, um ihren Verfolger als das „Tier der Apokalypse" zu identifizieren. Sie schrieben den Namen Diokletian Augustus wie in der Abbildung unten (V und U werden im alten lateinischen Alphabet nicht unterschieden) und summierten die Buchstaben, die im lateinischen Alphabet Zahlzeichen waren; als Ergebnis erhielten sie die Zahl 666:

D	I	o	C	L	E	S		A	V	G	V	S	T	V	S
500	1		100	50					5		5			5	

666

Andere Christen sahen sich nicht nur von der Obrigkeit verfolgt, sondern von der römischen Bevölkerung schlechthin. Sie setzten die Lateiner – in griechischer Schreibweise – in Zahlen um, und kamen so auf die Summe 666 für das apokalyptische Tier.

Λ	Α	Τ	Ε	Ι	Ν	Ο	Σ
30	1	300	5	10	50	70	200

In den Zeiten der Reformation und Gegenreformation fand der katholische Mystiker Petrus Bungus heraus, dass der Reformator Martin Luther ein Antichrist ist, weil die Zahl 666 in seinem Namen steckt. Er musste dazu allerdings Luthers Namen zu Lvthernvc verballhornen und das erst seit dem Mittelalter benutzte lateinische Ziffernalphabet – eine Übertragung des griechischen Ziffernalphabets auf lateinische Buchstaben – bemühen, um die berühmte 666 zu errechnen.

Doch auch die Anhänger Luthers blieben den Papisten nichts schuldig. Sie stellten in ihrer Propaganda dar, dass gerade jenes Motto, das die päpstliche Tiara zierte, der Satz *Vicarius filii Dei*, „Stellvertreter des Sohnes Gottes", einen Beweis dafür lieferte, das nur der Papst selbst der Antichrist sein konnte. Auch hier wurden die Buchstaben, die zugleich römische Zahlzeichen waren, addiert, um auf das gewünschte Ergebnis zu kommen:

V	I	C	A	R	I	V	S	F	I	L	I	I	D	E	I
5	1	100			1	5			1	50	1	1	500		1

666

Diese wenigen Beispiele ließen sich durch weitere auch aus anderen Kulturen mühelos ergänzen.

Interessant, wie selbstverständlich Worte und Buchstaben in Zahlenbedeutungen „übersetzt" werden können.

Wie aus Buchstaben Zahlen werden

Die Numerologie hat zwei grundlegende Verfahren entwickelt, um das geschriebene Wort in eine Zahl zu transformieren. Beide Verfahren sind von großer Bedeutung, um den Namen und den Vornamen in eine deutbare Zahl zu „übersetzen".

Die Methode des Pythagoras

Die erste Methode wird *pythagoreische Methode* genannt, weil sie auf den griechischen Mathematiker und Astronomen Pythagoras zurückgehen soll. Pythagoras, dem der berühmte Dreieckssatz ebenso zugeschrieben wird wie grundlegende musiktheoretische Erkenntnisse über die in Zahlen ausgedrückten Intervallverhältnisse, lebte etwa 570 bis 500 vor unserer Zeit. Er wurde auf Samos geboren, weshalb man ihn auch den „Weisen von Samos" genannt hat. Obwohl seine wirkliche Existenz, anders als bei dem legendären Dichter Homer, nicht bestritten wird, liegen genauere Angaben über seinen Lebensweg kaum vor. Als gesichert wird angesehen, dass er um 540 seine Heimat Samos verließ, weil er das politische Regime des Tyrannen Polykrates ablehnte. Man vermutet, dass er Reisen nach Babylon und Ägypten unternahm und sich in die alten, ägyptischen und orientalischen Weisheitslehren einweihen ließ. Pythagoras ließ sich schließlich in der griechischen Kolonie Kroton in Unteritalien nieder und gründete dort die nach ihm benannte Schule, die nicht mit einer Schule oder Universität im heutigen Sinne vergleichbar ist, sondern, als religiös-ethische Gemeinschaft, eher einem wissenschaftlich arbeitenden Mönchsorden glich. Pythagoras wurde schon zu seinen Lebzeiten beinahe wie ein Heiliger verehrt. Und wie bei späteren christlichen Heiligen entstanden auch über Pythagoras eine Vielzahl von Legenden. Leider sind keinerlei Handschriften von ihm überliefert, sodass nicht mit Sicherheit gesagt werden kann, an welchen Kenntnissen und Erkenntnissen tatsächlich ihm persönlich die geistige Urheberschaft gebührt. Auf der einen Seite kann als sicher angenommen werden, dass der „Satz des Pythagoras", mit dem alle Schüler im Mathematikunterricht traktiert werden, schon lange vor dem griechischen Denker in Babylon bekannt war. Vielleicht ist es eine Frucht seiner orientalischen Reisen, dass der Satz in den Grundbestand unserer abendländischen Kultur kam. Auf der anderen Seite gilt als ebenso sicher, dass die Zahlenlehre erst später in seiner Schule entwickelt worden ist und eher aus Marketingerwägungen heraus mit seiner Person verknüpft wurde. Numerologen berufen sich lieber auf die Autorität einer Persönlichkeit als auf die Erkenntnisse einer anonymen Institution.

Bis zum Anfang des 4. Jahrhunderts vor unserer Zeit war die pythagoreische Schule das Zentrum der mathematischen Forschung. Die der Aristokratie nahe stehenden Pythagoreer betrachteten das Wissen als Grundlage des politischen Handelns. Als solches dürfe es nur wenigen Auserwählten zur Verfügung stehen. Aus diesem Grundsatz heraus entwickelte sich ihre Lehre zu einer Art Geheimwissenschaft.

Kern ihrer Lehre, die wahrscheinlich auf Pythagoras selbst zurückgeht, war die Überzeugung, dass alle Harmonie auf Zahlenverhältnisse zurückzuführen ist, dass sich die Bewegungen der Gestirne letztlich in Zahlenverhältnissen ausdrücken lassen und dass man rechtwinklige Dreiecke immer im Zahlenverhältnis ihrer Seiten von 3, 4 und 5 konstruieren kann.

Das führte die Pythagoreer zu der Annahme, das Wesen aller Dinge sei die Zahl, folglich müsse sich für jeden Menschen eine Wesenszahl ermitteln lassen. Mit ihren zahlenmagischen Spekulationen wurden die Pythagoreer zu einer der bevorzugten Quellen unserer heutigen Numerologie.

Auf die Schule der Pythagoreer soll eine Umrechnungstabelle zurückgehen, mit der sich die Buchstaben eines Wortes oder eines Namens in Zahlen übersetzen lassen.

Vom Buchstaben zur Zahl: nach Pythagoras								
A	B	C	D	E	F	G	H	I
1	2	3	4	5	6	7	8	9
J	K	L	M	N	O	P	Q	R
1	2	3	4	5	6	7	8	9
S	T	U	V	W	X	Y	Z	
1	2	3	4	5	6	7	8	

Wem es leichter fällt, die Zuordnung im umgekehrten Sinne vorzunehmen, kann sich die Zahlen-Buchstaben-Relation auch aus dieser Tabelle ableiten:

Von der Zahl zum Buchstaben: nach Pythagoras								
1	2	3	4	5	6	7	8	9
A	B	C	D	E	F	G	H	I
J	K	L	M	N	O	P	Q	R
S	T	U	V	W	X	Y	Z	

Umlaute ä, ö, ü sind in der Form ae, oe, ue zu verwenden, das deutsche ß wird zu Doppel-S – außer in Eigennamen, wo es zu sz wird – und Zusatzzeichen, wie das & in Firmenzeichen, Bindestriche bei Doppelnamen (wie bei Mueller-Luedenscheidt), Punkte oder Kommas erhalten den Zahlenwert 9.

Die Methode des Numerologen Cheiro

Die zweite Methode ist von dem Astrologen, Chiromanten (Chiromantie = Handlesekunst) und Numerologen Cheiro (1866–1936) ausgearbeitet worden. Sein *Buch der Zahlen* gehört heute zu den Standardwerken der Numerologie. Cheiro schloss sich mit seiner Methode der kabbalistischen Zahlenmystik an. Die „erstaunlichen Beziehungen unserer kabbalistischen Zahlen zu den persönlichen Namen" nannte er einen der „wichtigsten Berechnungsschlüssel der okkulten Zahlenlehre." Er gebe seine Forschungsergebnisse „aus der Überzeugung heraus bekannt, dass sie für einen jeden Menschen, der sich der okkulten Zahlenlehre vorurteilslos und praktisch bedient, von sehr nützlicher Bedeutung für seine Lebensgestaltung sind."[12]

Cheiros Referenzen waren vorzüglich. König Edward VII. von England, der oberste Lordrichter des Vereinigten Königreichs und Lord Kitchener gehörten zu seinen Klienten, der belgische König Leopold II., der letzte russische Zar und sogar Papst Leo XIII. ließen sich von ihm beraten, aber auch

12 Cheiro, Das Buch der Zahlen, Freiburg 1994, S. 68.

Schriftsteller wie Oscar Wilde und Mark Twain.

Cheiro war das Pseudonym für den englischen Grafen Louis Hamon. In jungen Jahren hatte er den Nahen und den Fernen Osten bereist und die östlichen Geheimlehren an den Quellen der okkulten Überlieferung studiert. Durch seine Vortragstätigkeit auf drei Kontinenten – 1933 ging er endgültig nach Hollywood – und durch einige zutreffende Vorhersagen – unter anderem soll er den Todestag der englischen Königin Victoria richtig vorausgesagt haben – wurde Cheiro schnell berühmt.

Für viele hatte er zeitweilig den Rang eines Propheten, während er sich selbst in erster Linie als Erforscher des Okkulten sah.

Nach Cheiro kann der okkulte Zahlenwert jedes Namens ermittelt werden, indem man die Buchstaben, die den Namen bilden, entsprechend der nachfolgenden Tabelle in Zahlen umwandelt. Umlaute – ä, ö, ü – sind dabei in die Schreibung ae, oe und ue aufzulösen. Das ß, das es als Sonderbuchstaben nur in der deutschen Schriftsprache gibt, ist in ein Doppel-s umzudeuten.

Vom Buchstaben zur Zahl: nach Cheiro								
A	B	C	D	E	F	G	H	I
1	2	3	4	5	8	3	5	1
J	K	L	M	N	O	P	Q	R
1	2	3	4	5	7	8	1	2
S	T	U	V	W	X	Y	Z	
3	4	6	6	6	5	1	7	

Wem die umgekehrte Zuordnung nach Zahlen leichter fällt, kann sich auch eine Tabelle von 1 bis 8 zurechtlegen, in der die Buchstaben wie auf der folgenden Seite gruppenweise unter den Ziffern angeordnet sind.

Von der Zahl zum Buchstaben: nach Cheiro							
1	2	3	4	5	6	7	8
A	B	C	D	E	U	O	F
I	K	G	M	H	V	Z	P
J	R	L	T	N	W		
Q		S		X			
Y							

In dieser Tabelle fehlt augenscheinlich die Zahl 9. Cheiro selbst findet dafür folgende Erklärung: „Die okkulten Meister des Altertums und der archaischen Zeit waren sich bewusst, dass die Zahl 9 den unaussprechlichen neunbuchstabigen Namen Gottes ausdrückt, und sie teilten dieser Zahl deshalb keinen Buchstaben zu."[13] Diese Erklärung krankt allerdings daran, dass sie ihrerseits Erklärungsbedarf produziert. Denn wäre die Ehrfurcht vor dem neunbuchstabigen Namen Gottes der entscheidende Grund, der an der Verwendung der 9 hinderte, dürfte die 9 auch nicht als Quersumme akzeptiert und in die numerologischer Deutung einbezogen werden. Da dies aber geschieht, wie wir später sehen werden, kann die Neun-Furcht der okkulten Meister des Altertums als Erklärung nicht ausreichen.

Eine scheinbar viel simplere, natürlich-mathematische Erklärung ist darin gesucht worden, dass die Zahl 9 die Bildung und Reduktion der Quersummen zu einer einstelligen Zahl nicht beeinflusst. Mit anderen Worten: Ob ich 15 (1 + 5 = 6) oder 24 (2 + 4 = 6) oder 33 (3 + 3 = 6) usw. annehme, erzeugt keinen Unterschied in der Quersumme. Das hätte aber für die numerologische Übersetzung eines Namens zur Folge, dass die Buchstaben I und R, die im so genannten pythagoreischen Umrechnungssystem auf die 9 fallen, für die Namenszahl keine Bedeutung hätten. Dies könne – meinen einige Numerologen von Rang – nicht angehen.

Ein Beispiel soll deutlich machen, worauf es ankommt. Vergleichen wir die beiden Namen

13 Cheiro, a.a.O., S. 70.

Marie Werner

und

Mae Weinei.

Um die Namen möglichst deutlich voneinander abzuheben, wollen wir im Vornamen zwei Buchstaben weglassen und dadurch die Marie durch den Vornamen der amerikanischen Schauspielerin Mae West ersetzen, und im Nachnamen ersetzen wir die beiden „r" des biederen Namens Werner durch zwei „i", die den etwas lebensmitteltechnisch klingenden Fantasienamen „Weinei" ergeben.

Zuerst legen wir das so genannte pythagoreische Umrechnungssystem zugrunde, danach das Umrechnungssystem nach Cheiro.

Nach der *pythagroeischen Tabelle* fallen folgende Zahlen auf die Buchstaben der beiden Namen:

M A R I E   W E R N E R
4 1 9 9 5   5 5 9 9 5 5 9

M A E   W E I N E I
4 1 5   5 5 9 5 5 9

Die Quersumme der Zahlen von *Marie Werner* ist 66, reduziert auf 12 (6 + 6 = 12), weiter reduziert auf 3 (1 + 2 = 3). Die Namenszahl nach der so genannten pythagoreischen Umrechnung lautet für *Marie Werner* **3**.

Die Quersumme der Zahlen von *Mae Weinei* ist 48, reduziert auf 12 (4 + 8 = 12), weiter reduziert auf 3 (1 + 2 = 3). Die Namenszahl nach der so genannten pythagoreischen Umrechnung lautet für *Mae Weinei* ebenfalls **3**. Augenscheinlich führen zwei sehr unterschiedliche Namen zum gleichen numerologischen Resultat.

Legen wir nun die *Tabelle nach Cheiro* zugrunde:

M A R I E   W E R N E R
4 1 2 1 5   6 5 2 5 5 2

M A E   W E I N E I
4 1 5   6 5 1 5 5 1

Die Quersumme der Zahlen von *Marie Werner* lautet jetzt 38, reduziert auf 11 (3 + 8 = 11), weiter reduziert auf 2 (1 + 1 = 2). Die Namenszahl, umgerechnet nach dem System Cheiro, lautet für *Marie Werner* **2**.

Die Quersumme der Zahlen von *Mae Weinei* ist 33, reduziert auf 6 (3 + 3 = 6). Die Namenszahl, umgerechnet nach dem System Cheiro, lautet für *Mae Weinei* **6**.

Mit dem System Cheiro erreicht man also durch Auslassung der „quersummenneutralen" 9 als Buchstabenzahl in solchen Zweifelsfällen klar unterschiedene Resultate.

Auf der anderen Seite, haben Kritiker eingewandt, ist es völlig normal, dass unterschiedliche Namen die gleiche Quersumme aufweisen. Auch dem System von Cheiro ist es gleichgültig, ob der Bahnwärter *Otto Blanke* aus Blankenburg oder der Jazzgitarrist *Toto Blanke* aus Paderborn sein (Buchstaben- und) Zahlenmaterial abliefert. Beide haben die gleiche Namenszahl: die **4** (reduziert aus Quersumme 40).

Welches System ist richtig?

Diese beiden Systeme der Zuordnung von Buchstaben und Zahlen werden Sie in der Literatur immer wieder finden. Über richtig oder falsch, ja selbst über besser oder schlechter kann hier nicht befunden werden. Verfechter der einen wie der anderen Methode weisen darauf hin, dass man beide Methoden nicht miteinander vermischen soll. Gleichwohl gibt es auch Umrechnungstabellen, die einen Kompromiss zwischen den verschiedenen Überlieferungen anstreben.

Für den Leser wird es am besten sein, wenn er zunächst mit beiden Methoden einige Übungen anstellt und die Resultate der numerologischen Recherche mit der Wirklichkeit vergleicht. Später kann er sich dann auf diejenige der beiden Methoden konzentrieren, die ihm die sinnvollsten Resultate liefert.

Lassen wir die Vertreter der beiden Richtungen noch einmal die Argumente austauschen, warum man sich für ihr System entscheiden soll.

Cheiro sagt über seine Umrechnungstabelle: „Die Umrechnungstabelle beruht auf einem uralten, bereits den Chaldäern und Hebräern zugeschriebenen zahlenmagischen System und meine Erfahrung bestätigte, dass es sich um die beste Methode auf dem Gebiet okkulter Zahlenlehren handelt. Die Hebräer sollen dieses System von den in weiter zurückliegenden Zeiten lebenden Chaldäern, die Meister magischer Künste waren, übernommen haben."[14]

Der Esoterikautor Bernd A. Mertz schrieb hingegen: „Da jedoch die Sprache (insbesondere die Schriftsprache) eines Volkes die Grundlage für die Zahlenmagie darstellt, ist für uns das pythagoreische System sinnvoller, da unsere Kultur durch das griechische und römische Erbe geprägt ist."[15]

---

14 Cheiro, a.a.O., S. 70.
15 Bernd A. Mertz, Die Magie der Zahlen, Niedernhausen 1987.

Das Zahlengeheimnis im Namen

Als man in grauer Vorzeit begann, dem Zahlengeheimnis der Namen nachzuspüren, war die Namengebung noch nicht so stark von Zufälligkeit und modischen Aufputz bestimmt wie heute. Namen bedeuteten etwas, waren Programm oder konnten es zumindest werden, wenn der Name des Großvaters oder des Onkels auf den Enkel oder auf den Neffen überging, wenn Heilige als Schutz- und Namenspatrone angerufen wurden, wenn man Bezüge zum Herrscherhaus, zur eigenen Familientradition oder zur landschaftlichen Identität herzustellen versuchte.

Und noch heute ist es nicht selten, dass die Eltern bei der Namengebung wünschen, dem Kind mögen die besten Eigenschaften des Namenspatrons zuwachsen. Und natürlich tun sie in der Folgezeit auch einiges, um auf das Kind entsprechend einzuwirken. Und dieses – oft unbewusste – Einwirken hinterlässt Spuren in der Charakter- und Seelenbildung jedes Heranwachsenden. Ganz so zufällig und regellos ist die Namengebung nun eben doch nicht.

Der Brauch, bei der Hochzeit einen gemeinsamen Familiennamen anzunehmen, verweist weitaus stärker, als es das heute geltende Familienrecht noch wahrhaben will, auf eine weit über den Verwaltungsakt hinausgehende Bedeutung des Namens.

Dies zeigt sich auch darin, dass es in anderen Kulturen üblich war und ist, den Namen aus bestimmten, wichtigen Anlässen zu wechseln. Auch der Umstand, dass es in unserem Kulturkreis Usus ist, dass Ordensleute beim endgültigen Eintritt in ihren Orden ihren weltlichen Namen ablegen und einen neuen Ordensnamen annehmen oder dass Herrscher bei ihrer Thronbesteigung einen Herrschernamen annehmen – so wie sich Kronprinz Friedrich Wilhelm als zweiter deutscher Kaiser Friedrich III. nannte – ist ein Hinweis auf den spirituellen Rang, den ein Name für den Menschen, der ihn trägt, und für die anderen, die ich nennen, besitzt.

Welcher Name ist der richtige?

Nomen est omen. Dass Namen auch Zeichen sind, war schon im Altertum eine Binsenweisheit. Doch sofort stellt sich die Frage: Ein Zeichen wofür?

Und was, wenn wir es mit mehreren Namen zu tun haben?

Künstler zum Beispiel geben sich gern besondere Künstlernamen. Wer weiß schon noch, wie Mark Twain wirklich hieß, mit bürgerlichem Namen? Oder Stendhal, Voltaire, Anna Seghers? Manche Schriftsteller schreiben unter verschiedenen Pseudonymen, damit nicht allzu häufig ein und derselbe Name im gleichen Blatt erscheint: Peter Panther, Theobald Tiger, Ignaz Wrobel und Kaspar Hauser indes waren ein und dieselbe Person – der Schriftsteller Kurt Tucholsky. Friedrich Wilhelm Plumpe aus dem bayerischen Murnau hatte das sichere Gefühl, dass man mit dem Namen Plumpe im Filmgeschäft nichts werden könne. Statt dessen wählte er sich den Namen seiner Heimatstadt als Künstlernamen: Als Friedrich Wilhelm Murnau ist er als einer der bedeutendsten Filmregisseure in die Geschichte eingegangen. „Wer ist Maria Magdalena von Losch?", wird man sich fragen. Keiner käme auf die Idee zu fragen: „Wer ist Marlene Dietrich?"

Manchen Menschen werden von Geburt an Kosenamen gegeben, anderen wachsen sie im Laufe der Jahre gleichsam zu. Mancher Harald wird von Kindheit an nur Harry genannt und muss schon mal den Wagen holen. Und welche Mutter nimmt sich schon die Zeit, ihren Filius immer beim vollen Namen

Johannes zu rufen, wo doch Hans viel kürzer und prägnanter klingt? Oder: Gabrielle Chanel kennt kein Mensch, Coco Chanel jeder.

Tatsächlich entsteht das Problem, für welchen Namen man sich entscheiden soll, wenn man sich an die numerologische Deutung macht.

Cheiro zum Beispiel legte Wert darauf, dass bei der Ermittlung der Namenszahl stets nur derjenige Name zugrunde gelegt würde, der am meisten Verwendung findet. Das kann der standesamtlich eingetragene Name sein, muss es aber nicht. Bis vor wenigen Jahren gab es bei mehreren Vornamen die Hervorhebung des so genannten Rufnamens. Das neue Personenstandsrecht sieht so eine Hervorhebung nicht mehr vor. Wer also das Unglück hat, Thaddäus Jobst Eitelfriedrich Traugott Joachim Ernst Hundeshausen-Sichelschmitt zu heißen, muss sich nun selbst über den am häufigsten verwendeten Vornamen Rechenschaft geben. Bei Namen, die der Öffentlichkeit bekannt sind, ist auf die dem Publikum bekannte Benennung – auch wenn sie Abkürzungen, Künstlernamen und Ähnliches betrifft – zurückzugreifen. So würde man zum Beispiel bei Mozart den Namen *Wolfgang Amadeus Mozart* zu analysieren haben (auch wenn sein zweiter Vorname, der damaligen Zeitmode entsprechend, als französisiertes Amadé verwendet wurde), während es bei *Richard Wagner* unerheblich ist, dass er in Wirklichkeit Wilhelm Richard Wagner geheißen hat.

Andere numerologische Auffassungen lassen diese Einschränkung auf den am häufigsten gebrauchten Namen nicht durchweg gelten und verlangen bei der Extraktion bestimmter Zahlencodes den vollständigen Namen mit allen Zeichen und Zusätzen.

Richard Wagner – numerologisch betrachtet

Bleiben wir noch eine Weile bei Richard Wagner. Er gehört zu jenen geschichtlichen Persönlichkeiten, deren Leben weitgehend erschlossen ist, sodass wir über die Motive und Antriebe, über Fähigkeiten, Neigungen und Abneigungen, über seine Pläne und sein Werk recht gut Bescheid wissen. Wir werden den Namen Richard Wagner zunächst in Cheiro-Zahlen und dann in pythagoreische Zahlen umsetzen und anschließend anhand der Interpretationshilfen, die Vertreter beider Schulen geben, versuchen herauszubekommen, ob eine der beiden Methoden dem Wesen Richard Wagners näher kommt als die andere. Außerdem können an diesem bekannten Beispielnamen die verschiedenen Arten, Zahlenbedeutungen aus dem Namen zu extrahieren, sinnvoller demonstriert werden als beispielsweise am Namen des berühmt-berüchtigten Personalausweis- und Passtesters Max Mustermann.

Wir wollen aus dem Namen Richard Wagner die folgenden Zahlencodes extrahieren:

1. *Die Vornamenszahl.* Sie wird aus der Summe beziehungsweise den Quersummen der Einzelzahlen gebildet, in die sich die Buchstaben seines Vornamens umrechnen lassen.

2. *Die Nachnamenszahl.* Sie wird aus der Summe beziehungsweise den Quersummen der Einzelzahlen gebildet, in die sich die Buchstaben seines Nachnamens umrechnen lassen.

3. *Die Gesamtnamenszahl.* Sie ist die Summe beziehungsweise Quersumme der Zahlen, die sich aus dem verwendeten Gesamtnamen, dem so genannten Gebrauchsnamen, ergeben.

4. *Die Herzzahl.* Sie wird gebildet, indem man nur die Vokale des Namens in Zahlen übersetzt; und zwar verwendet man hierzu nicht nur den Gebrauchsnamen, sondern den vollständigen standesamtlichen Namen, gegebenenfalls auch mit hinzugesetzten Kosenamen, sofern der Träger oder die Trägerin von Kindheit an damit vertraut ist und ständig damit benannt worden ist. Vokale sind in diesem Sinne auch das y, wenn es als Vokal gebraucht wird, und in seltenen Fällen auch das j, wenn es beispielsweise das i ersetzt. Das u wird nicht als Vokal gezählt, wenn es lautlich nicht in Erscheinung tritt, weil es mit einem Konsonanten verbunden ist, zum Beispiel das u im qu bei *Jacqueline*.

5. *Die Gerüstzahl.* Sie wird aus den Konsonanten des vollständigen Namens gebildet. Hierbei zählen auch Vokale, die mit einem Konsonanten verbunden sind und lautlich nicht in Erscheinung treten, als Konsonanten, zum Beispiel das u im qu bei *Jacqueline*.

Umwandlung nach Cheiro

R	I	C	H	A	R	D		W	A	G	N	E	R
2	1	3	5	1	2	4		6	1	3	5	5	2

Grundsätzlich werden die folgenden charakteristischen Zahlenschlüssel auf dem Wege der kabbalistischen Reduktion gebildet. Die Einzelzahlen des Namens oder des jeweils gewählten Namenbestandteils werden so lange zu Quersummen addiert, bis als letzte Quersumme eine einstellige Zahl übrig bleibt.

Bei der Gesamtnamenszahl sollte allerdings auch nicht außer Acht bleiben, aus welcher zusammengesetzten Zahl die letzte Reduktion auf eine einstellige Zahl erfolgt. Eine 4, die aus 13 entsteht, bekommt ein etwas anderes Gewicht als eine 4, die aus 22 reduziert wird. Das ist die erste Ausnahme. Die zweite Ausnahme besteht darin, dass so genannte Leitzahlen (11, 22, 33, 44 usw.) nach Auffassung einiger Numerologen nicht weiter durch Quersummenbildung reduziert werden sollen.

Die *Vornamenszahl* ist **9**.
(2 + 1 + 3 + 5 + 1 + 2 + 4 = 18; 1 + 8 = 9)
Die *Nachnamenszahl* ist **4**.
(6 + 1 + 3 + 5 + 5 + 2 = 22; 2 + 2 = 4)
Die *Gesamtnamenszahl* ist 4 (aus 13).
Für die *Herzzahl* wird der vollständige Name zugrunde gelegt.

W	I	L	H	E	L	M		R	I	C	H	A	R	D
1				5					1			1		
W	**A**	**G**	**N**	**E**	**R**									
1				5										

Die *Herzzahl* ist **5**.
(1 + 5 + 1 + 1 + 1 + 5 = 14; 1 + 4 = 5)
Auch für die *Gerüstzahl* wird der vollständige Name zugrunde gelegt.

W	I	L	H	E	L	M		R	I	C	H	A	R	D
6		3	5		3	4		2		3	5		2	4
W	**A**	**G**	**N**	**E**	**R**									
6		3	5		2									

Die *Gerüstzahl* lautet **8**.

$(6 + 3 + 5 + 3 + 4 + 2 + 3 + 5 + 2 + 4 + 6$
$+ 3 + 5 + 2 = 53; 5 + 3 = 8)$

Umrechnung nach Pythagoras

R	I	C	H	A	R	D		W	A	G	N	E	R
9	9	3	8	1	9	4		5	1	7	5	5	9

Grundsätzlich wird bei der Umrechnung nach Pythagoras nicht anders vorgegangen als bei der Ermittlung der Zahlen nach Cheiro. Nur die Summen, die gezogen werden, ändern sich.

Die *Vornamenszahl* ist **7**.

$(9 + 9 + 3 + 8 + 1 + 9 + 4 = 43; 4 + 3 = 7)$

Die *Nachnamenszahl* ist **5**.

$(5 + 1 + 7 + 5 + 5 + 9 = 32; 3 + 2 = 5)$

Die *Gesamtnamenszahl* ist 3 (aus 12). Für die *Herzzahl* wird wieder der vollständige Namen genommen:

W	I	L	H	E	L	M		R	I	C	H	A	R	D
9			5						9			1		

W	A	G	N	E	R
1				5	

Die *Herzzahl* ist **3**.

$(9 + 5 + 9 + 1 + 1 + 5 = 30)$

Für die *Gerüstzahl* brauchen wir wieder den vollständigen Namen:

W	I	L	H	E	L	M		R	I	C	H	A	R	D
5		3	8		3	4		9		3	8		9	4

W	A	G	N	E	R
5		7	5		9

Die *Gerüstzahl* ist **1**.

$(5 + 3 + 8 + 3 + 4 + 9 + 3 + 8 + 9 + 4 + 5 +$
$7 + 5 + 9 = 82; 8 + 2 = 10; 1 + 0 = 1)$ Auf das Beispiel Richard Wagner werden wir wieder zurückkommen.

Nachdem die Buchstaben aus dem Namen (Wilhelm) Richard Wagner in Zahlen überführt und die entsprechenden Zahlencodes nach den Umrechnungsweisen Cheiro und Pythagoras ermittelt worden sind, können wir jetzt die Resultate zu einer Tabelle zusammenfügen und gegenüberstellen. Anschließend wollen wir schauen, welche Interpretationshilfen die Numerologie für die erreichten Resultate anbietet.

Die erste Zahl: die Bedeutung der Vornamenszahl

Die Vornamenszahl wird von der Numerologie auch als Kreativzahl betrachtet.

Die Vornamenszahl wird aus dem „eigentlichen" Vornamen abgeleitet. Welcher sein eigentlicher Vorname ist, muss jeder für sich selbst ermessen. Da das gegenwärtige Personenstandsrecht die Hervorhebung des früher so genannten Rufnamens nicht mehr kennt, kann man nicht mehr einfach die Empfehlung geben, im Ausweis, Pass oder in der Geburtsurkunde nachzuschauen,

(WILHELM) RICHARD WAGNER

Numerologie des Namens				
Vor-namens-zahl	Nach-namens-zahl	Gesamt namens-zahl	Herz-zahl	Gerüst-zahl
Cheiro	9	4	4 (13)	5	8
Pythagoras	7	5	3 (12)	3	1

welcher Name unterstrichen ist. „Ältere Semester", die noch Dokumente mit dem unterstrichenen Rufnamen besitzen, können sich immerhin daran halten. Die Jüngeren müssen nach dem Ermessen des eigenen Namengebrauchs oder der üblichen Verwendung innerhalb der Familie entscheiden: Meist hat sich im alltäglichen Gebrauch die Intention der Namengebung auf bestimmte Weise verfestigt, die früher als „unterstrichen" erschien.

Regional und familiär gepflegte Verschleifungen oder Verniedlichungen von Namen sind aber bei der numerologischen Bearbeitung immer in volle Namen aufzulösen. Aus Susi sollte wieder eine Susanne werden (es sei denn, Susi steht – was niemandem zu wünschen wäre – im Geburtsschein), aus Trudy, auch wenn es weht tut, Edeltraut. Und wenn der „eigentliche" Name des Doppelvornamens Kurt Georg durch alltäglichen Gebrauch nur noch Kurt heißt, dann soll Kurt auch den Vorrang haben, aber bitte nicht in der berlinischen Form „Kutte".

Mit der Kreativzahl hoffen die Numerologen, das kreative Potenzial, das in der Persönlichkeit steckt, umschreiben zu können. Folgten Vornamen früher bestimmten Traditionslinien, herrscht heute in der Namengebung selbst ein viel größerer kreativer Freiraum. Niemals war die Kreativzahl also durch die Wirklichkeit der Namengebung und -verwendung mehr gestützt als heute.

1 Die Kreativzahl 1 deutet auf Menschen mit einem starken und unabhängigen Charakter, die ihre kreativen Ideen unabhängig von anderen, manchmal sogar eigenbrötlerisch, verwirklichen. Ihre ausgeprägte Individualität bewirkt, dass sie sich von fremden Einflüssen und anderen Mei-

nungen in ihrem kreativen Tun kaum beeinflussen lassen. Das ist ein Vorzug, denn sie lassen sich ihr Talent nicht zerreden. Es kann aber auch zur Gefahr werden, wenn die persönliche Unabhängigkeit den Einzelnen für Kritik unempfänglich macht. Denn auch der „Einser" muss lernen, dass Talent und Schaffensdrang allein nicht ausreichen, dass Können und Fertigkeit erworben werden müssen und dass dies ein Weg ist, der gewöhnlich über Höhen und Tiefen führt.

Einser lockt das Unbekannte und Unbegangene. Mit ungebrochenem Optimismus sind sie die Bahnbrecher in ihrem Metier.

2 Mit der Kreativzahl 2 im Lebensplan gehen die Menschen gern aus sich heraus, wollen etwas verwirklichen, das über dem Gewöhnlichen des Alltags steht. Sie sind der Ansicht, um glücklich zu sein, müsse man mehr tun, als von einem verlangt wird. Solche „Zweier" gehen zum Beispiel für Jahre in ein Tropenkrankenhaus, um dort den Kampf gegen das Ebola-Virus aufzunehmen. Zweier können hingebungsvoll und ideenreich einer Sache dienen, ohne viel Aufhebens um ihre Person zu machen. Ihre Lebensführung ist meist bescheiden und selbst Zurücksetzungen

und Beleidigungen nehmen sie oft viel zu klaglos hin. Jedenfalls, solange es sie persönlich betrifft. Wird aber die Sache angegriffen, der sie sich verschrieben haben, werden sie zu Kämpfern, mit denen nicht zu spaßen ist.

Der Glaube an die Richtigkeit der Sache, der sie dienen und ihre Überzeugung, dass sich die besten kreativen Kräfte auf Dauer durchsetzen werden, gibt solchen „Zweiern" die Kraft, auch längere Durststrecken durchzustehen und sich nicht so schnell entmutigen zu lassen.

3 Menschen mit der Kreativzahl 3 gelten als ehrgeizig und willensstark, bisweilen sogar als ungeduldig und – wenn mehrere ungünstige Charaktereigenschaften zusammentreffen – auch als rücksichtslos. Man sagt solchen Dreiern nach, dass es ihnen weniger um die Sache als um die Befriedigung ihres Geltungsdrangs geht. Das ist aber oft oberflächlich geurteilt. Kreativ-Dreier brauchen, um ein rundum gutes Lebensgefühl zu haben, das Erlebnis, sich durchgesetzt zu haben. Richtig ist allerdings, dass sie nur selten in unwandelbarer Treue einer Sache oder einer Idee nachhängen. Zum Beispiel sind sie nicht der Unternehmertyp, der einem Familienunternehmen

vorsteht, das seit drei Generationen Zahnseide produziert. Eher gehören sie zu dem Typus von Unternehmern, der gestern in Südamerika Zutaten für gekörnte Rinderbrühe verkauft haben, heute eine Agentur für Bergschadenversicherungen im Ruhrgebiet betreiben und morgen eine Kette von Esoterikläden mit kleinen Säckchen heilkräftigen Eselsmists beliefern werden. Aber Vorsicht: So gewinnbringend es sein kann, einen Kreativ-Dreier zum Freund zu haben, so töricht ist es, ihn sich zum Feind zu machen. Einen Dreier zum Gegner zu haben bedeutet Kreativität in puncto Feindseligkeit.

4 Die Planer und Utopisten unter den Kreativen sind die Inhaber der Kreativzahl 4. Ihnen sagt man auch oft nach, dass sie Luftschlösser bauen, aber es ist meist der Neid, der solche Architekturkritik ausspricht. In Wirklichkeit sind unter den Vierern erstaunlich viele Persönlichkeiten zu finden, deren kreative Leistungen in die Geschichte eingegangen sind.

Vierer müssen damit leben lernen, dass nicht immer alle Blütenträume reifen. Sie nehmen aber jeden ihrer Pläne sehr ernst und sind, wenn sie mit einer Sache scheitern, sehr enttäuscht. Insofern sind ihnen Stimmungsschwan-

kungen eigen und auch dunkle Stunden nicht fremd. Sie kommen aber meist schnell aus einem Tief wieder heraus. Nicht nur mit ihren Plänen und Idee, zuweilen auch mit ihrem Geld gehen sie großzügig um. Und so wie sie sich durch kleinliche Kritik nicht beeindrucken lassen, treten sie anderen auch schon mal eine Idee ab, ohne nach Geld und Ruhm zu fragen. Und was ihre materielle Großzügigkeit anbelangt, stehen sie auf dem Standpunkt: besser mit der warmen Hand gegeben als mit der kalten. In höherem Lebensalter treten Vierer nicht selten als Sponsoren von Kultur und Wissenschaft und als Stifter in Erscheinung. Es verschafft ihnen große Befriedigung, anderen, denen es zur Umsetzung ihrer Kreativität vielleicht nur am nötigen Kleingeld mangelt, auf den Weg zu helfen.

5 Menschen mit der Kreativzahl 5 sind die Zweifler unter den Kreativen. Auf der einen Seite sind sie es gewohnt, hart und ausdauernd für ihre Ziele zu arbeiten, auf der anderen Seite stellen sie das Erreichte auch immer wieder in Frage. Allerdings kann sich gerade das zum Motor ihrer Kreativität entwickeln. Eine nicht gelungene Arbeit aus der Hand zu geben, gar eine Arbeit nicht fachgerecht auszuführen,

„weil es nicht so drauf ankommt", stellt für sie eine Verletzung jahrhundertealter Handwerkstraditionen dar, die sie sich selber nie verzeihen würden. Fünfer gelten gemeinhin als Traditionalisten; ihre besten kreativen Resultate erzielen sie, wenn sie ihr Tun in einer lebendigen Tradition begreifen können. Deshalb streben sie auch oft Berufe an, in denen eine lebendig gehaltene Tradition noch etwas gilt.

Fünfer bleiben aber beileibe nicht beim Selbstzweifeln stehen. Die hohen Maßstäbe, die sie für sich selbst in Anspruch nehmen, legen sie auch an andere an. Deshalb sind Fünfer nicht immer die leichtesten Teamgefährten. Denn ihre strengen Urteile sind oft gefürchtet. Auch Teambuilding ist nicht gerade ihre starke Seite. Teams, die Fünfer zu integrieren verstehen und sich deren Kräfte zunutze machen, können indes zu Höchstform auflaufen.

6 Die Kreativzahl 6 deutet nach numerologischer Erfahrung auf eine Art von intellektueller Kreativität, die sich durch einen hohen Grad an Sprachbeherrschung – oft verbunden mit der Fähigkeit, mehrere Fremdsprachen bis zur Perfektion zu erlernen – und durch ausgeprägte rhetorische Fähigkeiten auszeichnet. Sechser wissen nicht alles. Sie sehen auch ein, dass ein Mensch nicht alles wissen kann, aber sie sehen nicht ein, warum man es nicht wenigstens versucht haben soll. Lebenslanger Wissenserwerb ist ihnen erstes Lebensbedürfnis. Für selbst verschuldete Dummheit und intellektuelle Ignoranz haben sie nur Verachtung übrig. Sechser sind die Tüftler unter den Kreativen. Ob ein wirtschaftswissenschaftliches Problem zu durchdenken oder eine alte Standuhr zu reparieren ist: sie geben nicht eher Ruhe, bis sie eine Detaillösung gefunden haben. Dabei gilt ihr vorrangiges Interesse der praktischen Verwertbarkeit ihrer Lösungen, weniger der theoretischen Stimmigkeit. Ihr Pragmatismus macht sie nicht nur zu gefragten Partnern in jedem Team, gern nimmt man auch immer wieder ihre Nachbarschaftshilfe in Anspruch, wenn sich ihre Talente erst einmal herumgesprochen haben. Leider lassen sie sich in ihrer Eigenschaft als helfende Nachbarn auch manchmal ausnutzen.

7 Die Kreativzahl 7 steht für das intuitive Moment der kreativen Fähigkeiten. Sie erfinden nicht, „es" erfindet in ihnen und plötzlich ist es da. Nichts fürchtet ein Siebener mehr als Langeweile und das Gleichmaß aus

Wiederholung und Routine. Um dieser Horrorvision zu entgehen, verzichtet der Siebener lieber auf Erfolg und Karriere. Überhaupt ist ihnen der Erfolg ihres Tuns – Erfolg und Anerkennung, wie sie von den meisten angestrebt werden – nicht so überaus wichtig. Entscheidend bleiben für den Siebener die kreative Herausforderung und das Erlebnis, etwas angeschoben zu haben. Siebener sind die typischen Beginner, nicht aber im eigentlichen Sinn auch die Vollender. Oft kann es nicht schaden, wenn ein anderer noch einmal kritisch prüfend und wohlwollend verbessernd letzte Hand an ihr „Werk" legt. Am besten sind sie daher in solchen Berufen aufgehoben, wo Teams zu Werke gehen, die Beginner und Vollender, Macher und Denker in ihren Reihen haben. Als Filmregisseure in Teams von Autoren, Dramaturgen und Cuttern, als Schriftsteller mit guten Lektoren, Architekten im Team von Ingenieuren usw.

8 Wer über die Kreativzahl 8 verfügt, soll potenziell künstlerische Fähigkeiten besitzen. Das heißt beileibe nicht, dass alle Achter geborene Künstler sind, aber die Art, wie sich ihre Kreativität auch in anderen – technischen wie handwerklichen oder wissenschaftlichen – Berufen entfaltet, ist der künstlerischen Arbeit am ehesten vergleichbar.

Ästhetische Kriterien spielen für sie, oft unbewusst, eine große Rolle, mehr als bei anderen auch in der Erotik. Bei Achter-Frauen haben zum Beispiel Durchschnittsmänner, die sich auch dann noch für unwiderstehlich halten, wenn sie sich gehen lassen und herumhängen wie ein Schluck Wasser, keine Chance. Was andere gerade noch tolerieren, ist für Achter inakzeptabel. Natürlich ist in der rauen Wirklichkeit mit diesem Anspruch schwer zu leben. Aber was die gegenständliche Realität nicht hergibt, kann man sich vielleicht in der virtuellen Realität besorgen. Und wer hat gesagt, dass die virtuelle Realität minderwertiger sein muss als die gegenständliche Realität? Achter gehören beispielsweise zu den Internetpionieren. Sie stoßen kreativ in Berufe vor, die es noch gar nicht gibt. In gegenständlicher wie spiritueller Weise sind die Achter die Lichtbringer unter den Kreativen.

Weil ihnen das Vorgefundene selten genug ist, gehen sie unbegangene Wege und, um den Slogan eines großen Bankinstituts zu zitieren, öffnen Horizonte.

9 Inhaber der Kreativzahl 9 dürfen sich in der Regel gesunder Instinkte erfreuen. Das kann im Leben manches erleichtern. Denn wenn sie erst einmal die Erfahrung gemacht haben, dass sie in bestimmten Situationen instinktiv richtig reagiert haben, lernen sie, ihren Instinkten auch in anderen Situationen zu vertrauen. Neuner schöpfen nicht, wie die Sechser, aus intellektueller Überlegung, auch nicht, wie die intuitiven Siebener, aus dem Bauch heraus, sondern eher locker aus dem Handgelenk. Was so locker daherkommt, zieht unter Umständen eine Menge Arbeit nach sich, aber davor scheuen sich Neuner nicht, ist doch jede Art von Betätigung zugleich eine Lockerungsübung fürs Handgelenk und eine Herausforderung ihrer Kombinationsgabe. Zum Wesen ihrer Kreativität gehört es, dass Neuner ihre Erkenntnisse und Ideen in den seltensten Fällen erklären oder begründen können. Sie sind keine Systematiker, und systematisches Fortschreiten im Stoff war ihnen schon in der Schule immer unheimlich. Wenn sie in der Modebranche oder Werbung unterkommen, können sie es bis ganz nach oben schaffen. Wenn sie sich verlieben, ist es Liebe auf den ersten Blick. Und der erste Blick enttäuscht sie nur selten.

11 Menschen mit der Leitzahl 11 (die zu 2 reduziert oder als Doppel-Eins gedeutet werden kann) als Kreativzahl schaffen sich meistens mit Schaufel und Spitzhacke Bahn, seltener mit Haarpinsel und Pinzette. Mit anderen Worten: Übertriebene Detailarbeit ist nicht ihre starke Seite. Ein besonders ausgeprägtes Taktgefühl behindert sie ebenfalls nicht. Dass sie ziemlich direkt zur Sache gehen und dabei Menschen, die ihre Weggefährten sein könnten, mitunter unsanft anrempeln, halten sie eher für eine Tugend als für eine Sünde.

22 Die Leitzahl 22 (die zu 4 reduziert oder als Doppel-Zwei gedeutet werden kann) kann unter ungünstigen Umständen aus überzeugten Idealisten besserwisserische Pedanten machen. Ein Ordnungssinn, der von sich meint, höheren Zwecken zu dienen, richtet, wenn er nicht von einer charakterlichen Großzügigkeit kontrolliert wird, mehr Schaden an, als Nutzen zu stiften. Man sagt auch, dass viele der Zweiundzwanziger erst in der zweiten Lebenshälfte ihre wahren schöpferischen Kräfte entfalten. Jedenfalls behalten sie ihre kreative Kraft in der Regel weit über das Renten- oder Pensionsalter hinaus.

33 Die Leitzahl 33 (die zu 6 reduziert oder als Doppel-Drei aufgefasst werden kann) gibt als Kreativzahl dem unbezwingbaren Unternehmungsgeist der Dreiunddreißiger eine gewisse Leuchtkraft. Sie scheinen auf der Welt zu sein, um anderen Menschen, die vielleicht mutloser und weniger ausdauernd sind, als Beispiel zu dienen. Womit die Dreiunddreißiger leben müssen ist die Tatsache, dass ihre Intentionen oft falsch verstanden, ihre Erfolge mit Neid beäugt und mit Missgunst kommentiert werden. Da heißt es dann schnell und wider besseres Wissen: „Der hat ja schon wieder etwas Neues angefangen; der kriegt wohl auch nichts Rechtes zustande ..."

44 Die Leitzahl 44 (die zu 8 reduziert oder als Doppel-Vier aufgefasst werden kann) als Kreativzahl bewirkt, dass die Ideenfülle, über die diese Menschen verfügen, aus dem Bereich des Sachlichen und Materiellen ins Künstlerische und Geistige hinübergleitet. Das führt mitunter zu Identitätskrisen der Betroffenen. Sie haben zwar stets noch genügend Pläne und Ideen, mehr als sie je verwirklichen könnten, aber sie leiden darunter, dass sie sich zur Verwirklichung ihres opus magnum nicht entschließen können.

Die zweite Zahl: die Bedeutung der Nachnamenszahl

Die Nachnamenszahl wird auch *Pflichtzahl* genannt. Sie soll nach den Erfahrungen der numerologischen Praxis Aufschluss darüber geben, unter welchen Umständen und auf welche Weise die Menschen die Pflichten erfüllen, die ihnen auferlegt sind oder die sie in sich spüren.

Die Pflichtzahl wird aus dem offiziellen Nachnamen ermittelt. Als offizieller Name gilt der Name, der im Ausweis oder Pass eingetragen ist, und zwar in der Form, in der er im Pass eingetragen ist. Wer also als Akademiker einen Doktortitel – Dr. oder Dr. phil. – als Bestandteil seines Familiennamens eintragen ließ, muss auch diese Kürzel und die Punkte – Zeichen wie Punkte, Striche und Apostrophe mit dem Zahlenwert 9 – in die Ermittlung der Pflichtzahl einbeziehen. Ebenso gehören Adelstitel und -prädikate zum Familiennamen: Wer Bernhard Gans Edler Herr zu Putlitz heißt, muss eben etwas länger rechnen als Bernd Meier.

Da es heute problemlos möglich ist, den Geburtsnamen mit in den Ehenamen zu übernehmen, ist in solchen Fällen der vollständig ausgeschriebene Name mit allen Zeichen zu bewerten.

Menschen, die ihren Geburtsnamen bei der Eheschließung abgelegt haben, und Menschen, die bei mehreren Eheschließungen eventuell den Namen wiederholt gewechselt haben – traditionellerweise trifft das im überwiegenden Teil der Fälle auf Frauen zu –, sollten sich die Mühe machen, alle Namen, die sie jemals getragen haben, einer getrennten Analyse und einem Vergleich zu unterziehen.

In unserem Kulturkreis manifestiert sich im Nachnamen – wenigstens zu einem beträchtlichen Teil – vielfach jahrhundertealtes Familienerbe. Zu diesem Erbe gehören auch Pflichtgefühl und Pflichtauffassung, die von den Eltern an die Kinder weitergegeben werden. Auch bei einer Verheiratung werden mit dem Namen nicht nur Buchstaben, sondern auch Traditionen übertragen. Die numerologische Analyse kann ein Weg sein zu erkennen, ob man mit der übertragenen Pflichtauffassung leben kann oder ob das Zusammenleben vielleicht von erheblichen Differenzen in dieser Frage geprägt sein könnte.

1 Die Pflichtzahl 1 soll über ihre Inhaber aussagen, dass sie ihren Pflichten zwar nachkommen, aber nicht gerade mit dem gleichen Vergnügen, mit dem sie sich auf einer Ferieninsel sonnen. Sie würden sich zwar keinen Moment sträuben, eine Klärgrube zu entleeren, wenn das zu ihren Pflichten gehört, aber sie würden, ganz ehrlich, dabei denken: „Ich wäre jetzt auch lieber in Philadelphia." Zur ihrer Pflichtauffassung bildet es für die Einser keinen Widerspruch, ihre Pflichten gewissermaßen abzugelten, wenn sie es sich leisten können. Es bereitet ihnen keine Seelenqualen, andere für sich arbeiten zu lassen, weil sie in solchen ethischen Kleinigkeiten sehr großzügig sind. Anders sieht es bei ihren beruflichen und familiären Pflichten aus. Einser, gleich ob Mann oder Frau, sonnen sich in der Aufgabe des Haushaltvorstands oder Familienoberhaupts. Da erledigen sie sogar Arbeiten höchstpersönlich, die anderswo schon ganz aus der Mode gekommen sind. Auch im Beruf ist ihre Pflichtauffassung geradezu preußisch. Wenn sie es weit bringen – und das ist bei den Einsern durchaus keine Seltenheit –, versuchen sie, ihre Pflichtauffassung im beruflichen beziehungsweise geschäftlichen Umfeld und möglichst im ganzen Unternehmen durchzusetzen.

2 Für Menschen mit der Pflichtzahl 2 ist Pflichterfüllung nicht allein ein ethisches Muss, sondern Dienst am anderen, eine soziale Mission. Sich selbst gegenüber sind sie schon einmal nachsichtig (wenn es zum Beispiel darum geht, einen wichtigen Arzttermin wahrzunehmen), aber Freunden und Verwandten, Arbeitskollegen und Geschäftspartnern und erst recht ihren Partnerinnen oder Partnern gegenüber würden sie sich nie die leiseste Verfehlung zuschulden kommen lassen. Die Art, wie sie ihre Pflicht erfüllen, wird wesentlich von der Atmosphäre ihres sozialen Umfelds geprägt. Mit Lob und Ermunterung sind sie hervorragend aufzubauen; in einem unangenehmen Klima, in dem Nörgelei, ein unfreundlicher Umgang und ein rauer Ton vorherrschen, sind sie hingegen auf Dauer auch für Geld nicht zu halten.

3 Menschen mit der Pflichtzahl 3 sind im Grunde die Rationalisten unter den Pflichtgetreuen. Sie erledigen ihre Pflichten mit so viel Engagement, dass man sich manchmal fragt, wo sie die Motivation dafür hernehmen. Oft ist die Motivation ganz simpel und eigennützig: Sie wollen es ganz schnell hinter sich haben, um sich nur umso mehr Freiraum für ihre eigenen Intentionen zu schaffen. Sie gehen nach dem Motto vor: das Unangenehmste zuerst. Dennoch gehören die Dreier zu denjenigen, die morgens gut gelaunt ins Büro kommen, selbst wenn dort Unangenehmes ihrer harrt. Sie wissen: Das Unangenehme ist in zwei, drei Stunden ausgestanden, und dann wird wieder gearbeitet, wie sie es sich vorstellen. Wenn sie sich morgens in der U-Bahn mürrischen Gesichtern gegenübersehen, wissen sie, die Vergnatzten müssen mit einem Malus in den neuen Tag starten, denn bei ihnen liegt meist noch etwas vom Vortag auf dem Schreibtisch. Was der Dreier allerdings sehr übel nimmt: wenn man versucht, ihm mehr Pflichten aufzubürden, als ihm seiner Ansicht nach zugemutet werden können, zum Beispiel weil er doch sein Pensum bisher so tadellos und schnell abgearbeitet hat. Dann wird er zum peniblen Bürokraten und lässt sich seine Rechte und Pflichten verbriefen und versiegeln, bevor er auch nur einer Staubflocke in den Weg tritt.

4 Die Pflichtzahl 4 spricht für eine planvolle und systematische Pflichterfüllung, die ihre Inhaber an den Tag legen. „Wat mutt, dat mutt!", könnte ihr Wahlspruch sein. Sie erledi-

gen ihre Pflichten, zum Beispiel den Gang zum Müllschlucker, in einer Demut, die der protestantischen Arbeitsethik entlehnt scheint. Sie haben zwar keinen großen Spaß dabei, aber sie tun, was getan werden muss, klaglos. Und wenn es schon getan werden muss, soll es auch gut getan werden. Und schnell. Und effektiv. Also planen sie auch das Vorbereiten des Familienabendbrots wie ein Feldherr einen Kriegszug: als Einsatz von Kraft in einer bestimmten Zeit in einem bestimmten Raum. Kein überflüssiger Handschlag, kein Ding am falschen Platz und alles keine Minute zu spät. Diese Präzision ist es, die Vierern die Freude an der Pflichterfüllung gibt. Und wie im Kleinen so ist es auch im Großen. Präzise und verlässlich wie gut geschmierte Uhrwerke spulen sie ihr Pensum ab. Kindern stellt man sie gern als Vorbild hin – und das schmeichelt ihnen sogar. Nur wenn man gleichen Einsatz für andere auch in der Freizeit von ihnen erwartet, wird man mit großer Wahrscheinlichkeit einen Korb bekommen.

5 Die Pflichtzahl 5 bedeutet: Erst die Arbeit, dann das Vergnügen. Oder: Dienst ist Dienst und Schnaps ist Schnaps. Fünfer machen manchmal den Eindruck, als lebten sie ausschließlich für ihre Pflichterfüllung. Sie gehören zu den ausdauerndsten Arbeitern und halten oft viel mehr für ihre Pflicht, als man ihnen tatsächlich aufgetragen hat. Der oberflächliche Betrachter ist aber im Irrtum, wenn er annimmt, die Fünfer lebten nur, um zu arbeiten, und hätten dabei schon verlernt, die schönen Seiten des Lebens zu genießen. Vielmehr sind viele Fünfer über den Punkt der strikten Trennung zwischen Pflicht und Neigung schon hinweggekommen. Sie haben die Arbeit so in ihr Leben integriert, dass ihnen eine Arbeitsunterbrechung nur wie ein notwendiges Übel erscheint, das der Schöpfer in einem Ratschluss in die Welt gesetzt hat, damit man es strebsam überwinde. Bei ihren Arbeitskollegen sind Fünfer deshalb nicht immer beliebt.

6 Menschen mit der Pflichtzahl 6 sind in der Regel Take-it-easy-Typen. „Ernst ist das Leben, heiter ist die Kunst." Den Satz konnte nur ein schlecht gelaunter deutscher Dichter erfunden haben, meint der Sechser und geht heiteren Gemüts zur Tagesordnung über. Schaffe, schaffe, Häusle baue – schon. Aber warum dabei nit nach den Mädle schaue? Für wen baut mans Häusle denn sonst? Gastgebe-

rinnen mit der Pflichtzahl 6 sind praktisch niemals zu überraschen, auch wenn man noch vier Leute mehr zum Mittagessen mitbringt. Was andere unter Druck bringt und in Panik versetzt, lässt Sechser zur Hochform auflaufen. Unverdrossen wird die Suppe mit Wasser gestreckt, die Kartoffeln in kleinere Stücke geteilt und das Gemüse mit Mehl angedickt. Wer eine Sechser-Großmutter hatte, wird sich erinnern: Immer sind alle satt geworden an ihrem Tisch, und nie ist jemand ungetröstet von ihr weggegangen.

7 Menschen mit der Pflichtzahl 7 sind auch hinsichtlich der Pflichterfüllung gehorsame Diener ihrer Intuition. Leider ist das der Pflichterfüllung nicht immer dienlich, sodass Siebener gelegentlich sanft an ihre Aufgaben erinnert und – wenn es gar nicht anders geht – unsanft mit der Nase drauf gestoßen werden müssen. Siebener vertrauen ihrer Eingebung, wenn sie einen Termin platzen lassen, weil ihnen eine private Verabredung wichtiger erscheint. Wenn sie nicht so charmante Ausreden erfinden würden, müsste man ihnen direkt böse sein. Intuitiv erfassen sie auch, wann es wirklich darauf ankommt, wann die Luft brennt und wo es nicht mehr angeht, sich aus der

Pflicht zu stehlen. Siebener sind schließlich auch nicht so eitel, dass man sie nicht kritisieren dürfte. Man kann mit ihnen über alles reden. Es nutzt nur nichts. Das Zusammenleben mit einem Pflicht-Siebener ist nicht leicht. Aber wenn es einem nahen Menschen wirklich schlecht geht, wird der Siebener es intuitiv erfassen und für den anderen da sein – wenn nötig bis zur Selbstaufopferung.

8 Die Menschen mit der Pflichtzahl 8 sind die Pragmatiker unter den Pflichtmenschen. Da sie Veränderungen in ihren alltäglichen Lebensumständen nicht besonders schätzen, tun sie alles, um Stabilität und Harmonie aufrecht zu erhalten – was immer kommen möge. Dazu gehören nun einmal bestimmte Pflichtübungen: Wer sich waschen will, muss sich nass machen. Wenn das so ist, gehört die Waschung zum alltäglichen Ritus und ist Bestandteil der Tagesharmonie. Bei ihren Pflichtübungen wird man Achter auch nie sonderlich verspannt oder zerknirscht antreffen. Das liefe ihrem ästhetischen Empfinden entgegen. Sie wollen, auch wenn sie das tun müssen, was sie eigentlich gar nicht tun wollen, wenigstens nett aussehen. Achter-Männer gehören zu diesen Typen, die sich vor der Küchenar-

beit nette Partyschürzchen anziehen und über ein ganzes Sortiment speziell gehärteter und geschliffener Küchenmesser verfügen. Er wird zwar die Zwiebel ein wenig grob schneiden, das aber mit dem besten aller Werkzeuge – und ohne eine Träne zu vergießen.

9 Bei Menschen mit der Pflichtzahl 9 hat man oft das Gefühl, sie hätten ihre Pflichten schon erledigt, bevor andere überhaupt wissen, was ihre Pflicht ist. Den Seinen gibt's der Herr im Schlaf; nimmt er ihnen auch im Schlaf die Pflichten ab? Die Neuner sind im Hinblick auf die Pflichtauffassung das Gegenteil der Dreier. Statt „das Unangenehmste zuerst", lautet ihr Motto „Ruhe bewahren; mal sehen, was übrig bleibt." Manches erledigt sich von selbst. Neuner sind Meister der Tarnung, wenn es darum geht, Vorgesetzten und Kollegen Eifer und Pflichttreue vorzuspielen. Sie haben aber eine Nase dafür, wann es brenzlig wird. Und dort sind sie dann als Erste mit dem Löscheimer zur Stelle. Auch auf Kritik reagieren sie empfindsam, aber nicht beleidigt. Man sollte sich also vom Blick des weidwunden Rehs nicht abhalten lassen, einem Neuner zu sagen, was man von ihm erwartet. Man kann sicher sein, es dann auch zu bekommen.

11 Die Leitzahl 11 (die zu 2 reduziert oder als Doppel-Eins aufgefasst werden kann) löst mitunter missionarischen Eifer aus. Pflichterfüllung und -treue als Ideal durchsetzen ist das eine. Das Thema zum Lebensziel an sich zu erheben ist eine Marotte, die Elfer manchmal befällt. Dabei können sie sogar an einer Art Verfolgungswahn leiden, weil sie meinen, wenn sie sich nicht um alles kümmern, läuft nichts. Als Chefs in reiferen Jahren verstehen sie es, die Betriebsabläufe so einzurichten, dass die Mitarbeiter immer einmal wieder das hohe Pflichtgefühl „des Alten" oder „der Chefin" bewundern können. Ihren Kindern gegenüber müssen sie sogar aufpassen, mit ihrer familiären Pflichtauffassung nicht allzu gluckenhaft zu wirken.

22 Für Menschen mit der Leitzahl 22 (die zu 4 reduziert oder als Doppel-Zwei aufgefasst werden kann) als Pflichtzahl wird Pflichterfüllung zur sozialen Mission. So halten die meisten von ihnen es für eine selbstverständliche Pflicht, ein Ehrenamt auszuüben. Dieses Amt, das auch ein politisches sein kann, erfüllen sie auf absolut ehrenhafte und uneigennützige Weise. Sie reagieren aber sauer, wenn man ihre Lauterkeit und ihre Motive anzwei-

felt. Ebenso, wenn sie sich ausgenutzt fühlen: Dann suchen sie sich lieber ein anderes Umfeld, in dem sie ihrer sozialen Mission mit größerem Dank nachgehen können.

33 Menschen mit der Leitzahl 33 (die zu 6 reduziert oder als Doppel-Drei aufgefasst werden kann) im numerologischen Familienwappen bemühen sich aufrichtig, nicht alles gleich so ernst zu nehmen. Sie bemühen sich oft zu ernsthaft darum; deshalb gelingt es ihnen nicht immer. Im Grunde ihres Herzens sind die Dreiunddreißiger heitere Menschen. Sie lassen es nur nicht jeden spüren. Nicht immer erfüllen die Dreiunddreißiger ihre Pflicht mit heißem Herzen; meist sind aber auch die Pflichten nicht danach, dass man das verlangen kann. Ihre Mitwelt freut sich darüber, dass sie dem Unabänderlichen eine fantastische, farbige Note geben. Doch die Leichtigkeit des Seins, die sie sich wünschen, stellt sich nicht immer ein.

44 Die Leitzahl 44 als Pflichtzahl (die zu 8 reduziert oder als Doppel-Vier aufgefasst werden kann) schafft, ähnlich wie die 4, Freude an der Präzision, mit der die Pflichterfüllung abgespult wird. Bei diesen Men-

schen bekommt die Freude an der Präzision aber schon regelrecht ästhetischen Eigenwert. Eigentlich erfüllt der Vierundvierziger seine Pflichten aus Eigennutz, weil jede Pflichtverletzung eine Beeinträchtigung seines Harmoniebedürfnisses zur Folge hätte. Stört man dabei seine Kreise, zum Beispiel in der ehrenwerten Absicht, ihm zu helfen, ihm eine Bürde abzunehmen, wird man überwiegend Undank ernten und vielleicht nicht wissen warum.

Die dritte Zahl: die Bedeutung der Gesamtnamenszahl

Die Gesamtnamenszahl wird gebildet, indem man die Summe beziehungsweise die Quersummen aus dem im täglichen Gebrauch verwendeten Gesamtnamen ermittelt.

Die Frage, wie dieser im täglichen Gebrauch verwendete Gesamtname – wir wollen ihn im Folgenden den Gebrauchsnamen nennen – eigentlich lautet, kann nur jeder für sich selbst beantworten. Hier können wir nur die folgenden Hinweise und Empfehlungen dazu geben:

● Verwenden Sie Ihren Vornamen in der am meisten gebräuchlichen Rufnamensform; aus Harald kann also Harry, aus Eva-Maria wieder Evi werden.

● Wenn Sie Ihren Namen häufig offiziell auf Visitenkarten oder Briefbögen darstellen oder wenn Ihr Name durch Ihr Wirken in der Öffentlichkeit in einer ganz bestimmten Form bekannt geworden ist, verwenden Sie diese Namensform. Abgekürzte Vornamen wie beispielsweise bei ERIK S. KLEIN oder auch die Kürzel zweiter Familiennamen wie bei THEODOR W. ADORNO (das W. steht für den Familiennamen WIESENGRUND) werden entsprechend den numerologischen Gepflogenheiten in die Berechnung einbezogen.

● Titel und Prädikate werden in den Namen einbezogen, wenn Sie Ihren Titel oder Ihr Prädikat üblicherweise zum Namen zählen. Da es bei den Schreibungen Varianten gibt – FRIEDEL FREIHERR VON WANGENHEIM oder F. FRHR. V. WANGENHEIM – kann nur der Betreffende selbst aus dem Gebrauch seines Namens heraus entscheiden, welche Form er der Berechnung zugrunde legt.

● Künstlernamen, die regelmäßig anstelle des bürgerlichen Namens verwendet werden, sollten in den Gebrauchsnamen eingehen. Anders verhält es sich mit Pseudonymen, die nur gelegentlich, beispielsweise um die eigene Identität nicht zu enthüllen, gebraucht werden. Man sollte sie nicht unbedingt in die Analyse einbeziehen.

Aus den breiten Variationsmöglichkeiten, die bei der Bildung des Gebrauchsnamens bestehen, geht hervor, dass die Gesamtnamenszahl nicht einfach eine Addition der Vornamens- und der Nachnamenszahl ist, sondern auf einem qualitativ anderen Namentyp basiert.

Die Gesamtnamenszahl soll als *Berufungszahl* über Karrierechancen und Profession, wie sie dem Einzelnen aus seiner numerologischen Konstellation heraus bestimmt sind, Auskunft geben. Menschen, die nach einer Eheschließung ihren Namen geändert haben – traditionellerweise sind es noch immer häufiger die Frauen – oder die sich einen Doppelnamen zugelegt haben und dem neuen Namen oder Namenbestandteil noch nicht so recht trauen, sollten die Zahlen der alten und der neuen Namen durchrechnen und die Resultate miteinander vergleichen. Die Numerologie gibt für die Berufungszahlen folgende Interpretationshinweise.

1 Die Berufungszahl 1 soll nach numerologischer Überlieferung zum Ausdruck bringen, dass ihre Inhaber beruflichen Erfolg anstreben und Ansprüche auf Führungspositionen geltend machen. Nun geht zwar keiner mit

dem ausdrücklichen Ziel einem Beruf nach, darin Misserfolge zu erleben, doch definiert sich für die Einser der Erfolg und die Anerkennung ebenso wie das Vorankommen auf der Karriereleiter als das Wesen des Berufslebens. Bereits in jungen Jahren lassen sie sich nur ungern etwas sagen, streben vielmehr nach Positionen, in denen sie etwas zu sagen haben. Sie begnügen sich nicht damit, eine bestimmte Arbeit gut zu machen, sie wollen in die Lage kommen, über die Arbeit zu bestimmen, die gemacht werden muss. Da es nicht so viele Führungspositionen wie Einser gibt, wählen viele von ihnen den Weg der beruflichen Selbstständigkeit oder suchen in freien Berufen ihr Glück.

2 In der Berufungszahl 2 ist der uralte Drang der Menschen codiert zu erkunden, was die Welt im Innersten zusammenhält. Zweier sind Erkunder im wissenschaftlichen, im philosophischen oder religiösen ebenso wie im zwischenmenschlichen Sinne. Sie können nicht einfach akzeptieren, wenn ihnen ihr Partner sagt „Ich liebe dich!" Sie wollen herausbekommen, warum das so ist. Darum ist das Leben mit einem Zweier nicht immer leicht. Auf der anderen Seite strahlt ihre gewissermaßen spirituelle Orientierung für vie-

le auch eine große Wärme ab, vermag sogar ein Gefühl der Sicherheit zu vermitteln. Denn Zweier stürzen sich nicht unvorsichtig ins Getümmel des Lebens, sondern versuchen zuvor, den Weg genau zu erkunden, und, wenn sich etwas aus der sicheren Deckung heraus erreichen lässt, werden sie sich durch nichts verführen lassen, sich in die vorderste Front zu stellen.

3 Mit der 3 als Berufungszahl wollen die Menschen mehr erreichen, als ihnen auf den ersten Blick in die Wiege gelegt scheint. „Wenn ich König von Deutschland wär ..." ist mehr als ein Liedtext oder eine witzige Floskel; frühzeitig beginnen sie damit sich auszumalen, was sie in einer verantwortlichen Position als Erstes täten. Ihnen eigen ist also nicht nur ein außergewöhnlicher Ehrgeiz, sondern auch ein natürliches Gefühl für Verantwortung. Wenn sie es in eine hohe Position schaffen, strafen sie oft ihre Neider Lügen, die behauptet haben, diese Schuhe seien viel zu groß für sie. Der Nachteil ist: Wenn Dreiern der berufliche Aufstieg versagt bleibt, werden sie manchmal wunderlich. Sie neigen zur Egozentrik und ihre Lebensentscheidungen sind manchmal für Außenstehende nur schwer nachzuvollziehen.

4 Mit einer 4 als Berufungszahl geht es für die Betroffenen um das Schicksal der Menschheit. Ob sie als Greenpeace-Aktivisten Wale retten oder als überzeugte Kietz-Fundis Straßenfeste organisieren – typisch für Vierer ist, dass ihr Tun immer über den Tellerrand des eigenen Egos hinausweist. Vierer schöpfen die Motivation für ihr individuelles Tun aus dem Engagement für das Gemeinwohl. Dass sie sich oft vorbehaltlos in den Dienst einer Sache stellen, führt manchmal zu dem Fehlurteil, sie seien für untergeordnete Tätigkeiten besonders geeignet. Richtig ist vielmehr, dass ihr Führungsanspruch lange latent bleibt, sich nicht nach den Zeichen äußeren Erfolgs bemisst, sondern sich mit sozialer Kompetenz verbindet. Negative Auswirkungen hat die Orientierung ihrer Berufungszahl möglicherweise dann, wenn die Interessen des Individuums gegenüber den Interessen der Allgemeinheit geringer geschätzt werden und am Ende beide darunter leiden.

5 Wer mit der Berufungszahl 5 lebt, vertritt gewöhnlich die Meinung, dass man der Allgemeinheit am besten dient, wenn man die Chancen und Spielräume der Individuen erweitert. Fünfer sondern sich gern vom Mainstream ab und suchen ihren eigenen originellen Weg, wobei ihnen die freien Berufe mehr liegen als die Einbindung in die Apparate großer Unternehmen. Viele Fünfer gehen in höherem Alter „back to the roots", kehren an die Stätten der Kindheit zurück, suchen die Heimat der Vorfahren auf oder legen umfangreiche Familienchroniken an. Wenn sie nicht ausgesprochen kommunikative Charaktere wären, könnte man sie glatt für wunderlich halten.

6 Die Berufungszahl 6 sagt etwas über die praktische Intelligenz ihrer Inhaber aus. Man sagt Sechsern nach, dass sie Meister in der Improvisation und in der Resteverwertung seien, dass sie mit Bindfaden, Kaugummi, Münze und Feuerzeug Berge versetzen können. Als Kinder haben die Sechser die Hosentaschen voller alter Schrauben, Drahtenden, Murmeln und Einzelteilen defekter Spielsachen – weil man schließlich alles noch einmal irgendwann gebrauchen kann. Die Eltern haben meist jahrelang vergeblich versucht, diesem Sammelbedürfnis erzieherisch entgegenzuwirken – meist aber vergeblich. Aus dieser frühen Prägung entspringt eine grundsätzliche Lebenshaltung, die nach der praktischen Durchführbarkeit und Verwertbarkeit

fragt und sich weder mit der Wegwerf-gesellschaft abfinden will noch sich mit Ideologien abspeisen lässt. Großartige Zukunftsvisionen lassen den Sechser kalt, solange die Probleme der Müllentsorgung in seinem Kietz nicht gelöst sind.

7 Menschen mit der Berufungszahl 7 sind alles andere als Durchschnittsmenschen und sie haben auch das Selbstbewusstsein, sich gegen den Durchschnitt durchzusetzen. Siebener neigen zu spontanen Ausbrüchen aus dem Alltag; ebenso häufig sind sie dazu aufgelegt, ihre biedere Umwelt durch einen derben Scherz manchmal sogar durch einen handfesten Skandal zu provozieren. „Ein bisschen verrückt" ist noch das Harmloseste, was man über sie sagt. Wenn ihnen die gegenständliche Realität zu platt wird, begeben sie sich in die virtuelle Realität – nicht nur zum Vergnügen, sondern um in diesem Metier auch beruflich Herausragendes zu leisten.

8 Die Berufungszahl 8 macht aus seinen Inhabern in der Regel ausgeglichene Menschen, die auch in jüngeren Jahren schon so etwas wie die Weisheit des Alters ausstrahlen. Ihr Lebensideal ist es, ohne Feinde zu leben

und Konflikte aus der Welt zu schaffen, ohne jemandem weh zu tun. Da es in der Wirklichkeit sehr schwer ist, nach diesem Ideal zu leben, müssen die Achter aufpassen, dass sie nicht zu passiven Beobachtern werden, die ihre Ideale nur noch zynisch kommentieren, oder gar als Verlierertypen angesehen werden, die jeder grob behandeln darf, weil sie ja sowieso untergebuttert werden. Achter haben ein sensibles Gespür für soziale Spannungen und ein ausgeprägtes Gerechtigkeitsempfinden. Oft drängt es sie in künstlerische Berufe, oder aber sie versuchen, ihrer Lebenswirklichkeit mit künstlerischen Methoden zu Leibe zu rücken.

9 Die Berufungszahl 9 soll bedeuten, dass ihre Inhaber einen besonderen Nerv für okkulte Zusammenhänge haben. Das gilt auch dann, wenn sie Esoterik und Okkultismus im Grunde ihres Herzens für modischen Schnickschnack oder Aberglauben halten. Dennoch spüren sie Zusammenhänge, die sie noch nicht erklären können. Das Unerklärliche spornt sie zu immer neuen Studien und Überlegungen an. Neuner, die sich zu ihren okkulten Neigungen bekennen, gehen selbstverständlicher damit um als andere – manche sogar ein wenig leichtfertig. Menschen

mit hohem Verantwortungsgefühl werden als Neuner die Erkenntisse der exakten Wissenschaften mit den okkulten Überlieferungen zu verbinden versuchen.

11 Als Berufungszahl verschärft die 11 (die zur 2 reduziert oder als Doppel-Eins aufgefasst werden kann) auf der einen Seite das Bedürfnis nach Erfolg und Anerkennung. Auf der anderen Seite werden Misserfolge zum Ausgangspunkt genommen, um durch eine genaue Ursachenanalyse doch noch zum Erfolg zu kommen. Der lebenszugewandte Optimismus der Elfer ist unbezwinglich.

22 Diese Leitzahl (die zur 4 reduziert oder als Doppel-Zwei aufgefasst werden kann) besagt: Man muss nicht Wissenschaftler sein, um Lebenszusammenhänge zu erkennen. Und Erkenntnis – auch sinnliche und emotional fundierte Erkenntnis – bilden die Voraussetzung, um ordnend in den Gang der Welt einzugreifen. Zweiundzwanziger haben eine intuitive Fähigkeit, Dinge praktisch wieder in Ordnung zu bringen, die vorher aus dem Lot geraten sind.

33 Die Leitzahl 33 (die zur 6 reduziert oder als Doppel-Drei aufgefasst werden kann) forciert den Hang zum Höheren. Nicht immer systematisch, eher chaotisch-kreativ schaffen sich die unter dieser Leitzahl Lebenden die sachlichen, materiellen Voraussetzungen für ihre Karriere. Dreiunddreißiger beweisen, dass sich auch aus einer Vielzahl von Fehlversuchen noch Positives herausholen lässt.

44 Die Leitzahl 44 (die zur 8 reduziert oder als Doppel-Vier aufgefasst werden kann) bringt ihre Inhaber an die Stellen, wo verteilt wird: Geld, Arbeit, Gewinn und Verlust, Gerechtigkeit und Strafe, Anerkennung und Tadel. Es ist, als ob sie das Gesetz verkörperten – und manchmal tun sie es auch ganz real, als Beamte, Juristen, Lehrer. Das Spektrum der Berufe ist so breit wie die Palette der Dinge, die gerecht verteilt werden müssen.

Die vierte Zahl: die Bedeutung der Herzzahl

Die Herzzahl, die von einigen Autoren auch Seelenzahl oder Vokalzahl genannt wird, gewinnt man aus den Vokalen aller Namen. *Alle Namen* meint hier wirklich alle Namen, die der Betreffende trägt oder beigelegt bekommt. Dazu gehören unter Umständen auch der Kosename, den ein Mensch eventuell seit frühester Kindheit trägt, und Spitznamen, die manchem im Laufe der Zeit zuwachsen. Adelsprädikate, die fester Bestandteil des Namens sind, werden in die Berechnung der Herzzahl einbezogen, erworbene oder verliehene Titel indes nicht.

Herzzahlen zeigen an, welchen Stellenwert Liebe und Partnerschaft für den Betroffenen haben. Gewöhnlich empfehlen Numerologen, die Herzzahl nicht isoliert, sondern im Zusammenhang mit der Pflichtzahl zu betrachten. Denn erst die Verbindung beider gibt den wahren Zusammenhang von Pflicht und Neigung kund.

Überdies findet man in der numerologischen Literatur auch eine besondere Hervorhebung des ersten Vokals des Vornamens. Nach einer seit dem Altertum verbreiteten Auffassung ist der erste Vokal des Vornamens eine Art Seelenpforte – die vokalische Schwingung, auf der die Seele zuerst in den Körper eintrat.

Die Numerologie gibt die folgenden Interpretationshilfen für die ermittelte Herzzahl. Im Anschluss widmen wir uns dann noch der Bedeutung des ersten Vokals des Vornamens.

1 Die Herzzahl 1 deutet auf ein großes, offenes Herz, gleichzeitig auf Stärke und Dominanz in einer Beziehung – aber auch auf Großzügigkeit hin. Einser besitzen einen starken Drang nach Unabhängigkeit, der auch im Gefüge einer langjährigen Beziehung nicht einzudämmen ist. Das verleiht ihnen oft eine starke Ausstrahlung, die anziehend wirkt. Sie scheinen so durchweg sonnige und erfolgsverwöhnte Zeitgenossen zu sein. Indes verbirgt sich hinter der strahlenden Fassade die Sorge, jederzeit auf ein positives Echo zu stoßen, gut anzukommen und geliebt zu werden.

2 Die Herzzahl 2 verleiht ihrem Inhaber das Bedürfnis nach Ruhe und Harmonie. Zweier empfinden sich als ideale Ergänzung, fügen sich emotional ein, passen sich an, sind eher Nachfolger als Anführer. Zweier haben das Vermögen, mit ihrem Partner oder mit ihrer Partnerin eine so intensive harmonische Beziehung aufzubauen, dass sie sich darin fast wortlos verstehen – in guten wie in schlechten Tagen. Das klingt vielleicht idealer, als es ist. Da Zweier aber auch sehr bedingungslos in ihrer Partnerschaft leben, sind sie auch sehr verletzlich, wenn eine Krise eintritt.

3 Die Herzzahl 3 kann sich bei ihren Inhabern in der Form „veni, vidi, vici" manifestieren oder in der Dreiheit Verstand, Gefühl und Tatkraft oder auch in der Dreiheit Intellektualität, Emotionalität und Inspiration ihren Niederschlag finden. Dreier haben nicht die Ausstrahlung von Siegertypen, aber sie erobern ihren Partner oder ihre Partnerin gern mit großem Aufwand der Gefühle. Unbefangen und für andere überaus mutig gehen sie in eine Beziehung hinein. An die Möglichkeit des Scheiterns wollen sie nicht glauben. Wenn ihr Selbstvertrauen jedoch erschüttert wird, fehlt es ihnen manchmal an der nötigen Ausgeglichenheit.

4 Menschen mit der Herzzahl 4 haben oft eine sehr traditionelle Auffassung von Bindung und Partnerschaft. Sie verbinden Emotionalität und Intimität nicht selten mit praktischer Lebensführung und Selbstdarstellung in der Öffentlichkeit. Ihr Weltbild wirkt fest gefügt. Funktionieren ist eines der Schlüsselworte des Vierers. Trotz ihrer Ehrlichkeit und Zuverlässigkeit ist dieses Funktionsverständnis darum mitunter ein Hindernis für eine dauerhafte Partnerschaft.

5 Für Menschen mit der Herzzahl 5 ist die Beziehung eine riesige Spielwiese, auf der man seine Möglichkeiten entdecken kann. Vor einer allzu frühen und allzu festen Bindung schrecken sie aber oft zurück. Gibt es denn eine Garantie für das Gelingen? Gibt es nicht? Na, dann … Die Ideale von Freiheit und Unabhängigkeit sollen möglichst wenig eingeschränkt werden. Wenn sich ein Fünfer aber dann einmal entschlossen hat, zu einer Beziehung ja zu sagen, kann man mit ihm durch dick und dünn gehen, denn er überträgt den gleichen Absolutheitsanspruch auch auf die neue gemeinsame Welt.

6 Menschen mit der Herzzahl 6 nehmen in einer Beziehung einen langen Anlauf – und ob sie dann wirklich abspringen, ist noch nicht gewiss. Es liegt ja viel Risiko in den Worten Ehe und Familie, oder? Sechser bekennen sich zum Ideal des Hausfriedens. Was in ihrer Macht steht, um diesen Hausfrieden zu erhalten, das tun sie auch. Sechsern sagt man auch nach, dass sie das Herz auf der Zunge tragen. Dennoch sind sie sensibel und verletzen mit Worten nicht. So eloquent sie im Allgemeinen sind, so wortkarg werden sie, wenn es gilt, Beziehungskonflikte auszutragen.

7 Menschen mit der Herzzahl 7 sind vielleicht die spontansten von allen. Nicht, dass sie spontan Bäume ausreißen; ihre Partner überraschen sie eher mit Kleinigkeiten. So steht am Hochzeitstag nicht unbedingt ein großer Rosenstrauß auf dem Tisch, aber dafür ist das Frühstücksei über und über mit kleinen roten Herzchen bemalt. Die Kehrseite der Spontaneität ist freilich, dass Siebener von der Mitwelt oft als etwas unstet angesehen werden, denn was sie für wichtig und erstrebenswert halten, kann sich von einer Minute zur anderen ändern. In einer Partnerschaft relativiert sich aber dieser spontane Gesinnungswandel, wie er auch seinerseits allzu starre Wertmaßstäbe zu relativieren weiß.

8 Die Herzzahl 8 drückt Sehnsucht nach Liebe aus, aber auch den Ehrgeiz, eine besonders gute Beziehung zu leben. Als ungesellige Menschen haben es die Achter nicht immer leicht, ihrem Traum zu folgen. Da sie es aber gewohnt sind, große Aufgaben in Angriff zu nehmen, wird es ihnen mit künstlerischer Begeisterung und ästhetischem Feingefühl gelingen, über ihren Schatten zu springen.

9 Die Herzzahl 9 befähigt ihre Inhaber, den Partner oder die Partnerin mit der „Nase" zu finden. Die „Spürnase" ist ja bekanntlich nicht nur eine Redewendung, sondern führt den, der mit gesunden Instinkten und intuitiven Fähigkeiten begabt ist, tatsächlich zu der oder zu dem Richtigen. Manchmal genügen schon vage Eindrücke, um sicher zu sein. Allerdings ist der Neuner in der Regel kein Freund großer Worte und großer Zeremonien. Wenn zwei Neuner einander ihre Liebe erklären, könnte sich das ungefähr so anhören: „Ich denke, es wäre an der Zeit." – „Ich auch."

11 Die 11 (die sich zur 2 reduzieren, aber auch als Doppel-Eins auffassen lässt), ist als Herzzahl eine wichtige Leitzahl. Sie lässt sich zwar mit den Eigenarten der 2 deuten, hat aber auch eine Eigenbedeutung. Als Herzzahl drückt sie ein hohes Maß an spiritueller Reife aus, steht für Mut, ausgeprägte Führungsqualitäten und die Fähigkeit, aus den eigenen Talenten etwas zu machen.

22 Die Leitzahl 22 (die zur 4 reduziert oder als Doppel-Zwei aufgefasst werden kann) steht als Herzzahl für das Streben nach materieller Si-

cherheit und für die Erfüllung von Wünschen, die mit materiellem und beruflichem Erfolg in Zusammenhang stehen. Höhere ideelle Ziele zeigen sich unter dieser Leitzahl oft an praktische Lebensvoraussetzungen geknüpft.

33 Die Leitzahl 33 (die sich zur 6 reduzieren oder als Doppel-Drei interpretieren lässt) als Herzzahl spricht für ein hohes Maß an Opferbereitschaft und einen ausgeprägten Gemeinschaftssinn. Nicht materielle Opfer müssen im Mittelpunkt stehen; es kann schon die Zeit sein, die man aufbringt, um einem anderen zuzuhören und sich teilnehmend um dessen Probleme zu kümmern.

44 Durch die Leitzahl 44 (die sich zur 8 reduzieren, aber auch als Doppel-Vier auffassen lässt) als Herzzahl vermögen Planmäßigkeit und Systematik, die dem Inhaber vielleicht in einzelnen Lebensbereichen eigen sind, zu einem allumfassenden Lebenskonzept zu werden. Die unter dieser Leitzahl leben, sind – ob sie es wollen oder nicht – Vorbild für andere, denen es nicht so leicht fällt, Ordnung in ihr Leben zu bringen.

Die Bedeutung des ersten Vokals des Vornamens

A als erster Vokal spricht für Kühnheit und Vorausschau im Denken und im Handeln. Mit A als erstem und einem weiteren A im Vornamen soll man zu den präzisesten Denkern gehören.

E als erster Vokal spricht für ein bewegtes Leben. Mit E als erstem Vokal und einem weiteren E im Vornamen gilt man als etwas leichtsinnig, mehr als drei E sollen Signal für einen wankelmütigen Charakter sein.

I als erster Vokal bedeutet Inspiration und Intuition, ästhetisches Empfinden und latente künstlerische Neigungen. Sind neben dem I als erstem Vokal noch weitere zwei I im Vornamen, kann Sensibilität leicht in Überempfindlichkeit umschlagen.

O als erster Vokal steht für Aufrichtigkeit und intellektuelle Redlichkeit. Systematik und Ordnungsliebe sind Lebensprinzipien, was noch lange nicht heißt, dass der Betroffene es auch schafft, tatsächlich Ordnung zu halten.

U als erster Vokal macht Menschen weichherziger, reicher in ihren Empfindungen, als sie es selbst gern zugeben. Mit U als erstem Vokal und wenigstens zwei weiteren Us im Vornamen hat der Betroffene nicht selten das Gefühl, das ihm in bestimmten Situationen das Herz überläuft, während er anschließend das Gefühl des Verlusts verspürt und so etwas wie Katzenjammer empfindet.

Y kann als erster Vokal des Vornamens natürlich nur gezählt werden, wenn es tatsächlich als Vokal gesprochen wird. Tritt es in der Funktion des I auf, übernimmt es dessen Funktion, nur etwas gedämpfter oder untergründiger. Wird es wie Ü gesprochen, muss es wie eine „Ehe" aus U und E behandelt werden.

Diphtonge müssen, wenn sie als erster Vokal eines Vornamens auftauchen (zum Beispiel in GÜNTER oder SÖREN), in ihre Einzelvokale aufgelöst werden. Die beiden Einzelvokale verhalten sich als lautliches Paar und bringen ihre Eigenschaften gemeinsam ein.

Die fünfte Zahl: die Bedeutung der Gerüstzahl

Die Gerüstzahl wird aus den Konsonanten aller Namen der betreffenden Person gebildet. Wie bei der Herzzahl sollen auch Mittel- und Kosenamen in die Betrachtung einbezogen werden. Die Gerüstzahl heißt Gerüstzahl, weil ein Name ohne Vokale zwar nicht klingen kann, die Konsonanten aber das lautliche Gerüst bilden, in das die „Selbstklinger" eingefügt werden.

Die Gerüstzahl soll nach numerologischer Überlieferung Auskunft geben über die seelische Grunddisposition – gewissermaßen sein inneres Gerüst. Sie wird in der Literatur auch als „Persönlichkeitszahl" oder als „äußere Persönlichkeitszahl" bezeichnet. In der Gerüstzahl meint man wesentliche Momente der Persönlichkeit eines Menschen beschrieben zu sehen, daher kommt ihr in der numerologischen Deutung ein besonderer Stellenwert zu.

Die Numerologie bietet für die Gerüstzahl die folgenden Interpretationshilfen an.

1 Die Gerüstzahl 1 deutet auf unabhängige, starke, in sich ruhende Persönlichkeiten mit der Ausstrahlung eines gleichsam naturgegebenen Führungsanspruchs. Sie sind voller Ideen, verfügen als Unternehmer über mitreißenden Schwung und gelten in hierarchischen Strukturen als strenge aber gerechte Vorgesetzte. Diese Eigenart kann aber auch einsam machen. Da Einser aber die Anerkennung der anderen brauchen und weil es sie kränkt, bewundert, aber nicht geliebt zu werden, machen sie sich manchmal etwas vor,

was ihre Gefühlswelt betrifft. Wenn Einser diese Gefahr nicht erkennen und neben dem Zustand äußerer Saturiertheit nicht auch den Zustand innerer Harmonie erreichen, laufen sie Gefahr, ihre Persönlichkeit egoistisch auf Kosten anderer zu profilieren.

2 Die 2 als Gerüstzahl lässt ihre Inhaber äußerlich als bescheidene ruhige und manchmal zurückgezogen lebende Normalbürger erscheinen. Dennoch verfügen sie über Eigenschaften, die sie bei vielen ihrer Mitmenschen zu begehrten Ratgebern und Gesprächspartnern machen. Sie sind empfänglich für alles Seelische, für unterirdische Bewusstseinsströme, für die dunklen Seiten in uns, aber auch für das Licht, das noch nicht zum Aufscheinen gekommen ist. Dabei lieben Zweier keine großen Auftritte. Sie arbeiten lieber still und detailversessen, bis sie aus rein quantitativen Gründen auf eine Problemlösung stoßen. Zweier suchen für sich ebenso wie für andere einen Zustand herzustellen, in dem sich Körper und Geist, Pflicht und Neigung, Privatleben und Öffentlichkeit, Berufung und Leidenschaft in einem harmonischen Gleichgewicht befinden. Wenn die Harmoniebildung auch nach wiederholten Versuchen nicht gelingt, können Zwei-

er auch schon einmal aufbrausend und ungeduldig werden. Sie finden, dass sie etwas Besseres verdient haben, und hadern mit Gott und der Welt.

3 Die Gerüstzahl 3 gehört meistens geselligen Menschen, die durch impulsive Fröhlichkeit und ein umgängliches Wesen überzeugen. Fröhlichkeit und Geselligkeit sind aber unter Umständen vor allem Überlebensstrategien, hinter denen der Ehrgeiz als treibende Kraft steht. Dreier haben die bemerkenswerte Eigenschaft, ihre eigenen Ziele so zu formulieren, dass auch viele andere sie zu ihren eigenen Zielen machen und gemeinsam mit dem Dreier an der Verwirklichung arbeiten. Durch seine Anwesenheit macht ein Dreier die Mutlosen mutig, die Traurigen werden getröstet und denen, die im Dunkeln tappen, geht ein Licht auf. Sie fühlen sich in dieser Rolle so wohl, dass sie sich manchmal voll verausgaben und das eigene Ziel aus ihrer geistigen Mitte verlieren. Wenn so ein Dreier den – oft geradezu vulkanischen – Mittelpunkt eines Teams bildet, tut man gut daran, ihn ein wenig zu bremsen, damit er nicht vorzeitig ausbrennt. Manchmal führt zu ehrgeiziges Streben den Dreier auf die „dunkle Seite der Macht". Manchmal erkennt er an sich

selbst dann die dunklen Seiten, die er lange selbstgewiss verleugnen konnte. Ist das Erschrecken darüber groß, weil vielleicht der Abgrund besonders tief erscheint, braucht der Dreier, der anderen so viel Licht gibt, selbst Hilfe.

4 Menschen mit der Gerüstzahl 4 sind arbeitsame Rationalisten, denen die Kräfte des Unbewussten nicht als dunkle Bedrohung erscheinen, sondern als selbstverständlich zur Welt dazugehörend. Vierer versuchen die Mitte zwischen Bewusstem und Unbewusstem zu finden und bedienen sich dabei in der Regel unbefangen sowohl rationaler als auch okkulter Methoden. Vierer gelten oft als konservativ oder preußisch, weil sie Tugenden wie Fleiß, Verlässlichkeit und Selbstdisziplin hochhalten. Zugleich zeichnet sie eine andere preußische Tugend aus: die Toleranz. Sie setzen sich für gegenseitiges Verständnis ein und sind Meister darin, Strategien der konfliktfreien Verständigung zu entwickeln. Vierer sind außerordentlich teamfähige Menschen, die in Spannungssituationen ausgleichend wirken und in spannungslosen Lagen ideenreich für produktive Schübe sorgen. Sie glauben daran, dass sich buchstäblich jeder soziale Konflikt mit der richtigen Methode schon irgendwie ma-

nagen lässt. Wenn der Vierer nicht das Glück hat, in einem guten Team seine Fähigkeiten auszuleben, kann er unter Umständen verschlossen, kauzig und menschenscheu werden – aber nur vorübergehend. Wenn sich die Umstände nicht vollkommen negativ verschlingen, gehört auch diese Krisensituation für ihn zu den lösbaren Aufgaben.

5 Mit der Gerüstzahl 5 fühlen sich die Menschen in den ethischen Prinzipien, die ihnen überliefert worden sind, verwurzelt. Sie leben sehr bewusst, nicht nur was ihr Körpergefühl angeht, sondern auch hinsichtlich ihres ethischen Anspruchs. Bewährungssituationen betrachten sie als Prüfung, ob sie diesen Ansprüchen gewachsen sind. Dabei schleichen Fünfer nicht als demütig Leidende gebeugt durch den Tag. Sie gelten als angenehme Gesprächspartner, gute Unterhalter, treten charmant und witzig auf und lassen sich bei rhetorischen Scharmützeln nicht die Butter vom Brot nehmen. Da Fünfer auch mit dem Thema Tod bewusst umzugehen lernen und selbst keine Angst vor dem Tod haben, machen sie manchmal mit der allzu freimütigen Erörterung dieses Themas anderen, die noch nicht so weit sind, Angst. Die negative Seite der 5 als Gerüstzahl ist, dass sie

ihre Inhaber manchmal dazu veranlasst, das „Spiel des Lebens" mit allzu hohem Einsatz zu spielen und mehr zu riskieren, als gut für sie ist.

6 Menschen mit der Gerüstzahl 6 sind vielleicht nicht gerade die Ingenieure der menschlichen Seele, aber bei ihnen ist eine ausgeprägte Neigung festgestellt worden, psychischen Problemen mit rationalen und intellektuellen Methoden entgegenzutreten. So ist ihnen zwar auch der Okkultismus nicht fremd, aber eher als Gegenstand kulturwissenschaftlicher oder historischer Forschung. Auf rationale Weise wird auch das Wesen der Kunst gedeutet und ästhetische Erscheinungen in der Regel als Teil intellektueller Leistungen akzeptiert. Mit dieser auf den ersten Blick einseitig wirkenden Lebensauffassung erreichen die Sechser aber in der Regel eine weit gehende Ausgeglichenheit und Ausgewogenheit. Ihre verschiedenen Lebensaufgaben gruppieren sich in erstaunlicher Symmetrie um eine Lebensmitte, deren Wesen vor allem in der Konsequenz bei der Durchsetzung der einmal als richtig erkannten Prinzipien beruht. Starken negativen Anfechtungen sind diese Sechser nur sehr selten – und auch nur zeitweilig – ausgesetzt.

7 Menschen mit der Gerüstzahl 7 kommen sehr gut als Einzelgänger durchs Leben. Worunter andere leiden, das erfreut ihr Herz. Starke äußere Eindrücke mit niemandem teilen zu können bereitet ihnen keinen Kummer. Starke seelische Erschütterungen wollen Siebener nicht zerreden, sondern als Erlebnis erfahren, das sie stärker macht. Zwar sind auch Siebener beziehungsfähig, denn ihre Persönlichkeit wird ja nicht nur von dieser einen Zahl bestimmt. Aber sie brauchen mitunter sehr, sehr viel Zeit, ehe sie zu einer langen, festen Bindung bereit sind. Wenn es aber so weit ist, erfahren sie intuitiv, wo die verwandte Seele auf sie wartet. Und fast ohne es sich selbst bewusst zu machen, schließen sie nun ihre Seele auf – nicht nur für den geliebten Partner, sondern auch für andere. Außenstehende bemerken in solchen Situationen starke Veränderungen an einem Siebener, die er selbst als gar nicht so dramatisch empfindet. In seinen philosophischen, poetischen und mystischen Momenten wird sich der Siebener aber immer wieder, urplötzlich alle Bindungen für Augenblicke abwerfend, in sich selbst zurückziehen und die Einsamkeit genießen.

8 Mit der Gerüstzahl 8 sind die Menschen der Liebe und überhaupt großen Emotionen gegenüber empfänglich. Das Emotionale ist der Zugang zu ihrer Seele. Nach außen strahlen die Achter oft eine große Autorität aus; sie gelten als Menschen, die sich nicht die Butter vom Brot nehmen lassen. Manche Achter sind sehr macht- und karrierebewusst, aber sie haben ein fast sinnliches Verhältnis zur Machtausübung, kalkulieren nicht kühl und sind ohne Arg. Sie wollen lieben und wollen geliebt werden. Von Kabalen und Intrigen, wie sie auf manchen Führungsetagen gang und gäbe sind, werden sie enttäuscht und angewidert sein.

Man sagt Achtern nach, sie liebten sehr besitzergreifend. Das macht eine Beziehung im modernen Sinne, wo sich die Partner – auch emotional – gleichberechtigt gegenüberstehen wollen, nicht gerade leicht. Auch legen manche Achter viel Wert auf Selbstdarstellung und äußere Pracht. Wenn sie es sich materiell leisten können, schöpfen sie in dieser Beziehung gern aus dem Vollen, immer in der Überzeugung, dass sie mit der äußeren Prachtentfaltung ihrer Seele auch ein angemessenes Außenbild schaffen.

9 Menschen mit der Gerüstzahl 9 dürfen, wenn nicht andere Einflüsse diese Fähigkeit überlagern, ihren Instinkten vertrauen. Neuner besitzen ein warmes und einnehmendes Wesen. Sie erspüren ihre seelische Mitte oft mit einer geradezu animalischen Sicherheit. Auf andere wirkt diese instinktive Art der seelischen Selbstvergewisserung manchmal wundersam, manchmal befremdlich, aber fast immer beeindruckend. Die Emotionalität und Liebesfähigkeit der Neuner wirkt meistens selbstlos und in sich zurückgezogen, nicht auf die äußere Darstellung gerichtet. Neuner gelten als tolerant und mitfühlend. Rauere Naturen werfen den Neunern gelegentlich Geühlsduselei vor – das ist, besonders Männern gegenüber, abwertend gemeint, doch sind Härtegrade innerhalb einer Hackordnung für die Neuner ziemlich egal, weil dergleichen sehr weit außerhalb ihrer Wertmaßstäbe liegt. Besser gesagt: Sie liegen unterhalb derselben. Neunern sagt man auch nach, dass sie, wenn sie kochen können, besonders gut kochen würden, weil sie nicht nur für den Gaumen, sondern – ihr Instinkt sagt ihnen wie – auch für die Seele kochen können.

11 Mit der 11 als Gerüstzahl (die sich zur 2 reduzieren, aber auch als Doppel-Eins auffassen lässt) werden die Menschen für andere zu Quellen der Inspiration. Elfer haben ein Bewusstsein dafür, dass ihr Geist mehr Ideen produziert, als sie in einem Leben umsetzen könnten. Und da sie uneigennützig denkende und handelnde Charaktere sind, geben sie bereitwillig und mit vollen Händen. Wer sie aber ausnutzt, lernt sie von der machtbewussten, kalten Seite kennen.

22 Mit der 22 als Gerüstzahl (die zur 4 reduziert oder als Doppel-Zwei aufgefasst werden kann) besitzen die Menschen einen besonders ausgleichenden, vermittelnden Charakter. Sie gehen mehr aus sich heraus als die Zweier, sind weniger auf die Rationalität der Lebensbewältigung fixiert als Vierer und gesuchte Teamgefährten.

33 Mit einer 33 als Gerüstzahl (die sich zur 6 reduzieren oder als Doppel-Drei interpretieren lässt) gelten Menschen als bescheidene und anpassungsfähige Zeitgenossen. Dreiunddreißiger sind immer da, wenn sie gebraucht werden, und sie finden die Arbeit, die getan werden muss, auch ohne dass man sie ihnen zeigt.

44 Die 44 als Gerüstzahl (die auf 8 reduziert oder als Doppel-Vier aufgefasst werden kann) steht für strenge, disziplinierte Naturen. Sie sind weniger nah am Wasser gebaut als die Achter, haben nicht weniger Gefühl, aber die Gefühle besser im Griff. Sie lieben ihre Ordnung, ohne Pedanten zu sein, denn ihr Ordnungsbegriff zielt weniger auf die Schreibtischschublade als vielmehr auf das Weltganze.

Bevor wir später nochmals ausführlicher auf Richard Wagner zurückkommen, ziehen wir eine numerologische Zwischenbilanz hinsichtlich seiner Namenszahlen.

Mit der Gesamtzahl 4 (nach Cheiro) weist sein Wirken weit über die eigene Individualität hinaus, mit der 3 (nach Pythagoras) zeigt er sich, wie wir ihn kennen, aufstiegsorientiert und zielbewusst. Die Gerüstzahl 8 (Cheiro) erklärt sein sinnliches Verhältnis zu Macht, die 1 (Pythagoras) untermauert seine Führungsansprüche. In der Herzzahl 5 (Cheiro) begegnet uns seine Bindungsfurcht, in der 3 (Pythagoras) sein starkes Selbstwertgefühl. Der erste Vokal seines Vornamens ist das „i": Inspiration und Intuition und ästhetisch-künstlerisches Empfinden werden damit markiert.

Das Zahlengeheimnis im Geburtsdatum

Anders als bei den Namen sind im Geburtsdatum die Zahlen bereits vorgegeben. Sie müssen nur noch in die richtige Beziehung zueinander gebracht und richtig gedeutet werden.

Dabei kann man nach folgenden Grundsätzen vorgehen:

1. Deutung der *Geburtstagszahl* als Umweltzahl
2. Deutung der *Geburtsmonatszahl* als Talent- und Selbstwertzahl
3. Addition von Geburtsjahreszahl und Geburtsmonatszahl zur endgültigen *Selbstwertzahl*
4. die *Gesamtgeburtszahl* als Schicksalszahl beziehungsweise Lebensaufgabenzahl

Bei der Ermittlung der Datumszahlen, ist es wichtig, das Datum voll auszuschreiben und die Jahreszahl nicht zweistellig abzukürzen.

Die sechste Zahl: die Bedeutung der Geburtstagszahl

Nach numerologischem Brauch geben die Zahlen des Geburtstages Auskunft über das Verhalten des Menschen und seine Beziehungen zur Umwelt. Daher wird die Zahl, die aus dem Geburtstag gewonnen wird, auch *Umweltzahl* genannt. Das Tagesdatum der Geburt kann auch anzeigen, wie man selbst von der Umwelt gesehen wird. Denn nach alter numerologischer Überzeugung tritt ein Kind, das am 1. eines Monats geboren wurde, anders auf als ein Kind, das beispielsweise an einem 15. oder 27. geboren wurde. Geburtstagszahlen spiegeln den persönlichen Eindruck und die persönliche Ausstrahlung wider. Als Geburtstagszahl wird daher wirklich ganz einfach das kalendarische Datum der Geburt genommen.

Folgende Deutungshinweise gibt die Numerologie für die Zahlen des Geburtstages.

Der 1. eines Monats

Durchreißer werden an diesem Tag geboren, Menschen, die man im Wirtschaftsdeutsch als „Leistungsträger" bezeichnet. Zugleich sind diese Menschen geborene Einzelgänger, die sich zwar aus eigenem Entschluss einordnen, aber nie einer fremden Hierarchie auf Dauer unterordnen werden.

Der 2. eines Monats

Unter dem Zeichen der 2 soll man als schöpferische Persönlichkeit geboren werden, die hilfreich und warmherzig ist und sich um die Bewahrung überlieferter Werte sorgt. Die Gefahr, die hinter dieser Geburtszahl lauert: eine gewisse Passivität, die von den anderen ausgenutzt werden könnte.

Der 3. eines Monats

Optimisten und gesellige Menschen werden unter der 3 geboren. Menschen, die eine positive Ausstrahlung haben und stets handlungsbereit wirken. Hindernisse sind nur dazu da, die eigene Kraft oder die Fähigkeit zu Problemlösungen zu demonstrieren. Unter dieser Zahl Geborene können allerdings andere Menschen schon allein dadurch deprimieren, dass sie immer so gut drauf sind.

Der 4. eines Monats

Dieser Geburtstag soll besonders ordnungsliebende Menschen hervorbringen, Menschen, die Prinzipien haben und die ihnen auch treu bleiben. Am 4. wird man zu Führungsaufgaben geboren, was nicht heißt, dass es jeder bis in Führungspositionen schafft; aber er verfügt über Eigenschaften, die für eine Führungsposition jedenfalls unerlässlich sind: Klarheit des Denkens, Sicherheit des Urteils und die Entschlossenheit, beides auch durchzusetzen.

Der 5. eines Monats

Im Zentrum der an diesem Tag geborenen Menschen pulst viel Energie. Nicht immer dringt diese große Energie nach außen, denn an diesem Tag Geborene sind oft sehr zurückhaltend. Sie sind sich ihrer Verantwortung im Leben bewusst und hinterlassen manchmal den Eindruck, als hätten sie daran schwer zu tragen.

Der 6. eines Monats

An diesem Tag Geborene lieben die Veränderung – das reicht von unstillbarer Reiselust über die ständige Suche nach neuen Herausforderungen im Job bis zur Unmöglichkeit, nur einem einzigen Partner treu zu sein. Wer an diesem Tag geboren ist, dürfte als Teamgefährte fast überall willkommen sein, wenn er es schafft, dem Eindruck der Unzuverlässigkeit entgegenzuwirken.

Der 7. eines Monats

An diesem Tag Geborene hinterlassen auf den ersten Blick oft einen anderen Eindruck als auf den zweiten, der ihr Wesen erschließt. Die Unterschiede zwischen Oberfläche und Persönlichkeitskern sind zuweilen beträchtlich und fordern die Mitwelt heraus, sich ernsthafter mit diesem Charakter zu beschäftigen.

Der 8. eines Monats

Liebenswürdige und attraktive Menschen werden an diesem Tag geboren, Menschen, die nach Gleichgewicht streben, die ausgleichend wirken und mit diplomatischem Geschick Konflikte zu entschärfen vermögen. Sie verstehen es aber trotzdem auch ihre eigenen Ansprüche durchzusetzen; wenn es nicht anders geht, mit einem Schuss Rücksichtslosigkeit.

Der 9. eines Monats

An diesem Tag Geborene wirken auf andere manchmal etwas seltsam. Sie kultivieren aber nicht etwa aus eigenem Antrieb ein besonders geheimnisvolles Auftreten, sondern bilden in ihrem Habitus nur das Sprunghafte und Flackernde ihrer inneren Energie ab. Sie verfügen aber über genug davon, um praktisch alle ihre Ziele zu erreichen.

Der 10. eines Monats

Klar denkende und urteilende Menschen werden unter dem Zeichen dieser Zahl geboren. Menschen, die wissen, was sie wollen, und wie sie erreichen

können, was sie wollen. Vielleicht trauen sie sich manchmal sogar etwas zu viel zu; oder sie erwecken den Neid ihrer Mitwelt, weil ihnen alles zu glatt von der Hand geht.

Der 11. eines Monats

Menschen mit dieser Geburtstagszahl werden einerseits als „Veni-vidi-vici-Typen" beschrieben; andererseits sagt man ihrer Persönlichkeit ein starkes intuitives Moment nach. Beides schließt einander nicht aus, kann vielmehr mit zunehmender Lebenserfahrung eine produktive Mischung werden.

Der 12. eines Monats

Menschen mit dieser Geburtszahl müssen mit einer inneren Widersprüchlichkeit leben: Aktivität und Passivität, Emotionalität und Intellektualität, Handeln und Schauen leben in Widerstreit in ihnen. Je nach dem Grad der spirituellen Reife, den sie erreicht haben, werden sie unter ihrer Widersprüchlichkeit leiden oder sich ihrer als einem Motor ihrer Lebensdynamik erfreuen.

Der 13. eines Monats

Nicht für jeden ist die 13 gleichbedeutend mit einer Unglückszahl. Mancher, der an diesem Tag geboren wurde, zeigt sich gegen Missgeschicke und Unglücksfälle regelrecht immun. Manchmal gelten diese Menschen als „zerrig", was bedeutet, dass es nicht leicht ist, mit ihnen umzugehen. Dafür sind sie zäh und ausdauernd. Sie lassen sich zwar überzeugen, aber nicht herumkommandieren.

Der 14. eines Monats

Freundliche und offenherzige Menschen werden an diesem Tag geboren, Menschen, die bereit sind, anderen mit einem großen Vertrauensvorschuss entgegenzugehen. Wer weniger optimistisch in die Welt blickt, sollte sich an Vierzehnern orientieren. Sie wissen Rat und Hilfe in allen Lebenslagen. Sie haben aber auch ein gutes Gedächtnis und vergessen Kränkungen und Enttäuschungen nie.

Der 15. eines Monats

Menschen, die an diesem Tag geboren wurden, wirken auch in jungen Jahren reif und abgeklärt, als hätten sie mehr erlebt und gesehen, als ihnen ihrer Lebensspanne nach zusteht. Gerade in jungen Jahren haben sie deshalb manchmal Schwierigkeiten mit Gleichaltrigen: Dafür können sie in Branchen, wo die Ausstrahlung von Seriosität und Lebenserfahrung eine Rolle spielt, schon relativ früh eine steile Karriere machen.

Der 16. eines Monats

Die zweite Potenz der Ordnungzahl 4 als Geburtstag zu haben bringt Systematik bis zur Pedanterie in das Leben der Betroffenen. Sie kommen mit überraschenden Wendungen gut klar und wirken, als wären sie immer auf alles vorbereitet beziehungsweise als wären sie über alles informiert und immer auf dem Laufenden. Als Ausgleich für die strenge Lebenssystematik werden diese Menschen mitunter von unkontrollierten Temperamentsausbrüchen regelrecht überfallen.

Der 17. eines Monats

An diesem Tag werden vielseitig interessierte, aktive und kooperative Menschen geboren. Beständigkeit ist zwar nicht ihr hervorstechendes Charaktermerkmal, aber unter geduldiger Anleitung können sie ihre sich sprunghaft entladende Energie in produktive Bahnen lenken. Als Suchende wären sie die geborenen Wissenschaftler, fehlte ihnen nicht häufig die Lust, ein angefangenes Werk auch konzentriert zu vollenden.

Der 18. eines Monats

Die an diesem Tag Geborenen besitzen eine so spontane Herzlichkeit, dass man sich wünscht, solche Menschen immer wieder zu treffen. Manche Unternehmen schmücken sich mit deren sonniger Erscheinung. Nicht dass sie als wandelnde Smilys durch den Tag gehen würden; die Herzlichkeit kommt von einer inneren Lockerheit, um die sie viele beneiden.

Der 19. eines Monats

An diesem Tag Geborene strahlen oft eine traumwandlerische Sicherheit aus. Sie werden zwei Minuten vor dem Weckerklingeln wach und stellen fest, dass die Batterien im Wecker leer sind. Sie sagen eine Reise kurzfristig ab und erfahren unmittelbar darauf, dass sich auf der Autobahn ein schwerer Unfall ereignet hat, der einen kilometerlangen Stau verursachte. Für manche sind sie die geborenen Glückspilze. Zu ihrem Schicksal gehört, dass man ihnen dennoch oft nicht glaubt, denn sie wissen zwar oft intuitiv, was als Nächstes zu tun ist, aber sie können nicht begründen warum.

Der 20. eines Monats

Als Produkt der Ordnungszahl 4 und der menschlichen Maßzahl 5 sind Menschen, die an diesem Tat geboren werden, von einer starken inneren Kraft getrieben, die einer höheren Idee geweiht wird. Sie nennen ein hohes Maß an Verantwortungsbewusstsein ihr Eigen und sie suchen sich sehr oft einen Platz in der Gesellschaft, auf dem es vor allem auf soziale Kompetenz ankommt.

Der 21. eines Monats

Den an diesem Tag Geborenen sagt man nach, dass sie ein besonderes Talent dafür haben, ihre Chancen zu kalkulieren und den richtigen Moment abzuwarten. Die einen sehen sie als Glückspilze, die anderen als Zauderer – beides ist aber nicht richtig. Sie sind geduldige Beobachter, aber im Moment ihrer Entscheidung zaudern sie nicht, sondern werden außerordentlich aktiv.

Der 22. eines Monats

An diesem Tag sollen vor allem fürsorgliche und sozial denkende Menschen geboren werden; besonders den Männern gibt das Datum eine familienbezogene Richtung ihres Daseins, was sie zu gesuchten und begehrten Partnern macht. Allerdings müssen diese Menschen heutzutage aufpassen, dass sie nicht in einem immer kälter werdenden sozialen Klima von den Karrieremachern untergebuttert werden.

Der 23. eines Monats

Oft sagen sie etwas, was anscheinend keiner wahrnimmt. Dann erinnert sich ein anderer daran, wiederholt es, und alle stimmen begeistert zu und der Nachbeter heimst den ganzen Ruhm ein. Dreiundzwanziger sind selbst nicht ruhmsüchtig, aber wenn es zu häufig geschieht, dass man sie unterschätzt und ihre Leistung gering achtet, können sie grantig werden und aller Welt zeigen, über wie viel Power sie verfügen. Manchmal genügt es schon, wenn sie ausdauernd schweigen und die anderen in ihrer Ratlosigkeit so richtig hängen lassen.

Der 24. eines Monats

Kraftvolle Menschen und Originalgenies. Wo die Wucht ihrer Persönlichkeit aufsetzt, bleibt immer ein charakteristischer Eindruck zurück. Dabei sind sie keine lauten Poltergeister. Für sie gilt: In der Ruhe liegt die Kraft. Es ist die leise Gewalt sanfter Riesen, mit der sie ihren Platz im Leben behaupten.

Der 25. eines Monats

An diesem Tag sollen geduldige und duldsame Menschen geboren werden, Menschen, die Nachsicht mit den Fehlern ihrer Mitwelt haben und Toleranz gegenüber Dingen, Vorgängen und Menschen üben, auch wenn sie ihnen gar nicht in den Kram passen. Mitunter geben sie sich etwas zurückhaltend und wirken sogar ängstlich. Das liegt aber vor allem daran, dass sie instinktiv ihre Chancen abwägen und das Machbare vom Unerreichbaren und Riskanten trennen können.

Der 26. eines Monats

Geselligkeit und Kommunikativität gibt dieser Tag seinen Kindern mit auf den Lebensweg. Unterhaltsame Frohnaturen und gedankenreiche Plauderer, Alleinunterhalter mit einem unendlichen Repertoire an Witzen und Bonmots. Sie nehmen die Welt grundsätzlich von der heiteren Seite. Das bringt ihnen zwar manchmal den Vorhalt der Oberflächlichkeit ein, aber nur oberflächliche Gemüter denken so.

Der 27. eines Monats

An diesem Tag kommen Kinder zur Welt, die ihre Umwelt durch überraschende Wendung im Lebensweg verblüffen. Immer wenn man glaubt, sie „ausgerechnet" zu haben, präsentieren sie sich als neue Aufgabe, im Berufsleben ebenso wie im privaten Bereich. Im Grunde gelten sie als Frohnaturen, doch wird ihr Sinn für intellektuelle Scherze und Ironie auch oft als Arroganz und Zynismus missverstanden. Wer ihre Talente richtig zu erkennen vermag, kann von ihrer ideenreichen Gewitztheit nur profitieren.

Der 28. eines Monats

Dieser Tag gibt seinen Kindern besondere Gaben auf den Weg: künstlerisches Einfühlungsvermögen ebenso wie wissenschaftliche Exaktheit, praktischen Sachverstand ebenso wie die Fähigkeit, große Gefühle hervorzurufen und zu empfinden. Sie sind von ihrer Ausgangskonstellation her mit allen Gaben Fortunas gesegnet, manchmal so überreichlich, dass sie vergessen, rechtzeitig und konsequent auch etwas daraus zu machen.

Der 29. eines Monats

Dieser Geburtstag ist ein Tag der Unentschiedenheit. Seinen Kindern hat er etwas von der Undurchsichtigkeit und Undeutbarkeit seiner Vorzeichen mitgegeben. Neunundzwanziger sind nicht selten ambivalente Charaktere, sie folgen einem Leitbild und passen sich dessen Wertsetzungen an. Daher kann der Charakter zweier Menschen dieses Geburtstages extrem unterschiedliche Ausprägungen erfahren.

Der 30. eines Monats

In sich ruhend, aber Stärke ausstrahlend so, als ob man in jedem Augenblick einen Vulkanausbruch erwarten kann – so stellen sich die an diesem Tag Geborenen ihrer Mitwelt dar. Sie haben eine ziemlich direkte Art, Hindernisse aus dem Weg zu räumen – den Frontalangriff mit der Spitzhacke. Auch gelegentliche Misserfolge vermögen nicht, sie von dieser geraden Linie abzubringen.

Der 31. eines Monats

Der letzte Monatstag, der immer noch siebenmal im Jahr auftritt, gibt seinen Kindern Selbstsicherheit und innere Stärke mit auf den Lebensweg. Die Einunddreißiger streben nach vorn, wollen an die Spitze, aber weniger aus persönlichem Ehrgeiz, als aus ihrer Verantwortung für das Ganze heraus. Denn in unerschütterlicher Selbstgewissheit sind sie der Ansicht, dass sie und nur sie in einer Führungsposition der Gemeinschaft am besten dienen können.

Natürlich kann man den Geburtstag auch dem üblichen Verfahren der Reduktion durch Quersummenbildung unterziehen. Cheiro geht zum Beispiel nach diesem Verfahren vor und setzt jeden Typus dann zu einer Reihe von prominenten Persönlichkeiten unserer Geschichte in Beziehung. Demnach haben

Einser   am 1., 10., 19. und 28.,
Zweier   am 2., 11., 20. und 29.,
Dreier   am 3., 12., 21. und 30.,
Vierer   am 4., 13., 22. und 31.,
Fünfer   am 5., 14. und 23.,
Sechser   am 6., 15. und 24.,
Siebener am 7., 16. und 25.,
Achter   am 8., 17. und 26.,
Neuner   am 9., 18. und 27.
Geburtstag.

Cheiro glaubt feststellen zu können, dass *Einser* in dem oben beschriebenen Sinn, also Menschen, deren Geburtstag die Zahl 1 im Sinne der okkulten Zahlenlehre formiert, eine besondere Neigung zum schöpferischen Tun haben. Sie sind Originale im besten Sinne und verfügen über ausgeprägte Eigenarten. Forscher, Erfinder und innovative Techniker sind in ihrem Kreise häufig anzutreffen. Sie sollen ausdauernd und

Berühmte Persönlichkeiten, die zu den *Einsern* gehören	
Galina Uljanowa, russische Tänzerin	10. Januar
Paul Cézanne, französischer Maler	19. Januar
Auguste Piccard, schweizerischer Naturforscher	28. Januar
Hugo von Hofmannsthal, österreichischer Dichter	1. Februar
Maria Cebotari, rumänische Sängerin	10. Februar
Königin Luise von Preußen	10. März
Otto von Bismarck, deutscher Staatsmann	19. März
Bertrand Russell, britischer Philosoph	1. Mai
Charles Laughton, amerikanischer Schauspieler	1. Juli
Johann Wolfgang von Goethe, deutscher Dichter	28. August
Giuseppe Verdi, italienischer Komponist	10. Oktober
Cheiro, britischer Okkultist	1. November
Friedrich von Schiller, deutscher Dichter	10. November
Gustav Adolf II., König von Schweden	19. Dezember

Berühmte Persönlichkeiten, die zu den *Zweiern* gehören	
Ernst Barlach, deutscher Bildhauer	2. Januar
Charlotte Buff, „Werthers" Lotte	11. Januar
Friedrich Hölderlin, deutscher Dichter	20. März
Brigitte Horney, deutsche Schauspielerin	29. März
Hans Christian Andersen, dänischer Märchendichter	2. April
Novalis, deutscher Dichter	2. Mai
Iannis Xenakis, griechischer Komponist	29. Mai
Richard Strauss, deutscher Komponist	11. Juni
Hermann Hesse, deutscher Schriftsteller	2. Juli
Max Liebermann, deutscher Maler	20. Juli
Ingrid Bergman, schwedische Schauspielerin	29. August
Carl Zeiss, deutscher Erfinder und Industrieller	11. September
Selma Lagerlöf, schwedische Schriftstellerin	20. November
Robert Koch, deutscher Mediziner	11. Dezember

durchsetzungsfähig sein und ihren Zielen gegenüber eine lebenslange Treue bewahren.

Nach Cheiros Auffassung sollen die *Zweier* in der Regel sanft und zartfühlend sein und über eine rege Fantasie sowie künstlerische Begabung verfügen. Was ihnen an physischer Stärke und Durchsetzungskraft fehlt, machen sie durch Ausdauer und Geduld nach der Methode „Steter Tropfen höhlt den Stein" wieder wett.

Cheiro hält *Dreier* für außerordentlich ehrgeizig und karrierebewusst. Dabei agieren sie durchaus hierarchiebezogen und nicht anarchisch. Ihre Karriere machen die meisten Dreier auf dem langen Marsch durch die Instanzen. Persönlicher Ehrgeiz und Verantwortungsgefühl gegenüber dem Ganzen gehen in der Regel eine produktive Synthese ein.

Cheiro hat beobachtet, dass *Vierer* zu eigenwilligen und unkonventionellen Varianten der Weltanschauung neigen. Der ihnen eigene Widerspruchsgeist kommt am besten in einer Anekdote um Arnold Schönberg zum Ausdruck, der

Berühmte Persönlichkeiten, die zu den *Dreiern* gehören

Heinrich Pestalozzi, schweizerischer Pädagoge	12. Januar
Felix Mendelssohn-Bartholdy, deutscher Komponist	3. Februar
Vincent van Gogh, niederländischer Maler	30. März
Elisabeth II., Königin von England	21. April
Karl Friedrich Gauß, deutscher Mathematiker	30. April
Albrecht Dürer, deutscher Maler	21. Mai
Ferdinand Sauerbruch, deutscher Mediziner	3. Juli
Margaret Rose, Prinzessin von England	21. August
Eleonora Duse, italienische Schauspielerin	3. Oktober
Friedrich Schleiermacher, deutscher Theologe	21. November
Theodor Fontane, deutscher Schriftsteller	30. Dezember

Berühmte Persönlichkeiten, die zu den *Vierern* gehören

Isaac Newton, britischer Naturforscher	4. Januar
August Strindberg, schwedischer Schriftsteller	22. Januar
Ludwig Erhard, deutscher Politiker	4. Februar
Nikolai Gogol, russischer Schriftsteller	31. März
Werner von Siemens, deutscher Erfinder und Industrieller	4. April
Immanuel Kant, deutscher Philosoph	22. April
Maria Theresia, österreichische Kaiserin	13. Mai
Richard Wagner, deutscher Komponist	22. Mai
Gina Lollobrigida, italienische Schauspielerin	4. Juli
Alfred Hitchcock, britisch-amerikanischer Regisseur	13. August
Arnold Schönberg, österreichischer Komponist	13. September
Margaret Thatcher, britische Politikerin	13. Oktober
George Eliot, britische Schriftstellerin	22. Oktober
Heinrich Heine, deutscher Dichter	13. Dezember
Henri Matisse, französischer Maler	31. Dezember

Berühmte Persönlichkeiten, die zu den *Fünfern* gehören	
Konrad Adenauer, deutscher Politiker	5. Januar
Albert Schweitzer, deutscher Arzt und Organist	14. Januar
Georg Friedrich Händel, deutscher Komponist	23. Februar
Albert Einstein, deutscher Physiker	14. März
Herbert von Karajan, österreichischer Dirigent	5. April
Max Planck, deutscher Physiker	23. April
Søren Kierkegaard, dänischer Philosoph	5. Mai
Steffi Graf, deutsche Tennisspielerin	14. Juni
Anna Achmatowa, russische Dichterin	23. Juni
Ernst Křenek, österreichischer Komponist	23. August
Theodor Storm, deutscher Dichter	14. September
Pablo Picasso, spanischer Maler	23. Oktober
Indira Gandhi, indische Politikerin	14. November
Nostradamus, französischer Astrologe und Prophet	14. Dezember

einmal bei einem Disput im Tonkünstlerverein vehement für einen kühnen Vorschlag eintrat, nicht wissend, das vor seinem Eintreffen der ganze Verein diesem Vorschlag bereits zugestimmt hatte. Als man Schönberg darauf hinwies, dass ja alle schon dafür wären, stutzte Schönberg und sagte: „Alle dafür? Dann bin ich dagegen."

Impulsivität, Lebhaftigkeit und Schlagfertigkeit sollen den *Fünfern* eigen sein. Ihre rasche Auffassungsgabe paart sich mit intuitiver Menschenkenntnis. Jedoch beeinträchtigt ihr Mangel an Ausdauer manchmal ihren Erfolg im Leben und ihr gelegentlich aufflackernder Jähzorn macht sie zu Partnern, mit denen nicht immer leicht auszukommen ist. Diese Neigung zu Ausbrüchen wird in der Regel durch eine ausgeprägte Geselligkeit kultiviert, die in dieser Menschengruppe besonders verbreitet ist.

Cheiro zufolge verfügen die *Sechser* über eine außergewöhnliche Ausstrahlung. Als Liebende betonen sie den fürsorglichen Aspekt der Liebesbeziehung und gelten, bei aller gelegentlichen

Berühmte Persönlichkeiten, die zu den *Sechsern* gehören	
Vicki Baum, österreichisch-amerikanische Schriftstellerin	24. Januar
Galileo Galilei, italienischer Naturforscher	15. Februar
Dario Fo, italienischer Dramatiker	24. März
Wilhelm Busch, deutscher Humorist	15. April
Sigmund Freud, österreichischer Psychoanalytiker	6. Mai
Lili Palmer, deutsche Schauspielerin	24. Mai
Edvard Grieg, norwegischer Komponist	15. Juni
Simon Bolivar, südamerikanischer General	24. Juli
Napoleon I. Bonaparte, Kaiser der Franzosen	15. August
Ina Seidel, deutsche Schriftstellerin	15. September
Friedrich Nietzsche, deutscher Philosoph	15. Oktober
Sofija Gubajdulina, russische Komponistin	24. Oktober
Gerhart Hauptmann, deutscher Schriftsteller	15. November
Joseph Conrad, polnisch-britischer Schriftsteller	6. Dezember
Friedensreich Hundertwasser, österreichischer Maler	15. Dezember

Neigung zu Schwärmerei und Romantik als eher nüchtern kalkulierende Familienmenschen mit viel Sinn fürs Häusliche. Wenn die Sechser zu Geld kommen, heißt es, zeigen die Wohlerzogenen sich großzügig und unterstützen Bedürftige und soziale Dienste, während die Lümmel zu Großmannssucht und Prahlerei neigen. Sechser sollen nach numerologischer Auffassung übrigens am besten mit Menschen aus den Gruppen der Dreier und der Neuner harmonieren.

Cheiro glaubt in den *Siebenern* einen Menschenschlag zu erkennen, der vom Drang nach Abwechslung und Abenteuer getrieben wird. Das Spektrum dieser Abenteuerlust ist dabei sehr breit, reicht vom äußeren Nervenkitzel bis hin zu den feinsinnigen Entdeckungen der Innenwelt. Das Abenteuer im Zeitalter der elektronischen Simulierbarkeit dürfte sich immer häufiger im Cyberspace abspielen, denn in der virtuellen Realität kann es auch ganz schön aufregend zugehen.

Berühmte Persönlichkeiten, die zu den *Siebenern* gehören	
Wilhelm Furtwängler, deutscher Dirigent	25. Januar
Charles Dickens, britischer Schriftsteller	7. Februar
Philipp Melanchthon, deutscher Humanist	16. Februar
Anna Magnani, italienische Schauspielerin	7. März
Margarete II., Königin von Dänemark	16. April
Johannes Brahms, deutscher Komponist	7. Mai
Friedrich Rückert, deutscher Dichter	16. Mai
Paul Gauguin, französischer Maler	7. Juni
Roald Amundsen, norwegischer Polarforscher	16. Juli
Lieselott Linsenhoff, deutsche Reiterin	25. August
„Grandma" Moses, amerikanische Malerin	7. September
William Faulkner, amerikanischer Schrifsteller	25. September
Oscar Wilde, britischer Schriftsteller	16. Oktober
Marie Curie, polnisch-französische Physikerin	7. November
Maurice Utrillo, französischer Maler	25. Dezember

Cheiro hält die *Achter* für sehr vielschichtige Menschen und unterscheidet im Wesentlichen zwei Hauptgruppen: die erste Gruppe umfasst Menschen, denen ein außergewöhnliches hartes Schicksal auch einen harten Charakter aufgeprägt hat; die zweite Gruppe umfasst Menschen, die zwar auch einen schweren Lebensweg gehen, denen die Überwindung von Schicksalsschlägen aber Ruhm, Ehre und Anerkennung eingetragen hat. Achter werden in manchen Fällen zu Einsiedlern.

Nach Cheiros Auffassung sind die *Neuner* Kämpfernaturen, die sich vor keiner Auseinandersetzung scheuen. Zu ihnen gehören wohl auch jene Menschen, die nicht den Schnabel halten können und sich über alles aussprechen müssen. Darum haben so veranlagte Neuner wohl besonders in jüngeren Jahren einige Schwierigkeiten, ehe sie die ethische Reife erreichen und zu unterscheiden wissen, wann ein Konflikt ausgekämpft werden muss und wann es besser ist, ihn zu vermeiden.

Berühmte Persönlichkeiten, die zu den *Achtern* gehören

Friedrich der Weise, Kurfürst von Sachsen	17. Januar
Victor Hugo, französischer Schriftsteller	26. Februar
Otto Hahn, deutscher Physiker	8. März
Edmund Husserl, österreichischer Philosoph	8. April
Käthe Kollwitz, deutsche Grafikerin	8. Juli
Carl Gustav Jung, schweizerischer Psychiater	26. Juli
Stirling Moss, britischer Rennfahrer	17. September
Martin Heidegger, deutscher Philosoph	26. September
Anna Constantia von Cosel, sächsische Mätresse	17. Oktober
Helmuth von Moltke, preußischer Feldmarschall	26. Oktober
Edmund Halley, britischer Astronom	8. November
Ludwig van Beethoven, deutscher Komponist	17. Dezember
Friedrich II., römisch-deutscher Kaiser	26. Dezember

Berühmte Persönlichkeiten, die zu den *Neunern* gehören

Kurt Tucholsky, deutscher Schriftsteller	9. Januar
Wolfgang Amadeus Mozart, österreichischer Komponist	27. Januar
John Steinbeck, amerikanischer Schriftsteller	27. Februar
Nikolai Rimski-Korsakow, russischer Komponist	18. März
Samuel Morse, amerikanischer Erfinder	27. April
José Ortega y Gasset, spanischer Philosoph	9. Mai
Helen Keller, amerikanische Schriftstellerin	27. Juni
Ricarda Huch, deutsche Schriftstellerin	18. Juli
Greta Garbo, schwedisch-amerikanische Schauspielerin	18. September
Carl Maria von Weber, deutscher Komponist	18. November
Françoise de Maintenon, französische Mätresse	27. November
Willy Brandt, deutscher Politiker	18. Dezember
Johannes Kepler, deutscher Astronom	27. Dezember

Die siebte Zahl: die Geburtsmonatszahl

Die numerologischen Auffassungen zur Geburtsmonatszahl sind nicht einheitlich. Manche Numerologen lassen die Zahl des Monats nur im Rahmen der Gesamtgeburtszahl gelten. Andere wiederum stellen eine Relation zu den zwölf Tierkreiszeichen her. An dieser Stelle sollen deshalb die numerologischen Interpretationsangebote referiert werden, falls man sich zur Einbeziehung einer besonderen Geburtsmonatszahl, die im Zusammenhang mit dem Geburtsjahr als Talent und Selbstwertzahl gedeutet werden kann, entschließt. Die meisten Numerologen empfehlen jedoch, die Geburtsmonatszahl nie isoliert zu betrachten, sondern sie wenigstens zusammen mit der Geburtsjahreszahl zu bewerten.

Monatszahl 1 (22.12. bis 20.1.)
Wer mit dieser Monatszahl seinen Lebensweg beschreitet, weiß in der Regel, wo es lang geht und wo er selbst hin will. Wer allzu schnell nach oben will, kann allerdings die Bodenhaftung verlieren. Himmelsstürmer und Luftschlossarchitekten haben nicht die besten Chancen, vielmehr die Zähen und Hartnäckigen, die ihr Ziel immer fest vor Augen haben und ihre Kräfte gut einteilen. Sowie im Beruflichen und Geschäftlichen Beständigkeit ihr Plus ist, überzeugen sie im privaten Bereich durch Treue und Zuverlässigkeit, Herzlichkeit und Hingabe, auch wenn sie nicht ständig das Feuer der ganz großen Leidenschaft umloht. Im Grunde zwar kontaktfreudig, fällt an ihnen doch eine gewisse Zurückhaltung gegen schnelle Freundschaftsbekundungen auf, wenn den Worten keine Taten folgen. Wenn sie sich – und sei es auch in harmlos anmutenden Fragen – hintergangen fühlen, wenden sie sich entschieden und für immer von demjenigen, der sie enttäuscht hat, ab.

Monatszahl 2 (21.1. bis 19.2.)
Menschen mit dieser Monatszahl haben oft sehr ehrgeizige Ziele, aber sie wollen diese Ziele nicht aus persönlicher Ruhmsucht erreichen, sondern brauchen für sich selbst das Gefühl, ihre Kraft einem höheren Zweck zu weihen. Sie sind in der Regel keine Pragmatiker, wenn sie auch durchaus mit dem Alltag praktisch gut zurecht kommen. Aber sie verwenden eben noch viel Zeit und viel Energie auf Utopien, was dazu führt, dass die so genannten Bodenständigen sie oft nicht wirklich ernst nehmen. Und es kann sehr gut sein, dass sie zur

Verwunderung ihrer Kollegen und Vorgesetzten eine Karrierechance ausschlagen, weil sie nicht in ihr Weltbild passt und keine wirkliche Perspektive für sie darstellt. Im Umgang mit anderen sind die Menschen dieses Geburtsmonats gewandt und humorvoll, ja zuweilen ironisch-witzig oder von intelligenter Spottlust, sodass Außenstehende oft annehmen, so ganz ernst gemeint könnte es ja mit ihren verstiegenen Utopien wohl nicht gewesen sein.

Monatszahl 3 (20.2. bis 20.3.)
Schwärmerische Menschen mit viel Fantasie und einer lebenslangen Hingabe an ihre kindlichen Träume wachsen unter dieser Monatszahl heran. Sie verschwenden ihr Leben, wie sie meinen, nicht an käuflichen Firlefanz, sondern folgen einem Ideal, wobei dieses Ideal oft von einer bestimmten – wenn auch manchmal eben idealisierten – Person verkörpert wird. Wenn ihr Ideal augenscheinlich mit der Wirklichkeit nichts mehr zu tun hat: umso schlimmer für die Wirklichkeit. Da ihre Fähigkeit zu idealisieren so ausgeprägt ist, besteht auch immer die Gefahr, dass sie Illusionen erliegen. Sehr häufig aber gehen diese Menschen mit den Dingen des Alltags völlig illusionslos um, ja

man hat sogar manchmal den Eindruck, es handele sich um zwei verschiedene Persönlichkeiten: eine lebenstüchtige Alltagsperson und eine versponnene, abgehobene Traumperson.

Monatszahl 4 (21.3. bis 20.4.)
Menschen, die unter dieser Monatszahl stehen, haben immer „Dampf auf dem Kessel". Sieht man ihrem Agieren zu, merkt man ihnen die Grundüberzeugung an, dass die Lösung auch der kompliziertesten Probleme nur eine Frage des richtigen Energieeinsatzes ist. Energie heißt vor allem Willenskraft und Charakterstärke. Man kann zwar mit Geld nicht alles kaufen, aber mit Willenskraft alles erreichen, scheinen manche dieser Menschen zu glauben. Nun kann man zwar tun, was man will, aber man kann leider nicht wollen, was man will. So kommt es, dass dieser Geburtsmonat zwar Kraft verleiht, aber nicht automatisch die Orientierung gibt, wie diese Kraft am besten einzusetzen ist. In Lebensgemeinschaften ebenso wie in Bürogemeinschaften wollen sie gern den Ton angeben; diejenigen Partner fahren am besten mit ihnen, die nicht offenen Widerstand leisten oder widersprechen, sondern subtilere Methoden der Lenkung und Leitung finden.

Monatszahl 5 (21.4. bis 21.5.)

Menschen dieser Geburtsmonatszahl suchen die reichlich gedeckte Tafel. Ein kärgliches Mahl, wie immer es ideologisch begründet sein mag, empfinden sie als Zumutung. Um sich die Freuden der reichlich gedeckten Tafel zu sichern, nehmen sie viele Mühen und Anstrengungen auf sich. Ihr Weltbild stellt sich als ausgeglichene Bilanz dar: auf der einen Seite die Mühen, auf der anderen die Belohnung. Als Praktiker geht ihnen der Nerv für theoretische Spitzfindigkeit ab (auch als Wissenschaftler neigen sie stärker zur ergebnisorientierten Forschung als zur Theorie). Feinfühligkeit ist nicht die starke Seite dieser Sinnenmenschen. Dafür sind sie geradezu ohne Arg und Falschheit. Ein Witz erfreut sie durch direkte Pointen, nicht durch Doppelsinn.

Monatszahl 6 (22.5. bis 21.6.)

Unter der Monatszahl 6 Geborene sind kommunikative Menschen von schneller Auffassungsgabe, die wegen ihrer Ausgeglichenheit und Herzlichkeit als gute Gesellschafter gelten. Sie sind Gastgeber, zu denen man gern kommt, und sie sind ebenso als Gäste gern gesehen. Genauso gefragt sind sie als Ratgeber in allen Lebenslagen. Man weiß, dass sie nicht alles wissen, aber man traut ihnen zumindest zu, dass sie in der Regel bestens informiert sind. Da diese Menschen mit ihrer Meinung auch nicht lange hinterm Berg halten, liegt die eigentliche Gefahr darin, dass sie ungefragt und ungebeten Ratschläge erteilen, was man ihnen zuweilen übel nimmt. Auf ihre Fähigkeit, auch verfahrene Situationen so zu moderieren, dass am Ende alle irgendwie zufrieden sind, weil für jeden etwas herauskommt, mag aber keiner auf Dauer verzichten.

Monatszahl 7 (22.6. bis 22.7.)

Vorausdenken und zurückschauen, handeln und meditieren, kurz: Gegensätze, die nicht vereinbar scheinen, vereinen sich in Menschen dieser Geburtsmonatszahl. Mitunter gerät ihnen die Gegenwart und das Gegenständliche des Alltags ein wenig aus der Lebensmitte. Aber sie werden von ihren Lebenspartnern ob dieser kleinen Untüchtigkeit geliebt und von den Arbeitskollegen ob ihrer Fairness hoch geschätzt. Das kommt ihren innersten Bedürfnissen sehr entgegen, denn wie kaum eine andere Gruppe sind diese Menschen darauf angewiesen, geliebt und gemocht zu werden, sonst wäre ihnen das ganze Leben nicht der Mühe wert.

Monatszahl 8 (23.7. bis 23.8.)
Zum Herrschen geboren, zum Führen bestimmt – so könnte man den Menschenschlag charakterisieren, der von dieser Monatszahl geleitet wird. Sie sind sonnige Gemüter, solange der Lebensplan gelingt, aber sie können – zumindest zeitweilig – unausstehlich werden, wenn ihnen etwas quer kommt. Da nicht jeder von ihnen in absolute Führungspositionen aufsteigen kann, gründet mancher von ihnen einen Verein – zu dem einzigen Zweck, diesem Verein vorstehen zu dürfen. Andere wiederum richten sich noch im Erwachsenenalter eine teure Puppenstube ein oder investieren ein Vermögen in eine Modelleisenbahnanlage. Was anderen daran als liebenswerte Marotte erscheint, ist doch in Wirklichkeit für die Betroffenen eine Lebensnotwendigkeit: Nur so können sie auch einmal Gott spielen.

Monatszahl 9 (24.8. bis 23.9.)
Sinn für Proportionen und Ordnung – im übertragenen Sinne: die Fähigkeit, das Angemessene vom Unangemessenen zu unterscheiden und Prioritäten zu setzen – das sind die Eigenschaften der unter dieser Monatszahl stehenden Menschen. Sie wissen, worauf es ankommt. Zuverlässigkeit und Pflichtbe-

wusstsein sind für sie Werte, die der jeweiligen Aufgabe übergeordnet sind. Verlässlichkeit erwartet ein unter dieser Zahl Geborener auch von anderen Menschen, sowohl im Geschäftsleben als auch im privaten Bereich. Wer ihn in dieser Hinsicht einmal enttäuscht hat, der hat bei ihm keine guten Karten mehr. Okkulten Dingen sind die 9-Geborenen nicht sonderlich zugeneigt. Sie akzeptieren sie meist nur als unaufgeklärte Seite der irdischen, materiellen Welt.

Monatszahl 10 (24.9. bis 23.10.)
Ästhetisches Empfinden und Sinn für Eleganz sind den Menschen mit der Monatszahl 10 in die Wiege gelegt worden. Ihre Art des Genießens ist aber selten allein auf Triebbefriedigung zu reduzieren, sondern strebt nach Sublimierung und Erweiterung des Erfahrungshorizonts. Die Erlebniswelten dieser Menschen sind sehr vielgestaltig; trotzdem sind sie eher konservativ eingestellt als zu Innovationen neigend. Mit dieser Haltung stehen sie sich manchmal selbst im Weg – und einer Karriere in Berufen, für die sie eigentlich die natürlichen Anlagen hätten. Da sie aber – selbst in diesem konservativen Sinne – immer nach Perfektion streben, bemerken sie solche Charak-

terschwächen und Fehler an sich selbst zuerst und können sie mit der gehörigen Portion Willensstärke oft sehr schnell überwinden.

Monatszahl 11 (24.10. bis 22.11.)
Nachdenkliche Menschen mit ausgeprägten Eigenarten, die sie – mitunter bis zur Schroffheit – gegenüber anderen behaupten, Menschen mit einem breiten Spektrum an Charakterprägungen, die von freundlich und verbindlich bis zu geheimnisvoll-mystisch reichen, Menschen mit einem Sinn fürs Extreme, die auch die Konsequenzen extremen Handelns aushalten können, bringt diese Monatszahl in die Welt. Menschen dieser Monatszahl haben einen angeborenen Sinn fürs Okkulte; auch wenn sie nichts davon wissen oder wissen wollen, offenbart sich ihnen dieser Sinn als eine besondere „Nase" für Dinge, die ihnen wichtig sind: Als Kaufleute wittern sie das Geschäft, als Kunden sind sie wahre Schnäppchenjäger, als Verkehrsteilnehmer verhalten sie sich in Gefahrensituationen instinktiv richtig. Dass nur relativ Wenige von ihnen wirkliche Okkultisten werden, liegt daran, dass dieser Menschenschlag Halbheiten verachtet. Entweder sie lassen sich mit Haut und Haaren und ganzer Seele auf den Okkultismus ein oder sie lassen ganz und gar die Finger davon. Nur so ein bisschen auf der dunklen Seite herumzustreunen kommt ihnen nicht in den Sinn, das wäre so etwas wie „ein bisschen schwanger".

Monatszahl 12 (23.11. bis 21.12.)
Menschen mit dieser Monatszahl sind immer Reisende auf dem Lebensweg; jedenfalls empfinden die meisten ihr Leben als Unterwegssein. Das heißt nicht, dass sie besonders unstet oder gar unbehaust wären. Sie leben nur in der Erwartung und Neugier, jeden Tag etwas Neues zu erfahren. Erfahrung haben sie aus dem gegenständlichen Sinn in die geistige Dimension transzendiert. Was sie – jedenfalls auf Dauer – nicht ertragen können, sind Routine, geistiger Stillstand, Desinteresse und Ignoranz. Die großen Ziele, die sie verfolgen, sind ihnen allemal wichtiger als die Erledigung der kleinen Alltagsroutinen. Wer mit Menschen dieser Monatszahl zu tun hat, muss damit rechnen, dass er unvermittelt auf Stapel von unerledigten Aufgaben stößt, die einfach nicht interessant genug waren, gleich erledigt zu werden, und die sich vielleicht mittlerweile von selbst erledigt haben.

Die achte Zahl:
Die Selbstwertzahl

Wie kann man die Geburtsmonatszahl im Zusammenhang mit der Jahreszahl anwenden? Bleiben wir beim Beispiel Richard Wagner. Der Komponist wurde am 22.5.1813 geboren. Trotz seines Geburtstags im Mai ist seine – astrologische – Geburtsmonatszahl die 6. Wir addieren die Einzelzahlen seines Geburtsjahres hinzu:

$$6 + 1 + 8 + 1 + 3 = 19$$
$$1 + 9 = 10$$

Die Quersumme ist **1**.

Diese 1 verstehen wir als Selbstwertzahl. Sie ist in Beziehung zu setzen zur 6 (der Geburtsmonatszahl), denn sie gibt der Geburtsmonatszahl eine bestimmende Richtung an.

Selbstwertzahl 1
Diese Menschen werden durch einen gesunden Ehrgeiz und durch ein unerschütterliches Vertrauen in die eigenen Fähigkeiten gelenkt.

Selbstwertzahl 2
Menschen mit dieser Selbstwertzahl sind soziale Individuen, deren Talente sich am besten in der Gemeinschaft mit anderen Menschen entfalten. Sie brauchen die Gemeinschaft; sie brauchen aber auch ihrerseits das Gefühl, gebraucht zu werden.

Selbstwertzahl 3
Der 3-Typ ist kämpferisch und entschlossen, seine Ziele durchzusetzen. Er glaubt an seine Talente und an seine Wichtigkeit und schafft sich – notfalls auch mit den Ellenbogen – den erforderlichen Freiraum. Wenn es sein muss, gehen diese Menschen auch mit dem Kopf durch die Wand.

Selbstwertzahl 4
Diese Menschen werden von ihrem Idealismus in die Höhe gehoben und es gelingt ihnen auch, andere für ihre Ideale zu begeistern und von ihren Ideen zu überzeugen. Sie stellen sich großen Aufgaben und, wenn es sein muss, auch großen Gefahren und halten sich nicht mit Kleinigkeiten auf.

Selbstwertzahl 5
Menschen mit dieser Zahl gelten als Spätzünder. Man könnte sie aber auch mit Kartenspielern vergleichen, die sich lange zurückhalten und auch ein wenig bluffen, bevor sie ihre Karten auf den Tisch legen. Im Beruflichen wie im Privaten fallen sie durch große Verantwortungsbereitschaft auf.

Selbstwertzahl 6

Menschen mit der 6 sind die großen Pragmatiker des Alltagslebens. Nicht nur als Heimwerker und Küchengenies, auch beim Ausfüllen von Steuerformularen und bei der Ausdeutung der Stromrechnung gefallen sie durch die traumwandlerische Sicherheit, mit der sie ihr Leben meistern.

Selbstwertzahl 7

Intuition und die Fähigkeit, einmal gemachte Erfahrungen abrufbereit zu speichern, gehören zu den hervorstechenden Eigenschaften der im Zeichen der 7 Stehenden. Überraschungen sind für sie niemals unangenehm, höchstens das allzu lange Ausbleiben von überraschenden Wendungen im Leben kann sie beunruhigen. Ihre intuitiven Fähigkeiten bewirken, dass sie sich auch im Okkulten zu Hause fühlen können.

Selbstwertzahl 8

Im Zahlenbereich der 8 Lebende wünschen sich nichts sehnlicher als einen vernünftigen Ausgleich der Interessen, eine friedliche und gedeihliche Entwicklung der Menschheit wie der eigenen Familie. Ihre Emotionen haben sie meistens unter Kontrolle und sie hinterlassen den Eindruck, als hätten sie ihr Leben im Griff.

Selbstwertzahl 9

Diese Zahl stattet ihre Inhaber mit künstlerischen, manche meinen sogar seherischen Fähigkeiten aus. Zumindest sind sie latent vorhanden, müssen aber erst entwickelt werden. Die Wirklichkeit wird nicht nur platt so genommen, wie sie ist, sondern mit Fantasie und Imaginationskraft umgeschaffen, in Kunstwerken und in der virtuellen Realität.

Die neunte Zahl: die Bedeutung der Gesamtgeburtszahl

Die Gesamtgeburtszahl wird aus der Quersumme der Zahlen des gesamten, das heißt vollständig ausgeschriebenen, Geburtsdatums gewonnen. Hierbei wird nicht die auf das astrologische Tierkreiszeichen bezogene Geburtsmonatszahl verwendet, sondern die kalendarische Monatszahl. Die Gesamtgeburtszahl wird von einer Reihe von Numerologen als *Schicksalszahl* bezeichnet. Andere Bezeichnungen für diese Zahl sind Lektionszahl oder Lebensaufgabenzahl. Zu Verwirrung kann führen, dass von einigen Numerologen eine andere Zahlenkombination als Schicksalszahl bezeichnet wird: die *Gesamtnamenszahl*, die wir in unserem Zusammenhang als *Berufungszahl* angesprochen haben. Die Schicksalszahl, die wir aus dem Geburtsdatum gewinnen, soll über die grundlegende Aufgabe, die man im Leben zu lösen hat, Auskunft geben.

Für die Deutung der Schicksalszahlen bietet die Numerologie die folgenden Interpretationshilfen an.

Schicksalszahl 1

Die Aufgabe des Einsers besteht darin, zu seiner Individualität zu stehen und die eigene Stärke und Unabhängigkeit zu entwickeln.

Schicksalszahl 2

Teamgeist und Toleranz müssen und können erworben, zuweilen übergroße Empfindlichkeit hingegen abgelegt werden.

Schicksalszahl 3

Ihr Schicksal ist es, andere Menschen zu überzeugen, zu erfreuen und zu inspirieren. Dazu müssen Sie immer wieder auf sie zugehen.

Schicksalszahl 4

Diese Zahl versieht Sie mit den „Tugenden der Arbeitsbienen" – Geduld, Stehvermögen, Akkuratesse. Ihr Ziel ist es, leibhaftig vor sich zu sehen, was Sie geschaffen haben.

Schicksalszahl 5

Die 5 macht Ihr Leben offen für Veränderungen. Sie müssen flexibel bleiben und Chancen entschlossen wahrzunehmen.

Schicksalszahl 6

Die äußeren Faktoren Ihrer Lebensumwelt sind keine Äußerlichkeiten. Die häusliche Umgebung ebenso wie das Arbeitsumfeld sind Ihre Lebensgrundlagen, auf denen Sie Ihre Fürsorglichkeit für andere entwickeln.

Schicksalszahl 7

Sie bewegt vor allem die Sinnfrage, die hinter den sichtbaren Dingen steht. Zuerst Ihre Individualität zu erkunden hilft Ihnen, die Sinnsuche auch anderen nahe zu bringen.

Schicksalszahl 8

Mut und Vitalität sind ebenso wie Disziplin und Selbstbeherrschung und das Setzen klarer Prioritäten die Voraussetzung, dass Sie Ihre Ziele durch eigene Anstrengung erreichen.

Schicksalszahl 9

Werden Sie in der Kommunikation offener, nehmen Sie die Probleme anderer ernster und werden Sie dennoch eine Spur impulsiver, dann kommen Sie

Ihrem Ziel näher, die Vollkommenheit zu erreichen.

Schicksalszahl 11

Ihr Schicksal ist unter dieser Leitzahl bestimmt von der Gabe der Vorausschau, die sich auf sehr unterschiedliche Weise äußern kann und die für andere Menschen von großer Bedeutung ist.

Schicksalszahl 22

Von der Natur mit großem Verantwortungsgefühl ausgestattet, treibt Sie mit dieser Leitzahl der Drang Wichtiges zu leisten in leitende Positionen, wo Sie dem Gemeinwohl dienen.

Schicksalszahl 33

Nächstenliebe und Dienst am Nächsten bestimmen bei dieser Leitzahl Ihren Lebensweg. Die Art, wie Sie anderer Last mittragen, wird für die Mitwelt zu einem Beispiel werden.

Schicksalszahl 44

Ideen und Erfindungen, die voranbringen, Einfallsreichtum und Improvisationstalent begleiten den Lebensweg der unter dieser Leitzahl Stehenden.

Die Schicksalszahl kann noch mit anderen Zahlenwerten kombiniert werden. Zum Beispiel bilden einige Numerologen aus den Zahlenwerten des Tierkreiszeichennamens, in dem der Betreffende geboren ist, zusammen mit der Gesamtgeburtzahl die so genannte Alltagszahl, die Auskunft über die Bewältigung der Alltagsprobleme geben soll.

Eine andere Verknüpfungsmöglichkeit besteht mit den Zahlenwerten des Namens des Geburtsorts; so entsteht die so genannte große Schicksalszahl. Am Beispiel Richard Wagners sei das demonstriert. Sein Geburtsort ist Leipzig. Der Zahlenwert nach Cheiro ist:

L E I P Z I G
3 5 1 8 7 1 3

Die Quersumme ist **1**.

In pythagoreischer Umrechnung:

L E I P Z I G
3 5 9 7 8 9 7

Die Quersumme beträgt **3**.

Die aus der Quersumme des Geburtsortes gewonnene Zahl können Sie als *Geburtsprägungszahl* in die numerologische Betrachtung einfließen lassen.

Prägungen durch Orte werden nicht nur durch den Geburtsort ausgeübt. Der Wohnort, oft sogar verschiedene Wohnorte haben uns auf unterschiedliche Weise geprägt. Genau wie der Geburtsort können auch die Wohnorte in Zahlencodes überführt und gegebenenfalls zu einer gemeinsamen Wohnortprägungszahl zusammengefasst werden. Was in den Grundzahlen steckt, lesen Sie in „Bedeutung und Symbolgehalt von Zahlen". Überprüfen Sie, inwieweit Geburts- oder Wohnortprägung ihr numerologisches Gesamtbild beeinflusst.

Die zehnte Zahl: Gesamtgeburtszahl plus Gesamtnamenszahl

Mit dieser Zahl versucht die Numerologie festzustellen, wie der Einzelne auf die Mit- und Außenwelt wirkt. Die Summe aus Gesamtgeburtszahl und Gesamtnamenszahl wird deshalb auch als *Außenweltzahl* bezeichnet.

Bleiben wir beim Beispiel Richard Wagner. Sein Geburtsdatum ist der **22.5.1813**. Die Quersumme aller Zahlen ist **4**:

$(2 + 2 + 5 + 1 + 8 + 1 + 3 = 22; 2 + 2 = 4)$.

Die Gesamtnamenszahl ist nach Cheiro

R I C H A R D	W A G N E R
2 1 3 5 1 2 4	6 1 3 5 5 2
= 4	

und nach Pythagoras

R I C H A R D	W A G N E R
9 9 3 8 1 9 4	5 1 7 5 5 9
= 3	

Die Außenweltzahl ist, wenn Cheiro zugrunde gelegt wird, **8**, wenn Pythagoras zugrunde gelegt wird, **7**.

Für die Deutung der Außenweltzahl gibt die Numerologie folgende Interpretationshilfen.

Außenweltzahl 1

Mit dieser Außenweltzahl ausgestattete Menschen stellen etwas dar und wollen sich auch gut dargestellt sehen. Sie treten selbstbewusst, ja oft sogar selbstgefällig auf. Sie selbst empfinden ihren Karrieredrang nicht als Makel, aber sie müssen lernen zu akzeptieren, dass andere Menschen in Karriere und Erfolg nicht die entscheidenden Kriterien sehen, um einen Menschen zu beurteilen. Wenn ihre positive Ausstrahlung nicht durch eine Reihe anderer Persönlichkeitsfaktoren ins Autoritäre schlägt und sie in ihrer Führungstätigkeit keine allzu verheerenden Umgangsformen an den Tag legen, werden ihnen die meisten Menschen bereitwillig folgen, denn sie nehmen ihnen die Last der Führung und Entscheidung ab, die sie selbst nicht tragen möchten.

Außenweltzahl 2

Menschen mit dieser Außenweltzahl engagieren sich mit Herz und Verstand: mit dem Verstand ausgesprochen sachbezogen und konstruktiv, mit dem Herzen oft sehr personenbezogen und intuitiv. Je nachdem, ob mehr das eine oder das andere Element überwiegt, werden sie entweder sehr geradlinig und erfüllen fast emotionslos ihre Aufgaben, oder sie werden sich in einem Wechselbad der Gefühle, das von Stimmungen beeinflusst und von Beziehungskrisen gestört sein kann, wiederfinden. In Führungspositionen muss man ebenfalls damit rechnen, das Zweier einerseits sachbezogen vorgehen, andererseits von der Qualität der persönlichen Beziehungen stark beeinflusst werden.

Außenweltzahl 3

Menschen mit der Außenweltzahl 3 gelten als ehrgeizig und willensstark. Auf viele weniger ehrgeizige Gemüter wirkt das, was sie sich vorgenommen haben, verstiegen. Aber Einwände und Vorbehalte lassen sie nicht gelten. Sie können auch mit Niederlagen nicht leben, das heißt, sie können sie zwar hinnehmen, aber den negativen „Spielstand" nicht akzeptieren. Ihr ganzes Naturell drängt sie zur Revanche. Nicht selten werden gerade diese Menschen von Skeptikern auf ihrem Lebensweg begleitet; manchmal scheint es, als brauchten sie diese regelrecht als Hintergrund für ihre gänzlich andere Lebensauffassung. Dreier wollen immer alles ganz besonders gut machen; deshalb lauert überall die Gefahr, dass sie übertreiben. Ihr Selbstbild ist manchmal so übertrieben positiv, dass sie sich gar nicht vorstellen können, dass das Fremdbild ihrer Person davon abweichen könnte. Aber gerade in dieser Hinsicht wäre ein Schuss Skepsis gegenüber dem Erfolg der Selbstdarstellung angebracht.

Außenweltzahl 4

Bei Menschen mit dieser Außenweltzahl halten sich fachliches Können und Führungsqualitäten die Waage. Manchmal liegen sie sogar im Widerstreit miteinander, und der Einzelne muss selbst entscheiden, welchem Lebensweg die größere Neigung gehört. Wenn sie Chefs werden, gehören sie oft zu dem Typus, der einstmals alle Abteilungen durchlaufen hat und der auf mindestens einem Fachgebiet noch immer Spezialist ist. Der große Vorzug solcher Persönlichkeiten: Sie haben an der Richtigkeit und Wirksamkeit ihrer Führungsentscheidungen nicht nur ein machtpolitisches, sondern auch ein fachliches Interesse, was dem betreffenden Unternehmen, der Behörde oder der wissenschaftlichen Einrichtung außerordentlich gut tut. Der Nachteil ist: Hin und wieder prallen sie mit Fachleuten ihres Metiers zusammen und leisten sich den Luxus eines Gefechts auf einer Ebene, der sie nicht mehr angehören. Dieser Luxus kostet sie aber unter Umständen eine Menge Autorität.

Außenweltzahl 5

Diejenigen, die unter der Außenweltzahl 5 stehen, sind lebenslustige und sinnenfrohe Menschen, denen die Arbeit Spaß macht und die sich einen Beruf suchen und nicht nur einfach einem Job nachgehen. Sie können schuften wie die Galeerensklaven und anschließend genießen wie die Könige. Aber auch, wenn die Belohnung nicht unmittelbar der Anstrengung folgt, lassen sie sich nicht entmutigen und können lange Durststrecken durchstehen. In Führungspositionen sind sie als „Preußen" verschrien. Sie mögen lange Sitzungen nicht, was man ihnen dankt, und neigen statt dessen zur kurzen Befehlsausgabe, was man ihnen übel nimmt. Man schätzt sie, wenn die Mannschaft erfolgreich ist, und man

hat in ihnen schnell einen Sündenbock, wenn der Erfolg einmal ausbleibt. Aber auch in dieser Frage bewährt sich die Ausdauer des Fünfers.

Außenweltzahl 6

Zeitgenossen mit der Außenweltzahl 6 gelten als wenig ehrgeizig, was aber absolut nicht stimmt. Ihr Ehrgeiz ist nur auf völlig andere Dinge gerichtet als beispielsweise bei den Dreiern. Sie schauen nicht auf die Sprossen der Karriereleiter, sie schauen, ob die ganz realen Sprossen einer ganz realen Aluminiumleiter auch absolut bruchfest konstruiert sind und ob der Kunststoffbelag auf den Sprossen auch den Schuhsohlen der Nutzer genügend Halt gegen die Gefahr des Abrutschens gibt. Leider ist der Ehrgeiz, seine Sache besonders gut zu machen, in der Gesellschaft nicht mehr so angesehen wie der Ehrgeiz, ganz nach oben zu kommen.

Sechser tun daher immer gut daran, sich mit Dreiern oder Neunern zusammenzutun. Denn auch die wissen ganz genau, wie wichtig es ist, jemanden mit im Boot zu haben, der nicht nur Kommandos geben kann, sondern auch noch etwas von Riemen und Pinne versteht.

Außenweltzahl 7

Menschen mit der Außenweltzahl 7 scheinen die Chamäleons unter den Charakteren zu sein. Ihre Beziehungen zur Außenwelt sind ständigen Veränderungen unterworfen; Verwandlung ist die einzige Konstante an ihrem Wesen. Wovor sie sich am meisten fürchten, ist das Ersticken in Routine. Sie fangen neu an, wo andere sich saturieren, sie scheuen sich auch nicht selbst in reiferem Alter noch Anfängerarbeiten zu Anfängergehalt zu erledigen, wenn die Arbeit für sie einen persönlichen Gewinn bedeutet. Mit dieser Lebenseinstellung sind sie nicht nur immer wieder für Überraschungen gut, schockieren Gleichaltrige und verblüffen Jüngere – sie sind, weil sie jung bleiben und der Generationenkonflikt für sie nicht existiert, die idealen Großeltern.

Außenweltzahl 8

Die Außenweltzahl 8 macht Menschen zu Gerechtigkeitsfanatikern. Diplomatisch und taktvoll sind sie immer um Ausgleich der Interessen bemüht, können aber auch, wenn es hart auf hart kommt, sehr konsequent, sogar bis zur Selbstverleugnung, bei der Linie bleiben, die das Gesetz zieht. Achter können den Eindruck erwecken, als würden sie ihre eigenen Interessen selbstlos hinter das Gemeinwohl zurückstellen. Das stimmt auch in gewisser Weise, aber oft weichen ihre persönlichen Interessen eben gar nicht so weit vom Gemeinwohl ab. Achter können ihre Temperamente zügeln und sind dem Teamgeist außerordentlich förderlich. Sie bilden oft den ideellen Mittelpunkt eines Teams, sind unberufen und ungewollt die – im übertragenen Sinne – „Mutter der Kompanie".

Außenweltzahl 9

Mit der Außenweltzahl 9 kommen die Menschen instinktiv auf dem richtigen Weg durch das Leben. Eine Art inneren Kompass erspart ihnen Umwege, die andere viel Kraft und Nackenschläge kosten. Auch in ihrer Arbeit müssen sie sich selten korrigieren – ihre Skizze kann schon als Reinzeichnung durchgehen. Ihr Mangel ist, dass sie ihre Entscheidungen oft nicht intellektuell oder macht- und ordnungspolitisch begründen können, denn sie können schließlich ihre innere Kompassnadel nicht vorweisen. So entstehen nicht nur Missverständnisse, weil man ihre Entscheidungen für unbegründet, also autoritär, hält; oft gelangen sie auch nicht in die ganz hohen Positionen, wo eine geschliffene Begründung allemal mehr wert ist als richtiges Handeln.

Der Vergleich der Zahlenverhältnisse

Sie haben aus Ihrem Namen und Ihrem Geburtsdatum (und eventuell noch aus weiteren Zahlen die Ihr Leben bestimmen und aus prägenden Namen, die sich in Zahlen transformieren lassen, verschiedene Zahlencodes gewonnen. Manche Numerologen empfehlen, aus allen ermittelten Zahlen eine Gesamtquersummenzahl zu bilden. Diese Gesamtquersumme wird auch als *Aufgabenzahl* bezeichnet.

Andere Numerologen meinen, dass aus einer Gesamtquersumme zahlreicher Quersummen numerologisch nicht mehr viel Neues herauszuholen ist, und halten es für sinnvoller, die einzelnen Zahlencodes, die ja bestimmte Lebensbereiche betreffen, miteinander zu vergleichen.

Für diesen Vergleich stehen einerseits die Interpretationshilfen zur Verfügung. Andererseits kann die auf Pythagoras zurückgehende Lehre von den musikalischen Intervallbeziehungen, die ja auf grundlegenden Zahlenbeziehungen aufbauen, hierbei sehr hilfreich sein. Denn noch sinnfälliger als durch verbale Beschreibungen verschaffen sich die Zahlenbeziehungen durch erklingende Töne als harmonische Ausgeglichenheit oder harmonische Spannung bis zur Disharmonie im wahrsten Sinne des Wortes Gehör.

Vergleichen Sie Ihre persönlichen Zahlen miteinander. Nehmen Sie sich die Kernzahlen vor, auf die es Ihnen besonders ankommt, und vergleichen Sie, ob sie mit Ihren übrigen Zahlen, die für Sie vielleicht eher periphere Bedeutung haben, harmonieren oder ein produktives Spannungsverhältnis bilden. „Übersetzen" Sie die Zahlenverhältnisse in musikalische Intervalle. Bildet sich eine Harmonie der reinen Intervalle (Verhältnisse 2 : 1, 3 : 2, 4 : 3 oder 3 : 1 – Oktave, Quinte, Quarte, Duodezime) oder eine füllige Harmonie der Terzen und Sexten (5 : 4, 6 : 5, 5 : 3 oder 8 : 5 – große Terz, kleine Terz, große Sexte oder kleine Sexte) oder entsteht eine Intervallspannung, die nach Auflösung oder Weiterführung drängt (9 : 5, 9 : 8 – kleine Septime, große Sekunde)? Vergegenwärtigen Sie sich ihre innere Harmonie anhand der Obertonreihe wie in Kapitel „Zahlen und Musik".

Richard Wagners Gesamtnamenszahl, um bei unserem Beispiel zu bleiben, steht zur Geburtsprägungszahl bei der Umrechnung nach Cheiro im Verhältnis 4 : 1 und bei der Umrechnung nach Pythagoras im Verhältnis 3 : 3. So kann man anhand der musikalischen Intervallbeziehungen sagen: Nach Cheiro befindet sich Wagners Wirken in Bezug auf seine Geburtsstadt in einer weit gespannten reinen Harmonie (die Harmonie der Doppeloktave). Nach Pythagoras umgerechnet befindet sich Richard Wagners Gesamtnamenszahl zu seiner Geburtsstadt in vollkommenem Einklang. Legt man eine weitere Zahl, zum Beispiel die Außenweltzahl an, entsteht nach Cheiro (Außenweltzahl 8) eine weitere Oktave, nach Pythagoras (Außenweltzahl 7) eine kleine Septime über der zweiten Oktave des Grundtons Richard Wagners. Auf diese Art und Weise können auch Sie den „Akkord des Lebens"" anschlagen.

Zahlenbeziehungen

Neben dem Vergleich der Zahlenverhältnisse mit dem Ziel, einerseits harmonische Beziehungen, andererseits spannungsgeladene Gegensätze herauszufinden, hat die Numerologie auch verschiedene Methoden entwickelt, die Beziehungen zwischen den einzelnen Zahlen herzustellen und zu bewerten.

Das Geburtsdatum

Aus dem Geburtsdatum lassen sich nicht nur – wie demonstriert – die Geburtstagszahl, die Geburtsmonatszahl, die Geburtsjahreszahl sowie die Gesamtgeburtszahl gewinnen. Sie können mit Hilfe des vollständigen Geburtsdatums auch numerologisch analysieren, welche Ebene Ihrer Persönlichkeit für Ihr Schicksal besonders bestimmend werden kann.

Es ist in diesem Zusammenhang üblich, die Körperebene, die Gefühlsebene und die Geistesebene zu unterscheiden. Die Körperebene zeichnet verantwortlich für die physische Gesundheit und die körperliche Kraft, allgemein gesprochen für Ihre Vitalität. Auf der Gefühlsebene spielt sich die Regulierung Ihres emotionalen Haushalts ab, und auf der Geistesebene vollbringen Sie die intellektuellen Leistungen und verrichten die Arbeit des abstrakten Denkens. Die Numerologie vermag, und das muss ausdrücklich betont werden, um Missverständnisse zu vermeiden, keine Urteile über Ihre körperliche Gesundheit, Ihre Gefühlstiefe oder Ihr intellektuelles Niveau zu geben. Die Zahlen können lediglich andeuten, ob eine schicksalhafte Wende oder ein einschneidendes Ereignis eher mit Ihrem physischen Befinden, mit Ihrem Gefühlsleben oder aber mit Ihrem Intellekt zu tun hat oder voraussichtlich noch zu tun haben wird. Bei all dem ist zu bedenken, dass es sich mit den Zahlenverhältnissen, die die Numerologie scheinbar wahllos und zufällig miteinander kombiniert, ähnlich verhält wie mit den Erbinformationen, die aus den vier Nukleinsäurebausteinen zusammengesetzt werden. Bestimmte Zahlenverhältnisse können zwar als Indiz für eine bestimmte Disposition oder eine ererbte Anlage bewertet werden, nicht aber als eine schicksalhafte Vorbestimmung, die von Geburt an alles festlegt und keinen Raum für die Entfaltung der Persönlichkeit mehr lässt. Wie stark eine bestimmte Disposition sich im Leben durchsetzt und was der Einzelne aus seinen Anlagen macht, ist eine Frage des Willens, des Charakters und der Lebensführung. Im Übrigen ist nicht die düstere griechische Schicksalsgöttin Ananke die Herrin der Zahlen, sondern die lächelnde römische Fortuna, die Göttin des Glücks und des Zufalls.

Das Kreuz der Ebenen

Das abgebildete Neunerquadrat auf der folgenden Seite ist diesmal keine magische Figur, sondern soll das so genannte Kreuz der Ebenen veranschaulichen.

Die Zahlen von 1 bis 9 werden – nicht im Sinne des Schreibflusses waagerecht von links oben nach rechts unten, sondern senkrecht von links unten nach rechts oben – wie im Bild zu sehen angeordnet. Die unterste Zahlenebene – 1, 4 und 7, gewissermaßen die Basis unserer Existenz – wird von der Körperebene gebildet. In der zweiten Etage – 2, 5 und 8 – finden wir die Gefühlsebene, die zwischen der Körperebene und der über ihr angesiedelten Geistesebene – 3, 6, 9 – vermittelt.

Wenn man ein bestimmtes Geburtsdatum auf das Kreuz der Ebenen überträgt, werden die vorkommenden Zahlen im Quadrat markiert, zum Beispiel indem man einen oder mehrere Ringe um die entsprechende Zahl legt (Abbildung 30). Das können Sie mit Ihrem eigenen Geburtsdatum probieren.

Da die Bedeutung der Zahlen in den jeweiligen Zusammenhängen verschieden ist, ist es angezeigt an dieser Stelle für eine korrekte Interpretation, die Bedeutung der Zahlen für das Kreuz der Ebenen und für das im nächsten Anschnitt folgende Energiestrom-Diagramm kurz zu definieren.

Abb. 29: Das Kreuz der Ebenen – die Bedeutung der Zahlen

Wenn wir noch einmal das Beispiel Richard Wagners aufgreifen (Geburts- datum: 22.5.1813), ergibt sich das fol- gende Bild vom Kreuz der Ebenen:

Abb. 30: Kreuz der Ebenen

Das Geburtsdatum bewirkt, dass die Ge- fühlsebene bei Richard Wagner außer- ordentlich stark besetzt ist. Menschen, die auf Musik ansprechen, werden in al- ler Regel nicht gefühlskalt oder emo- tional unterentwickelt sein. Erst recht nicht, wenn sie selbst über musikali- sche Talente in dem Umfang verfügen, wie es bei Richard Wagner der Fall war. Aus seiner Kindheit ist die Anekdote überliefert, der zufolge der kleine Richard nach einer Aufführung des *Freischütz* in Dresden dem Komponisten und Kapellmeister Carl Maria von Weber

vorgestellt werden sollte, aber, von der Aufführung und dem musikalischen Er- lebnis erschüttert und aufgewühlt, trä- nenüberströmt vor dem verehrten Meis- ter stand und kein Wort hervorbrachte. Dass auf der Gefühlsebene ausgerech- net die 2 stärker besetzt ist, die nicht nur für Symmetrie und Formempfinden spricht, sondern auch Polarität und Wi- dersprüchlichkeit zum Ausdruck brin- gen kann, wird keinen, der Richard Wagners Leben und Werk einigermaßen kennt, sonderlich erstaunen. Auch dass auf der Körperebene die stark betonte

1 für elementare Kraft spricht, während beispielsweise die 4 als Ordnungszahl fehlt, mag man vielleicht sogar amüsiert zur Kenntnis nehmen, ist es doch Richard Wagner bis in die Bayreuther Jahre hinein kaum einmal selbst gelungen, Ordnung in seinem Leben zu schaffen; eigentlich war es erst Cosima, die ihm Halt und Orientierung gab. Dass Wagner auf der Geistesebene nur die 3 belegt, die allerdings für eine Vielseitigkeit steht, die in seinem Schaffen als Komponist, Textautor und Theoretiker durchaus zum Tragen kommt, beweist einmal mehr, wie stark es im Leben eines Menschen darauf ankommt, was er aus seinen eher zufällig entstandenen Anlagen macht.

Die Zahlen des Namens

Eine weitere Möglichkeit, die verschiedenen Zahlen miteinander in Beziehung zu setzen, besteht in der „Rasterung" der Namenszahl. Voraussetzung dafür ist allerdings, dass die Umrechnung der Buchstaben in Zahlen nach dem Pythagoras-System erfolgt, da sonst die 9 außer Betracht bleiben müsste.

Beim Namen Richard Wagner ergibt sich folgendes Zahlenbild:

R	I	C	H	A	R	D		W	A	G	N	E	R
9	9	3	8	1	9	4		5	1	7	5	5	9

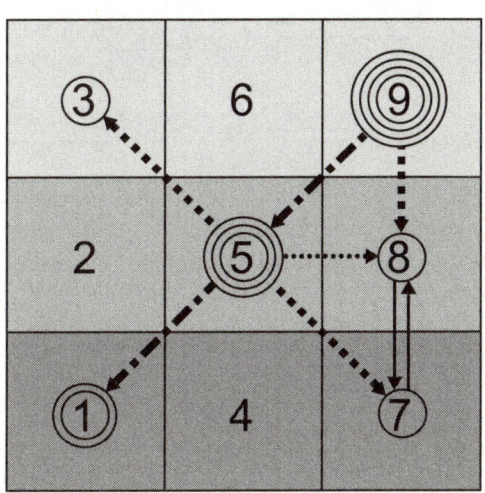

Abb. 31: Das Energiestrom-Diagramm

Horizontale Ströme

1 – 4 – 7	Diese Energieströme sichern die Verbindung des Individuums zur äußeren Realität; man nennt es gemeinhin Bodenständigkeit.
2 – 5 – 8	Hier fließt emotionale Energie, Körperbewusstsein, sinnliche Erfahrung, unbewusste Transformationen des Materiellen in Geistiges, künstlerische Prozesse manifestieren sich.
3 – 6 – 9	Diese Energieströme setzen kreative Kräfte frei, sowohl körperlich als auch intellektuell und spirituell.

Vertikale Ströme

1 – 2 – 3	Energieströme auf dieser Zahlenreihe verdichten die Erfahrung der materiellen Welt. Das Indviduum gewinnt auf den verschiedenen Ebenen an Selbstgewissheit.
4 – 5 – 6	Die Energieströme verstärken die intellektuelle Kraft, die sich auf der Körperebene als Logik, auf der Gefühlsebene als Sinnlichkeit und auf der Geistesebene als fantastische Imaginationskraft zeigen.
7 – 8 – 9	Die Energieströme auf dieser Zahlenreihe öffnen das Bewusstsein und entgrenzen es zur geistigen Universalität.

Diagonale Ströme

1 – 5 – 9	Energie fließt durch drei Ebenen und durch die drei Seinszustände Körperlichkeit, Intellekt und Spiritualität. Dieser Strom wird auch Kommunikationslinie genannt.
3 – 5 – 7	Über drei Ebenen und drei Seinszustände verläuft dieser Energiestrom, der Kreativität mit Sinnlichkeit und Zielsetzung verbindet und auch Effektivitätslinie genannt wird.

Nach Auffassung einiger Numerologen, zum Beispiel des Briten Norman Shine, fließen von den stark besetzten Feldern Energieströme zu den benachbarten schwächer besetzten Feldern. Dies ist bei Richard Wagner auf der Diagonale 9 – 5 – 1 der Fall. Stoßen zwei Felder aneinander, die gleich stark besetzt sind, findet ein wechselseitiger Energieaustausch statt. Energie fließt aber auch aus dem Zentrum 5 zur 7 und zur 3. Ein wechselseitiger Austausch findet zwischen der 7 und der 8 statt. Was bedeuten diese Energieflüsse für die numerologische Analyse?

Schaut man auf Leben und Werk Richard Wagners und vergleicht seine Biografie mit der numerologischen Disposition, stellt man fest: Die geistige Kreativität 9, die verschiedene Strömungen zur Synthese verbinden will, übt bei Wagner die dominierende Kraft aus. Sinnlichkeit und Liebesfähigkeit 5

sind ein stark besetztes zentrales Motiv, nicht nur in seinen Werken vom *Fliegenden Holländer* bis zum *Parsifal*, sondern auch in seinem Leben. Dieses Motiv gibt auch seinem Ego die Richtung vor und stellt einen herausgehobenen Motivationsfaktor dar. Wagners starke geistige Kreativität mobilisiert auch die Kräfte des Unbewussten deren Tendenzen zur Entgrenzung ständig mit manifester Grenzerfahrung (Wagner war häufig auf der Flucht und überquerte zahlreiche europäische Grenzen) im Widerstreit lagen.

Aus dieser Grenzerfahrung schließlich wuchs ein Weg zur Spiritualität, für die er sich mit dem *Parsifal*, dem spirituellsten seiner Werke, selbst ein Ziel setzte.

Wie das Beispiel zeigt, korrespondiert die Biografie des Künstlers ohne Schwierigkeit mit seinen numerologischen Daten.

Schluss

Gute Tage –
schlechte Tage

Schon immer suchten sich die Menschen bei Medizinmännern, Sterndeutern, Numerologen und anderen in okkulten Dingen bewanderten Personen Rat, wenn sie wichtige Entscheidungen zu treffen hatten, eine Reise antreten mussten, geschäftliche Transaktionen vorhatten oder auf ähnliche Weise Bedeutsames zu tun, zu unterlassen oder zu erwarten hatten.

Eine der entscheidenden Fragen war stets: Ist dieser Tag meinem Vorhaben günstig? Oder: Ist das mein Glückstag? Viele Menschen glauben auch heute ganz fest daran, dass sie einen Glückstag haben, zum Beispiel der Tag, an dem sie ihren Partner kennen gelernt haben. Und mit dieser Überzeugung finden sie auch die Zahlenkombination immer wieder: Am 1.4. lernte Doris ihren Mann kennen, der an jenem Abend sage und schreibe 14 Tassen Kaffee trank; vier Jahre später wurde ihr erstes Kind geboren – am 1.4. versteht sich. Die 1 und die 4 kehrten auf ganz zufällige Weise – also ohne bewusst gewählt worden zu sein – in der Telefonnummer und im Autokennzeichen wieder. Und so wie Doris wird es vielen gehen. 1 und 4 stehen im Intervallverhältnis einer Doppeloktave zueinander, einer weiten, aber sehr reinen Harmonie – ein tiefer und ein hoher Ton: Doris und ihr Mann sind zufrieden damit – und miteinander.

Seit ältester Zeit ist es Brauch, bestimmte Tage – aus den unterschiedlichsten Gründen – zu bevorzugen. In seinem Epos *Werke und Tage* schrieb der griechische Dichter Hesiod dazu die Verse, die Sie auf der Seite 232 finden.

Diesem alten Brauch folgend, hat die Numerologie verschiedene Verfahren entwickelt, die Glückhaltigkeit eines bestimmten Datums zu ermitteln. Zunächst kann man mit Cheiro davon ausgehen, dass die Geburtstagszahlen – auch in ihrer auf die Grundzahlen reduzierten Form – eine besondere Bedeutung für den Betroffenen haben.

Cheiro empfiehlt weiterhin, die Gesamtnamenszahl (bei Wagner nach Cheiro 4) und die auf eine Grundzahl reduzierte Zahl des fraglichen Datums – bei Wagner der 13. Februar (reduziert auf 4) – zu addieren. Unser Ergebnis ist 8. Diese Zahl 8 kann dann zur Gesamtgeburtszahl in Beziehung gesetzt werden, die im Fall Wagner wiederum eine 4 ist. Das Verhältnis 8 : 4 muss reduziert werden auf das elementare Verhältnis 2 : 1 – es ist die Oktave, ein Intervall reiner Harmonie.

Man kann aber auch eine andere Deutung vornehmen. Die drei herangezogenen Zahlencodes ergeben 4 und 4 und 4. Dem Augenschein nach ein vollkommener Einklang. Richard Wagner ist an einem 13. Februar gestorben. Als Deutung bietet sich an, dass die Wesenheit Richard Wagners zu ihrem Ursprung zurückgekehrt ist.

Die Mehrzahl der Numerologen warnt davor, von der Zahlensymbolik zu viel an exakter Prognose zu erwarten. Symbolische Antworten bedürfen – wie einst das Orakel von Delphi – selbst der Deutung und der richtigen Entschlüsselung der Symbole. Wie einst in Delphi einem König, bevor er in die Schlacht zog, orakelt wurde, er werde ein großes Reich zerstören, was im gegebenen Falle hieß, nicht das seiner Feinde, sondern sein eigenes, so weiß man auch bei der Ermittlung des „Glückstags" oft erst hinterher, was mit der Symbolik der Zahlen „eigentlich" gemeint war.

Gunst und Ungunst der Tage

„Folgende sind die Tage von Zeus, dem Allesberater,
Wenn die Leute sie richtig nach wahrem Wesen beachten:
Erstlich ist Monatsbeginn und vierter und siebenter heilig,
Denn da gebar einst Leto den Goldschwertträger Apollon.
Dann der achte und neunte; die beiden im steigenden Monat
Eignen sich ganz vorzüglich zu allen Werken der Menschen;
Auch der elfte und zwölfte sind Glück verheißende Tage,
Gilt es, die Schafe zu scheren und freundliche Früchte zu ernten,
Aber der zwölfte hat viel voraus dem elften des Monats,
Denn da spinnt ihre Fäden die luftdurchschwebende Spinne
Durch die Fülle des Tags, die Ameisen sammeln den Vorrat;
Dann errichte das Weib den Webstuhl, das Werk zu beginnen.
In dem steigenden Mond ist der dreizehnte immer bedenklich,
Saat zu säen, doch ist er für Sprösslinge prächtig ..."[16]

---

16 Hesiod, Sämtliche Werke, dt. v. Thassilo von Scheffer, Leipzig 1965, S. 137 f.

Literaturverzeichnis

Bindel, Ernst: Die geistigen Grundlagen der Zahlen, Stuttgart 1980.

Bindel, Ernst: Die Zahlengrundlagen der Musik im Wandel der Zeiten, Stuttgart 1950.

Bischoff, Erich: Die Elemente der Kabbalah (1913), Wiesbaden 1990.

Bischoff, Erich: Mystik und Magie der Zahlen (1920), Wiesbaden 1992.

Borst, Arno: Computus. Zeit und Zahl in der Geschichte Europas, Berlin 1990.

Borucki, Hans: Einführung in die Akustik, Mannheim/Wien/Zürich 1989.

Cheiro: Das Buch der Zahlen, Freiburg 1994.

Clébert, Jean-Paul: Die Angst vor dem Weltuntergang, Bergisch Gladbach 1998.

Conway, John H./Guy, Richard K.: Zahlenzauber. Von natürlichen, imaginären und anderen Zahlen, Basel/Boston/Berlin 1997.

Cousto: Die kosmische Oktave. Der Weg zum universellen Einklang, Essen 1984.

Endres, Franz Carl/Schimmel Annemarie: Das Mysterium der Zahl, Köln 1985.

Griesbeck, Robert: Numerologie. Ihre Zahlen richtig gedeutet, Niedernhausen 1998.

Hancock, Graham: Die Spur der Götter, Bergisch Gladbach 1995.

Hartston, William: Das Lexikon der Zahlen, München 1999.

Hesiod, Sämtliche Werke, deutsch von Thassilo von Scheffer, Leipzig 1965.

Hindemith, Paul: Unterweisung im Tonsatz, I – Theoretischer Teil, Mainz 1940.

Ifrah, Georges: Universalgeschichte der Zahlen, Frankfurt am Main/New York 1991.

Javane, Faith & Dusty Bunker: Zahlenmystik. Das Handbuch der Numerologie, München 1995.

Jung, Carl G.: Briefe, Band 2, Olten und Freiburg i. Br., 1972.

Kunitz, Hans: Die Instrumentation. Teil 1: Akustik, Leipzig 1973.

Love, Jeff: Die Quantengötter. Ein neues Verständnis der Kabbalah mit praktischer Gebrauchsanweisung, Reinbek 1994.

Martinéz, Pío/Bandini, Pietro: Das Götterorakel von Yukatan, Bergisch Gladbach 1998.

Mertz, Bernd A.: Die Magie der Zahlen, Niedernhausen 1987.

Nossak, Bernd: Numerologie. Die Welt des Zahlenorakels, München 1986.

Reuter, Fritz: Praktische Harmonik des 20. Jahrhunderts, Halle 1951.

Roberts, Mark: Das neue Lexikon der Esoterik, Wien 1993.

Shine, Norman: Numerologie. Die Geheimlehre der Buchstaben und Zahlen, München 1998.

Simpson, Jean: Deine Glückszahl – dein Schicksal. Liebe und Schicksal aus Namen und Zahlen gedeutet, Bindlach 1996.

Wang, Mei-chu: Die Rezeption des chinesischen Zahl- und Denksystems in der westlichen Musiktheorie und Ästhetik, Frankfurt am Main 1985.

Weinreb, Friedrich: Zehl, Zeichen, Wort. Das symbolische Universum der Bibelsprache, Reinbek 1978.

Wells, David: Das Lexikon der Zahlen, Frankfurt am Main 1990.

Zimmermann, Albert (Hrsg.): Mensura – Maß, Zahl, Zahlensymbolik im Mittelalter, Berlin/New York 1983–1984.

[Zweistein], Zweisteins Zahlen Magie, Wien 1993.

Namensregister

Stichwortregister